Bases del psicodrama

ADAM BLATNER

EDITORIAL
PAX MÉXICO

Título de la obra en inglés: *Foundations of Psychodrama*
Publicada por Springer Publishing Company, Inc., N.Y., E.U.A.

COORDINACIÓN EDITORIAL: Matilde Schoenfeld
PORTADA: Víctor M. Santos Gally

Av. Cuauhtémoc 1430
Col. Santa Cruz Atoyac
México D.F. 03310
Teléfono: 5605 7677
Fax: 5605 7600
Correo electrónico: editorialpax@editorialpax.com
Página web: www.editorialpax.com

Primera edición
ISBN 968-860-610-3

Impreso en México / *Printed in Mexico*

A Zerka Toeman Moreno,
con gratitud y profundo respeto
por haber comprendido la esencia del psicodrama
y comunicado a los demás sus propias ideas

Índice

Lista de ilustraciones

Prefacio

Las dos primeras ediciones de esta obra, de circulación restringida, aparecieron a mediados de la década de 1980, como complemento conceptual de otro conocido libro mío, *El psicodrama en la práctica* (cuya tercera edición en inglés y publicado por Editorial Pax México salió a la luz bajo el sello de Springer en 1996). Springer también publicó la tercera edición de *Foundations of Psychodrama* en 1988. En cumplimiento de la práctica de esta editorial de actualizar sus textos, para esta cuarta edición reescribí la mayor parte del libro, añadí mucho y suprimí otro tanto, con el objeto de ofrecer argumentos más precisos para el empleo de métodos psicodramáticos. Al avanzar desde las perspectivas generales hasta las implicaciones específicas, intenté dar a mis ideas una secuencia más lógica.

Durante los 12 años transcurridos desde la edición anterior han aparecido varios títulos sobre psicodrama, tema al que también han sido dedicados capítulos de libros de texto y artículos en revistas. Al reflexionar sobre mi trabajo a la vista de esas otras contribuciones, me propuse analizar, depurar, reorganizar y desarrollar más y en un nivel más profundo no sólo la teoría –o, mejor aún, las abundantes subteorías– de este campo de conocimiento, sino también la filosofía en la que se sustenta esa teoría. Con tal propósito, incorporé asimismo a esta edición la experiencia que he obtenido en los últimos 35 años en la práctica de la psicoterapia, la docencia y la asesoría como psiquiatra de adultos y niños diversos ámbitos.

He contado, para mi fortuna, con el apoyo de numerosos maestros e impulsores, entre ellos Marcia Karp, quien alentó mis primeros pasos; Irv Yalom, quien estimuló mis indagaciones; Adele von Rüst Deeths (más tarde McCormick), mi primera maestra formal; Lew Yablonsky; Leon Fine; Barbara Seabourne, de St. Louis, quien compartió conmigo los criterios prácticos sobre los que había escrito, y Ursula Springer, quien promovió mi trabajo y el de otros colegas al ser la primera editora, después de Moreno, en difundir el valor del psicodrama. Zerka Moreno, a quien está dedicado este libro, ha sido para mí, desde luego, constante fuente de inspiración y, junto con ella, también muchos otros profesionales de este campo me han distinguido con su amistad y aliento.

El solo proceso de reflexionar sobre las ideas de espontaneidad, imaginación y juego ha sido para mí una poderosa e inagotable fuente de revelaciones. En el psicodrama sucede algo mágico que se extiende hasta invadir la vida cotidiana. La espontaneidad y la creatividad se convierten incluso en aspectos de la espiritualidad. Hasta ahora a entender el sentido de la visión religiosa de Moreno. Estas ideas también son muy reconfortantes gracias a su capacidad para transformar al mundo.

Si, como él mismo escribió, Zerka fue la musa de Moreno, la mía ha sido mi esposa, Allee, quien no aparece esta vez como coautora de este libro –a diferencia de la edición anterior, en cuya redacción, así como en la de las ediciones previas, participó directamente– dado que intervino en forma limitada en su elaboración, pese a nuestras diarias conversaciones sobre el tema. No obstante, deseo dejar constancia de su continua inspiración y apoyo desde 1975.

DR. ADAM BLATNER
GEORGETOWN, TEXAS, EUA

Prefacio a la edición en español

El propósito de este libro es ofrecer un minucioso examen de las bases teóricas del psicodrama, así como un amplio recuento de su historia y de métodos afines como la sociometría. Representa el complemento natural de *El psicodrama en la práctica* del que también soy autor. Aparecido en ediciones de autor de circulación restringida en 1985 y 1986, la tercera edición de *Foundations of psychodrama* fue publicada en 1988 por Sprin-ger Publishing Company de Nueva York, mientras que la cuarta –corregida, aumentada y con referencias bibliográficas puestas al día– apareció en 2000.

Tras la muerte en 1974 de J. L. Moreno, iniciador del psicodrama, éste no ha cesado de difundirse a escala internacional; según ciertos cálculos, en 2001 lo utilizaban diez mil profesionales del mundo entero. Este libro ya ha sido traducido al finés, portugués, chino, coreano y turco.

Los interesados pueden remitirse hoy en día a la internet para disponer de crecientes notas informativas, contactos profesionales e incluso artículos sobre psicodrama. La bibliografía actualizada de esta edición incluye referencias de numerosos sitios web.

Es para mí un honor que profesionales hispanohablantes consideren útil lo que escribo. Confío en que habrán de corresponder a la red internacional del psicodrama y compartir con nosotros sus creativos descubrimientos.

ADAM BLATNER
Octubre de 2001
Texas, EUA
sitio web: www.blatner.com/adam/

Introducción: el alcance del psicodrama

"Para ser realmente útil, cualquier procedimiento debe tener como objetivo nada menos que la humanidad entera." Así comienza el primer libro de Moreno, *Who Shall Survive?* Yo glosaría esa noción de la siguiente manera: "un buen instrumento puede servir en muchos contextos en beneficio de la humanidad." El psicodrama y los métodos asociados a él son instrumentos psicosociales de vastas aplicaciones. Mientras que en mi libro *El psicodrama en la práctica* describí el psicodrama como método, en el presente volumen examinaré sus *fundamentos conceptuales,* los cuales enlazaré con las ideas de Moreno sobre sociometría y teoría aplicada de los roles.

Como el poderoso instrumento que es, el psicodrama constituye algo más que un tipo de psicoterapia. Sus principios, que se expondrán en este libro, permiten aplicarlo a la educación, los negocios, la religión, el desarrollo comunitario, el hogar y muchos otros ámbitos. Asimismo, la perspectiva general de esta obra va más allá del psicodrama, pues también considera los aspectos filosóficos, sociológicos y psicológicos de la totalidad de los métodos de Moreno.

Todo instrumento se asocia a una serie creciente de conocimientos sobre su uso, y la combinación resultante de técnica y principios fundamentales recibe el nombre de "praxis" (Blatner, 1992). El psicodrama en particular implica conocimientos de psicología y otras ciencias de la conducta, así como el dominio de los medios adecuados para aplicar esos conocimientos en diferentes situaciones, y requiere además cualidades sutiles, como gusto artístico, creatividad, sensibilidad personal y madurez.

Muchos de los conceptos que presentaré en estas páginas –entre ellos los de espontaneidad, creatividad, realidad suplementaria, expresión del *self,* desarrollo de habilidades, catarsis, comunicación no verbal, teoría aplicada de los roles y sociometría– también pueden ser valiosos para quienes optan por no integrar a su labor la representación psicodramática. Los terapeutas que siguen otros métodos, los dirigentes de grupos no clínicos y otras personas que "ayudan a los demás" por cualquier medio pueden beneficiarse de estas ideas.

La idea de "instrumento"

Los instrumentos no se reducen a objetos materiales, como martillos o computadoras; también pueden ser el *modo* como se realiza una tarea, las *técnicas* utilizadas para llevarla a cabo. En este sentido, el psicodrama es un conjunto de instrumentos para reflexionar sobre sentimientos y relaciones y comunicar esos asuntos. Así como el teléfono, la televisión e internet añadieron a la correspondencia postal las dimensiones de la inmediatez y el contacto visual, el psicodrama suma las dimensiones del espacio, la acción y la imaginación a la "tecnología" convencional de la discusión racional en la terapia o la educación. Estas dimensiones adicionales permiten improvisar, pensar en términos de escenarios opcionales, intercambiar roles y puntos de vista, disponer de oportunidades de redramatización y contar con otros elementos que abren a su vez nuevos caminos a la introspección y a la reflexión individual.

El efecto del psicodrama es comparable con el de la incorporación de herramientas eléctricas a la carpintería: acelera el proceso y facilita el trabajo. De igual forma, así como las herramientas de la carpintería pueden emplearse para producir una enorme cantidad de cosas, grandes y pequeñas, los instrumentos psicosociales pueden servir para una gama de propósitos increíblemente extensa. Sin embargo, toda herramienta de alta potencia debe usarse con sumo cuidado, con especial atención a la seguridad. Además, ninguna herramienta es capaz de suplir el buen juicio del artesano. En muchas operaciones, ya sea de carpintería o de trabajo con las personas –como planeación de un proyecto, selección de las personas indicadas para ejecutarlo y organización de los procedimientos implicados–, la técnica es secundaria.

Nuevas maneras de pensar

El uso de instrumentos cambia la manera de pensar de los individuos. En primer término, da lugar a la transferencia del aprendizaje, puesto que cuanto más usamos un instrumento, más rápidamente aprendemos a utilizar otros semejantes. Asimismo, los instrumentos permiten logros que difícilmente alcanzaríamos sin ellos, lo que aporta a la cultura nuevos horizontes e ideas. El desarrollo de las habilidades necesarias para manejar un instrumento alienta la seguridad en uno mismo y motiva la búsqueda de mejoras, aplicaciones e inventos.

El reiterado uso de un nuevo instrumento también enriquece el conocimiento, el vocabulario y el acervo de conceptos. Este proceso transforma el modo de percibir y experimentar el mundo de los integrantes de una cultura. En una cultura civilizada, por ejemplo, incluso quienes no han aprendido a leer y escribir saben que les es posible hacerlo; su conciencia se ha acrecentado. Jaynes (1987) explicó que la conciencia "civilizada" moderna es producto de la gradual acumulación del lenguaje –de la creación de metáforas sobre metáforas, de concep-

tos sobre conceptos–, lo cual da origen al relativo predominio de las facultades racionales asociadas con el hemisferio izquierdo del cerebro.

La creatividad plena, sin embargo, supone una interacción más balanceada de la imaginación y la intuición con el procesamiento racional y del lenguaje, así como un equilibrio de las funciones de los hemisferios derecho e izquierdo del cerebro. Considerado como instrumento, el psicodrama favorece este proceso integrado, porque sus técnicas –como la adopción de roles o role taking, inversión de roles, abandono de roles (pasar de actor a observador de uno mismo), improvisación, amplificación, maximización, redramatización y doble (expresión de niveles más profundos de sí)– implican un proceso creativo más armonioso.

Después de mucho tiempo de practicar la dramatización, las personas comienzan a pensar como actores, autores, directores, productores y audiencia. El ejercicio de este cambio de perspectiva contribuye al desarrollo de la capacidad de la autorreflexión, importante componente de la maduración psicológica. Así pues, los beneficios del psicodrama no se restringen a la resolución de un problema inmediato, pues también comprenden el desarrollo de habilidades de flexibilidad mental e interactividad social (tema en el que profundizaremos en el capítulo 11).

Conjuntos de instrumentos

La reunión y el uso coordinado de numerosos instrumentos, tal como ocurre en un taller o laboratorio, multiplican notablemente los efectos. El psicodrama no es un instrumento sino un conjunto de instrumentos en cuya aplicación seguimos un método sistemático, y por lo tanto podemos concebirlo como un laboratorio científico repleto de sustancias químicas, instrumental de vidrio y aparatos electrónicos.

Esta analogía también sugiere la actividad de indagación y experimentación, de prueba y error, en un ambiente controlado. En psicodrama, ese control procede del peculiar contexo del "como si" propio del juego. En una situación como ésta, los errores no tienen el mismo significado que en la "realidad", y por lo tanto las personas pueden someter a prueba respuestas opcionales de conducta. Un físico eminente comentó: "La ciencia no avanzaría si los científicos no cometiéramos todos los errores imaginables… Lo importante es cometer errores lo más pronto posible y darse cuenta de ello" (Wheeler, 1981, p. 26). Descubrir qué actitudes y conductas ofrecen mejores resultados en situaciones sociales complejas es la función científica de los métodos psicodramáticos. Quienes corren el riesgo de asumir este tipo de aprendizaje empírico están protegidos por la especial condición del psicodrama, el cual implica apoyo, no rechazo.

La abundancia de formas dramáticas en la cultura actual, saturada de medios de comunicación, facilita en gran medida la comprensión de la idea de la dra-

matización. "Basta con el escenario": el solo hecho de imaginar una situación como un juego despierta el interés por explorar la vida de nuevas maneras (Blatner y Blatner, 1997, p. xv). Pero en lugar de aplicar el drama por mero entretenimiento o con propósitos comerciales o políticos, las personas pueden usarlo para trabajar en común en el examen y resolución de sus problemas, por diversos que éstos sean.

Aplicaciones

Un buen instrumento tiene muchas aplicaciones más allá de su función inicial. La escritura surgió originalmente para hacer cuentas; la poesía llegó después. La computadora sirvió en un principio sólo para "manipular números" (realizar operaciones); su concepción como recurso para el "procesamiento de información" representó un gran avance.

También los métodos de la psicoterapia trascendieron el contexto clínico y la pusieron a disposición de personas que en sentido estricto no se hallaban en el rol de enfermas. Conceptos y técnicas psicoterapéuticos se usaron en empresas y otras instituciones, se popularizaron entre la generalidad de los lectores y se difundieron por muchos otros medios. El psicodrama surgió con fines terapéuticos específicos, pero después fue adaptado a otras terapias y situaciones inusuales: a parejas, individuos, la asesoría psicológica, entre otras.

Como tantos instrumentos de amplia utilidad, las aplicaciones del psicodrama abarcaron muy pronto diversas áreas: educación, negocios, desarrollo de las organizaciones, dirección de empresas y capacitación de personal, intervenciones *in situ* en el patio de juegos o en las calles, retiros espirituales, programas de superación personal, desarrollo comunitario, creación de celebraciones o rituales más significativos e incluso la mera recreación.

Así, este libro está dirigido desde luego a psicoterapeutas, pero también a todo aquel que desee conocer las bases para el uso de los métodos psicodramáticos, los cuales deben aplicarse con sensatez. E incluso quienes no deseen utilizar estas técnicas se beneficiarán de la consideración e integración de los principios que expondré en estas páginas.

Cualquier ejecutivo empresarial que tenga deseos de ayudar a sus empleados a trabajar en conjunto de manera más eficaz obtendrá gran provecho del empleo de principios sociométricos y psicodramáticos para el esclarecimiento de la dinámica grupal.

Las escuelas pueden usar la dramatización como el principal vehículo para el cultivo de las habilidades de "inteligencia emocional" descritas por Goleman (1998), indispensables para enfrentar las tensiones de un mundo en constante transformación.

Las comunidades pueden desarrollar procedimientos de trabajo más eficaces en el ámbito de las relaciones interpersonales e intergrupales (Danielsson, 1997).

(El "grupo T", principal antecedente del grupo de encuentro, el entrenamiento de la sensibilidad y la mayoría de los programas de superación personal, surgió precisamente de un proyecto de desarrollo comunitario.)

Los métodos psicodramáticos complementan y profundizan muchas técnicas afines, como las del teatro interactivo, la dramaterapia, la educación vivencial, la renovación espiritual, los grupos de autoayuda, la detallada consideración de problemas éticos o políticos (con el uso del sociodrama), y el desarrollo de habilidades personales y de la empatía.

En otros campos de estudio y a la manera de las simulaciones de los astronautas o las "pruebas beta" de programas de computación, los métodos psicodramáticos enriquecen el examen de estudios de comunicación, rendimiento, historia, desarrollo infantil, antropología, lingüística, etcétera. Nuestro campo puede y debe enriquecerse a su vez con los continuos descubrimientos de esas disciplinas. Para ser verdaderamente útil, un instrumento debe ser interdisciplinario e informarse de lo que ocurre en otras áreas, ya que ha de contribuir al cumplimiento de sus metas.

Un camino al "corazón"

Una máquina puede servir como instrumento, pero un instrumento no necesariamente es una máquina. Las máquinas carecen de espontaneidad, mientras que lo ideal es que la persona que usa un instrumento lo haga con gran creatividad, arte y –en lo que se refiere a los instrumentos para la promoción del desarrollo psicosocial– profunda sensibilidad y solidaridad.

Un ejemplo de ello es el concepto de "encuentro" de Moreno, el cual invita a las personas a interesarse en la inversión de roles, hacer el esfuerzo de imaginar cómo serían si fueran el otro. Esto es empatía, y nada menos que una aplicación práctica de la "regla de oro" (Bischof, 1966, p. 15).

Otra dimensión del "corazón" presente en el psicodrama es la celebración de la individualidad, en particular mediante las formas artísticas, para alentar a las personas a ser "más" de lo que son en la vida diaria. Al valorar la creatividad, el psicodrama estimula esta elevada dimensión de la vitalidad. La amplificación (o maximización) dramática incita una más aguda expresión individual (como se explicará en el capítulo 10). Esto confirma nuestra necesidad de ser realmente vistos y escuchados, y nos ofrece la oportunidad de conceder genuina atención a los demás.

El psicodrama aspira a algo más que la aceptación, para promover el gozo de la plenitud individual y de los demás. Valora la alegría, el entusiasmo, la exaltación, la diversión, la vitalidad, la hondura de los sentimientos, la posibilidad de compartir y también la vinculación de estas emociones con el vasto campo espiritual. El arte de la psicoterapia y su contribución a realizar exploraciones interpersonales no puede reducirse a mera técnica, pero al mismo tiempo es más que

un arte y un vehículo espiritual para la celebración y la aventura. Es algo "sustancioso", no estéril. Así, aunque quizá en ciertas ocasiones yo insista en la dinámica psicológica y social del psicodrama, el lector debe recordar que más allá está el espíritu del "corazón", el anhelo de un júbilo más intenso y de mayor unión con los demás y con la totalidad del ser.

Resumen

Moreno escribió hacia el final de *Who Shall Survive?* (1934, p. 426):

> Si realmente el futuro de la humanidad puede "planearse", la evolución consciente por medio del entrenamiento de la espontaneidad abre entonces nuevos horizontes al desarrollo de la raza humana.

Esto significa que, en combinación con las demás técnicas psicológicas y sociales en marcha, el psicodrama colabora en el cumplimiento de una meta extraordinaria: *la transformación consciente, intencional, de la conciencia misma.* Una vez expuestas las consideraciones anteriores, procedamos a examinar en detalle algunos de estos temas.

Referencias

Bischof, Ledford J., "Are we Climbing Jacob's Ladder?", *Group Psychotherapy,* vol. 19, núm. 1-2, 1966, pp. 10-15.

Blatner, Adam, "Theoretical Principles Underlying Creative arts Therapies", *The Arts in Psychotherapy,* núm. 18, 1992, pp. 405-409.

— y Alle Blatner, *The Art of Play: Helping Adults Reclaiming Imagination and Spontaneity,* 2a. ed., Brunner/Mazel-Taylor y Francis, Filadelfia, 1997.

Danielsson, Claire y Susanna Eveson, "The Community Educator –A Call for a New Profession", *International Journal of Action Methods,* vol. 50, núm. 1, 1997, pp. 4-16.

Goleman, Daniel, *Inteligencia emocional,* trad. de David González y Fernando Mora, Kairos, Barcelona, 1998.

Jaynes, Julian W., *El origen de la conciencia en la ruptura de la mente bicameral,* trad. de Agustín Bárcena, Fondo de Cultura Económica, México, 1987.

Moreno, J. L., *Who Shall Survive? A New Approach to the Problem of Human Interrelations,* Nervous and Mental Disease Publishing, Washington, 1934. Traducción: *Fundamentos de la sociometría,* Paidós, Buenos Aires, 1962.

Wheeler, John A., citado en John P. Wiley, Jr., "Phenomena, Comment, and Notes", *Smithsonian,* 1981, p. 26.

CAPÍTULO 1

Elementos básicos: descripción general

El psicodrama es un método para explorar problemas psicológicos y sociales, animando a los participantes para que *actúen* en los eventos relevantes de sus vidas, en lugar de simplemente narrarlos. Como expliqué en la introducción, este método trasciende el contexto clínico de la psicoterapia. Aunque sería conveniente que el lector tuviera algunos conocimientos sobre este método, recurriré a *El psicodrama en la práctica* u otro libro entre los incluidos en la bibliografía al final de este volumen, para describir, en términos generales, los elementos básicos del psicodrama.

Los problemas o situaciones que son explorados mediante la acción pueden ubicarse en el pasado –reciente o remoto–, presente o futuro. La dramatización debe plasmar no sólo la conducta externa, sino también y sobre todo los aspectos *psicológicos* de esos eventos, como ideas y sentimientos no verbalizados, encuentros con personas ausentes, representaciones de fantasías sobre las ideas y sentimientos de los demás, prefiguraciones de posibilidades futuras y otros, todos los cuales ofrecen medios para estudiar el problema.

Lo primordial es que la dramatización permita una mayor *autorreflexión.* Esto es lo que distingue al psicodrama de otro tipo de montajes de carácter estrictamente teatral. El psicodrama está pensado para tener un enfoque liberador y correctivo. Por ejemplo, cuando se utiliza la técnica del espejo, el flujo de la acción es interrumpido, como cuando el director de una escena de cine grita: "¡Corte!", lo cual lleva al protagonista fuera de la escena para que la observe con otro actor en el papel de protagonista: ¿De qué otra manera podrías responder en esta situación?"

Corregir malos entendidos

Algunos periodistas llaman "psicodramas" a acontecimientos de intensa y compleja carga emocional ocurridos en el cine, el teatro, las novelas o la realidad. Esto es indadecuado porque el psicodrama es básicamente un proceso construc-

tivo que requiere un alto grado de reflexión, así como el interés por revisar patrones que involucran viejos hábitos o reacciones. Más que la tragedia humana o la elocuente exhibición de imprudencias absurdas, el psicodrama implica pensar en lo que podemos hacer para ser más creativos en la conducción de nuestra vida.

De igual manera, el término *dramatización* ha sido confundido con el hecho de sólo simular o fingir, como en una fiesta de disfraces, juegos de mesa y videojuegos, actividades en las que adoptamos la personalidad de seres de ficción. Ciertas revistas brindan asimismo la representación de fantasías sexuales. Este par de ejemplos, entre muchos otros, del uso incorrecto del término *dramatización* nos permite subrayar que en el presente libro nos referiremos a la dramatización relacionada con la resolución de problemas, propia del psicodrama.

Elementos constituyentes y terminología

El psicodrama puede ser tomado como una especie de laboratorio dedicado a la exploración de problemas psicosociales, pero en vez de contar con un "equipo físico", los vehículos para obtener los experimentos son los mecanismos de la dramatización y la conducta de los participantes.

Moreno utilizó términos de la dramaturgia, porque las personas que intervienen en la acción cambian posiciones y porque el psicodrama es utilizado no sólo en psicoterapia. Así, llamó "protagonista" y no "paciente" al individuo cuyo problema es el tema de la dramatización. "Director" a la persona que coordina la representación y "auxiliares" a quienes interpretan papeles secundarios. "Audiencia" a los espectadores y "escenario psicodramático" al sitio donde ocurre la acción.

- *Protagonista.* Este término designa el *papel* del individuo interesado en resolver un problema, adquirir cierto grado de introspección o desarrollar un nuevo patrón de respuestas. Éste es el papel principal en una dramatización y la experiencia de la persona implicada será el foco de atención del grupo. Curiosamente, durante una dramatización el protagonista puede intercambiar su papel con el de la persona con la que sostiene un encuentro; asumir el papel de doble para expresar ideas y sentimientos que normalmente permanecen ocultos; abandonar la escena (con la técnica del espejo) para convertirse en una especie de codirector y coautor, y cambiar posiciones para profundizar en las investigaciones.

En una sesión grupal prolongada podría haber más de un protagonista y un psicodrama. Incluso el líder del grupo puede ser protagonista, para resolver sus problemas con uno o varios miembros. En este caso, delegaría el papel de director a un codirector, o a un integrante del grupo apto para aclarar y resolver el problema.

Esto tiene semejanza con la "teoría de sistemas". Moreno pensaba que todos los miembros de un grupo son por igual agentes de alivio o ayuda para los demás. Rechazó los conceptos tradicionales de "paciente" y "médico". Creía que ninguna de las personas involucradas en relaciones interpersonales y grupales disfuncionales es necesariamente "neurótica" o víctima de una patología.

En un sociodrama, el protagonista toma un papel más general, representándose no sólo a sí mismo, sino también a todos los que se ubican en ese papel, como doctores y pacientes, policías y miembros de una minoría comunitaria, hombres y mujeres en una cita romántica, etcétera (vea el capítulo 20). En estas dramatizaciones, los diferentes miembros del grupo pueden actuar como protagonistas, entrando y saliendo del papel de manera fluida.

- *Director.* Los psicodramas o sesiones de dramatización son orquestados por alguien que sabe aplicar el método para contribuir al proceso de exploración. Éste es su papel. Generalmente, el director es el líder del grupo o el terapeuta, pero también podría serlo un asesor visitante, caso en el que el terapeuta se suma a la audiencia. Asimismo, un codirector o director asistente podría colaborar en la coordinación de los diversos papeles. La función del director es compleja y entraña numerosas aptitudes (Karp, 1996; Bradshaw-Tauvon, 1998).
- *Yo auxiliares.* El protagonista experimentará más vívidamente la situación y será más espontáneo si interactúa con otras personas, las cuales adoptan los papeles de los demás personajes de la escena o representan sus propios sentimientos no expresados (el *doble*) o a objetos inanimados. De igual forma, en la técnica del espejo un auxiliar remplaza al protagonista para que éste contemple la escena (Holmes, 1998). Moreno llamó a este papel *yo auxiliar,* término ahora simplificado; otros lo llaman *actor de apoyo.* Algunos directores utilizan auxiliares profesionales entrenados, cuyo papel en el grupo es ayudar al director con la producción.
- *Audiencia.* Conforman a la audiencia todos aquellos que no ocupan el escenario, como protagonista, director o auxiliares. Los psicodramas se efectúan por lo general en un grupo de entre seis y 20 miembros. (Moreno realizaba sesiones abiertas con un público de cientos de personas.) Además de presenciar la dramatización, el público participa después en la sesión de comentario (a la que me referiré más adelante), aporta auxiliares –quienes son escogidos de la audiencia– y asume en ocasiones el papel de personaje colectivo, como el "coro" griego. Sus integrantes han sido o serán protagonistas o auxiliares en anteriores o posteriores dramatizaciones.
- *Escenario.* Es recomendable reservar para las dramatizaciones un sitio especial de la sala, a fin de evitar que el espacio del "como si" se confunda con el de la interacción del grupo. Moreno diseñó un escenario circular en tres niveles con objeto de que a los participantes les bastara dar unos pasos para entrar en acción, algo imposible en los escenarios teatrales comunes.

Muestra de la aplicación de la arquitectura a la psicología, el diámetro del nivel superior era de 3.5 metros (Enneis, 1952). Conviene disponer de un escenario semejante, con iluminación y utilería especiales (Casson, 1998).

Sin embargo, la mayoría de las dramatizaciones ocurren en lugares menos formales: salas de reuniones o conferencias (en las que es posible mover mesas y sillas) o grandes oficinas, áreas de al menos 7.5 metros cuadrados. La simple preparación de esta zona y la indicación de su función podrían constituir una sugerente actividad de calentamiento: "está listo el escenario." Así pues, no se sienta restringido por falta de equipo o de un sitio formal.

Yo añadiría otros dos a los anteriores cinco elementos básicos considerados por Moreno:

- *Técnicas psicodramáticas.* Son 10 las más frecuentes, otras tantas las de uso ocasional y más todavía las variantes y depuraciones. Algunas de las técnicas más comunes son:

inversión de roles	sustitutos
redramatización o *replay*	silla vacía
espejo	entrenamiento de papeles
soliloquio	corte de la acción
doble	sociometría de acción (o "escultura")
ego múltiple	escenas de realidad suplementaria

He detallado estos y otros elementos en el compendio de términos y técnicas incluido como apéndice en este libro.

- *Fases.* El inicio, desarrollo y final de un psicodrama implican actividades especiales:
  - *Caldeamiento.* Combinación de técnicas o actividades de dinámica de grupos para estimular la cohesión y espontaneidad grupales, la confianza en el director, el interés y preocupación por el protagonista, la franqueza, la seguridad en el grupo y el surgimiento de un protagonista cuyo problema concierne al grupo (Blatner, 1996; Taylor, 1998).
  - *Acción.* Aplicación de la mayor parte de las técnicas psicodramáticas.
  - *Sharing.* Concluida la dramatización, los miembros del grupo comparten con el protagonista y con los demás los aspectos de su vida que la dramatización les hizo recordar. Los comentarios sobre la dinámica psicológica no deben ser permitidos. El director les preguntará: "¿alguna vez les ha ocurrido algo semejante al psicodrama que acaban de presenciar?" Quienes participan como "yo auxiliares" pueden compartir cómo se sintieron desde el rol que desempeñaron, así como sus sentimientos después de su desrolización, como ellos mismos (Ruscombe-King, 1998).

Estas fases son flexibles, pues dependen de la situación de cada grupo. A veces es conveniente cierto grado de análisis o "procesamiento" después del comentario. Los grupos de formación en psicodrama también podrían evaluar la manera en que el director y los auxiliares interpretaron sus roles (Jefferies, 1998). La sesión de comentario puede ser corta o larga. Habrá ocasiones en las que una dramatización relativamente breve suscitará una sesión prolongada, pues dará lugar a numerosas revelaciones individuales. Por lo tanto, es necesario destinar tiempo suficiente a esta fase. También, algunos pueden caldearse para hacer otra dramatización basada en lo que acaba de pasar y algunos grupos pueden tener una serie de dramatizaciones con diferentes protagonistas que actúen variantes del primer tema.

Terminología: la elección de las palabras

Muchas personas consideran que el término *psicodrama* posee connotaciones semánticas negativas, ya que sugiere demencia, histrionismo, psicoanálisis y emotividad excesiva. Así, prefieren el término *dramatización* como sinónimo neutro (vea el capítulo 20). Pero también hay quienes rechazan este nombre, que juzgan artificial o frívolo. Por tal razón, algunos colegas –especialmente los que aplican métodos psicodramáticos fuera del contexto clínico, ya sea en empresas o escuelas– han optado por términos como *método de acción, experiencia estructurada, simulación de conducta, representación,* entre otros.

También los elementos básicos mencionados reciben diversas denominaciones, con intención de simplificar el argot de la disciplina y moderar su inclinación teatral. Así, *ejecutante principal* o *personaje principal* sustituye a *protagonista,* y *ejecutante de apoyo* al *auxiliar.* En lugar de *audiencia,* lo llaman simplemente *grupo,* y en vez de *director* (que se oye muy parecido a *dictador* y se asocia, asimismo, con producción de cine o teatro), algunos prefieren el término *facilitador, líder del grupo, conductor, guía* o, en el contexto clínico, *terapeuta* o *consejero.*

Por último, en este libro será notorio el remplazo del término *paciente* por *cliente* o *miembro del grupo,* dado que hoy la mayor parte de las labores propias de la psicoterapia corre a cargo de individuos que no son profesionales de la psiquiatría y es muy común el uso de métodos psicodramáticos en contextos no clínicos.

Ejemplo típico de dramatización

Para comprender la naturaleza del psicodrama, nada mejor que considerar la amplia variedad de escenas que es posible dramatizar en la psicoterapia. El siguiente caso servirá de ejemplo.

Una persona, a la que llamaremos Janet, adopta el rol de protagonista para aclarar el significado de una compleja interacción familiar. Para comenzar, monta el escenario: el comedor de la casa de sus padres durante el desayuno después de una fiesta en familia. El director le pide elegir como auxiliares a algunos miembros del grupo (la audiencia) para que representen a los demás personajes como auxiliares. Luego le pide una breve inversión de roles con cada uno de ellos para mostrar su conducta y determinar quién es agresivo, quién conciliador, quien desentona u otros patrones.

Antes de que Janet entre en escena para redramatizar los hechos que desencadenaron el confuso conflicto que experimenta, el director le recuerda que debe actuar como si esos hechos estuvieran ocurriendo en el presente. Le indica además que no debe narrar a la audiencia lo que "sucedió", sino "mostrar" la situación como si ocurriera en el aquí y el ahora. El propósito es recobrar la cercanía de la experiencia y el sentido directo de los encuentros entre los personajes en escena, para evocar más eficazmente los sentimientos subyacentes.

Una de las ventajas de la dramatización es que permite recuperar no sólo lo que se dijo, sino también la conducta no verbal, queaporta más información que un relato o un largo y detallado interrogatorio. (La narración suele ser muy vaga y contener demasiadas generalidades, o resultar pesada y aburrida si es minuciosa; la dramatización, en cambio, da vivacidad a cualquier suceso. La curiosidad de saber qué harán el director y los actores para que la improvisación sea eficaz acrecienta el interés.)

Al terminar, los ejecutantes redramatizan la escena, pero esta vez con dobles o sustitutos. Esto equivale a la "voz en *off* o sobre la imagen" en una película, con lo cual se enfatiza no sólo lo que ha sido dicho, sino también eso acerca de lo cual no puede hablarse claramente; en el caso de Janet, lo que ella piensa pero no dice y lo que fantasea acerca de lo que los demás piensan o sienten.

El director "corta" la acción de tanto en tanto para dialogar brevemente con la protagonista, en una especie de "tiempo fuera" para reconsiderar lo dramatizado. Esta reevaluación es la esencia del psicodrama: la puesta a punto de lo que en psicoanálisis es llamado "el yo observador" y en la práctica espiritual "el testigo". En esos interludios el protagonista aclara la dirección que desea seguir. Lo ideal es que protagonista y director tomen en conjunto tales decisiones, pues es importante que este último no presuponga cuán lejos ni en qué dirección quiere ir aquél. Asimismo, protagonista, director y grupo refuerzan su cooperación en esos momentos.

Una vez aclarado el problema, es posible examinar algunas de sus facetas. ¿Es irreal el problema o parece mayor de lo que es a causa de las expectativas, impresiones o actitudes del protagonista? De ser éste el caso, el grupo puede dramatizar situaciones y escenas previas a la originalmente representada para hacer un análisis más cuidadoso y esclarecer el origen de esas actitudes.

Una dramatización puede seguir tantas direcciones como movimientos es factible hacer en un juego de ajedrez. Una escena situada en un momento futuro

podría permitir la exploración de perspicacias anticipadas o metas no expresadas. La redramatización de escenas puede perseguir a su vez una comprensión más profunda de las motivaciones implicadas. La inversión de roles puede manifestar proyecciones y desarrollar percepciones más precisas sobre la conducta de los demás. Una catarsis podría acompañar a la toma de conciencia de sentimientos relegados (vea el capítulo 11).

Otra estrategia común consiste en representar el resultado más positivo, lo que contribuye a que el protagonista descubra y afirme sus anhelos más íntimos. Tales escenas "reparadoras" podrían ubicarse en el pasado remoto o el futuro y suelen implicar rotundas afirmaciones positivas del protagonista; su reivindicación; su solicitud o exigencia de conductas deseadas; muestras de apoyo y protección en su favor, o la expresión en referencia a él de comentarios útiles y respetuosos. Estas acciones remplazan psicológicamente a ciertas conductas, tal vez crueles o abusivas, ocurridas en la realidad.

El director guía entonces a Janet, la protagonista –quien para ese momento posee mayor conciencia de lo que realmente desea– a una escena en la que pueda desarrollar su capacidad para hacer valer de manera más activa y madura sus necesidades. Esto es "entrenamiento de roles", lo cual implica la práctica de demandar o negociar en forma directa. A veces lo procedente es practicar un rol distinto, el de la aceptación, para ayudar al protagonista a admitir que quienes lo rodean sencillamente no quieren o no pueden darle el apoyo que necesita ni adoptar en reciprocidad la conducta que él desearía, a fin de que se dé cuenta de que, por lo tanto, debe buscar a alguien capaz de brindarle el apoyo que requiere. En otras palabras, el *insight* es a menudo insuficiente. El proceso general debe incluir cierto grado de integración de nuevos tipos de conducta.

Después, el grupo comparte con Janet no para ofrecerle agudas interpretaciones, por útiles que puedan ser, sino para describir lo que la dramatización le recordó acerca de su propia vida.

Mi libro *El psicodrama en la práctica* y muchas otras obras sobre el tema contienen más ejemplos de psicodramas.

Otros tipos de dramatizaciones

Son muy abundantes las exploraciones que es posible hacer a través del psicodrama:

- Dramatización de sueños, en la que los yo auxiliares interpretan roles de personajes vivos o inanimados. La interacción del protagonista con esos personajes o su inversión de roles con ellos dota de nuevo sentido a las imágenes oníricas.
- Ensayo y desensensibilización de eventos anticipados.

- Uso de métodos sociométricos para descubrir dónde está situado uno en relación con el grupo y en función de un criterio dado (vea el capítulo 19).
- Examen de un dilema moral mediante la adopción de los roles de las personas involucradas y la consideración de sus predicamentos reales, los sentimientos que podrían no admitir fácilmente.
- Encuentro y diálogo con un "poder superior" personal, encarnado en una figura religiosa, ancestro, ente mitológico, uno mismo con mayor edad y sabiduría, etcétera.
- Elaboración de una pérdida por medio de la escenificación de una "realidad suplementaria" para el encuentro con alguien que ha muerto o inaccesible por cualquier otro motivo (vea el capítulo 9).
- Combinación de métodos psicodramáticos y técnicas artísticas creativas para alentar la expresión de sí mismo (vea el capítulo 10).
- Entrenamiento de roles para acrecentar la seguridad en uno mismo, la expresividad individual o el autocontrol.
- Desarrollo de otras habilidades de relaciones interpersonales y resolución de problemas (vea el capítulo 12).

Resumen

En este capítulo describí algunos de los elementos y temas básicos del psicodrama y expuse un ejemplo de lo que ocurre en una sesión habitual. La aplicación de estos elementos puede también favorecer labores grupales permanentes de muchos tipos.

Referencias

Blatner, Adam, *Acting-in: Practical Applications of Psychodramatic Methods,* 3a. ed., Springer, Nueva York, 1996.

Enneis, James M., "Establishing a Psychodrama Program", *Group Psychotherapy,* vol. 5, núm. 2, 1952, pp. 111-119.

Karp, Marcia, "An Introduction to Psychodrama", *The International Forum of Group Psychotherapy,* vol. 5, núm. 2, 1996, pp. 8-11.

En mi libro *El psicodrama en la práctica* me ocupé ampliamente de los temas referidos en este capítulo, pero también es posible hallar información sobre el particular en muchos otros libros, como el siguiente:

Karp, Marcia, Paul Holmes y Kate Bradshaw-Tauvon, *Handbook of Psychodrama,* Routledge, Londres y Nueva York, 1998.

Las referencias que aparecen a continuación son capítulos de este último volumen:

Bannister, Anne, "The Group", cap. 7, 1998.

Bradshaw-Tauvon, Kate, "The Protagonist", cap. 6, 1998.

Casson, John, "The Stage", cap. 5, 1998.

Holmes, Paul, "The Auxiliary Ego", cap. 8, 1998.
Jefferies, Jinnie, "The Processing", cap. 11, 1998.
Karp, Marcia, "The Director: Cognition in Action", cap. 9, 1998.
Ruscombe-King, Gillie, "The Sharing", cap. 10, 1998.
Taylor, Susie, "The Warm-up", cap. 4, 1998.

Primer escenario psicodramático, en Beacon, Nueva York, 1936.

Doctor J. L. Moreno, 1939.

CAPÍTULO 2

Historia I: Moreno y sus antecesores

El psicodrama fue inventado por el doctor Jacob Levi Moreno (1889-1974). Si bien se interesó en los métodos del teatro espontáneo desde 1921 (año que referiría más adelante como fecha de nacimiento del psicodrama), no fue sino desde 1936 hasta principios de la década de 1940 cuando desarrolló la mayoría de las técnicas del psicodrama clásico.

Pese a la originalidad del método de Moreno –él mismo no sabía de nadie que hubiera intentado antes integrar el teatro y la terapia–, la idea de utilizar el drama como recurso curativo no era nueva. Curanderos y chamanes de pueblos indígenas ya hacían uso tiempo atrás, en rituales tradicionales, de elementos dramáticos (Favazza y Faheem, 1983; Fryba, 1972; Harmeling, 1950).

Médicos anteriores a Moreno también habían echado mano del teatro para el tratamiento de enfermedades mentales. A principios del siglo XIX, por ejemplo, dos de los principales precursores de la psiquiatría europea, Johann Christian Reil y Philippe Pinel, escribieron, cada cual por su parte, sobre el uso de procesos dramáticos en la curación (Mezurecky, 1974; Porter, 1998). Más tarde, dos psiquiatras rusos examinaron la síntesis de drama y psicoterapia: Vladimir Iljine, creador del "teatro terapéutico" de Kiev en 1908-1917, y Nikolai Evreinov, quien trabajó y escribió en San Petersburgo en 1915-1924 (Jones, 1996). Sin embargo, estos métodos no alcanzaron el grado de promoción y organización de los de Moreno.

Alcance del pensamiento de Moreno

Moreno fue una figura notable, porque, además de crear el método del psicodrama,

- inició uno de los primeros grupos de teatro improvisado;
- acuñó en 1932 el término *psicoterapia grupal*, muchos de cuyos tipos promovería activamente en las décadas siguientes;

- desarrolló una importante técnica de psicología social aplicada, la *sociometría*;
- alentó muchos otros métodos psicoterapéuticos innovadores;
- fue uno de los primeros en escribir sobre la teoría de los roles, la cual combina la psicología individual y social;
- escribió sobre temas filosóficos y aun teológicos;
- ejerció como médico general y después como psiquiatra, en su propio sanatorio, y
- escribió numerosos textos, publicó revistas especializadas, organizó asociaciones profesionales y dictó conferencias en diversas partes del mundo.

El hilo conductor de todas estas actividades aparentemente diversas fue un conjunto fundamental de ideas sobre la creatividad, la espontaneidad, el encuentro, el drama, la imaginación y otros temas que expondré en este libro. A Moreno nunca le fue suficiente teorizar; también se comprometió con la acción, y el desarrollo de técnicas científicas de diagnóstico, investigación y tratamiento.

La publicación en años recientes de muy completas biografías de Moreno (Marineau, 1989; Hare y Hare, 1996; Moreno, 1989) me permitirá limitarme en este capítulo a los momentos culminantes de su vida podría dividirse en tres fases: orígenes y primeros pasos, inicios del psicodrama clásico y perfeccionamiento y formalización de métodos. Cada una de ella representa un tercio de su existencia (vivió 85 años).

Primeros pasos

Jacob Levi nació el 18 de mayo de 1889 en Bucarest, Rumania; fue el mayor de seis hijos, tres hombres y tres mujeres. (En su juventud incorporaría el antiguo apellido familiar Moreno a la parte intermedia de su nombre, aunque en 1925, año en el que emigró a Estados Unidos, adoptó definitivamente el de Jacob Levi Moreno. Yo le llamaré Moreno, su apelativo más común.) Descendía de una familia sefardita (los judíos expulsados de España a fines del siglo XV). Así, es falso que haya nacido en 1892 en un barco en el Mar Negro, como sostuvo en ocasiones. La fecha correcta de su nacimiento procede de su acta en el registro civil de su ciudad natal (Bratescu, 1975).

Primogénito mimado e idealizado, desarrolló una narcisista seguridad en sí mismo. La instrucción que a muy temprana edad recibió de un distinguido rabino de la comunidad y las procesiones de la cercana iglesia ortodoxa griega despertaron su interés en Dios. Esto dio motivo a un hecho que consideraría decisivo en su vida. Tenía 4 años cuando, en el espacioso sótano de su casa, ausentes sus padres, propuso a sus amigos jugar a Dios y los ángeles; él sería Dios. Ataron varias sillas por las patas, las apilaron sobre una mesa para formar una pirámide y lo ayudaron a sentarse en la cúspide; después rodearon la estructura y agitaron

los brazos como alas. Invitado por uno de ellos a sumarse al vuelo, Jacob, absorto, saltó desde su trono, cayó y se fracturó un brazo.

Este incidente no lo amilanó ni avergonzó, sino que reafirmó su voluntad. Si la realidad no ofrecía oportunidades para cumplir todos los deseos de la mente, había que someterla a los dictados del corazón. Supongo que la intuición de que el juego era el medio para lograrlo fue lo que lo impulsó, mediante un sano proceso de sublimación, a crear, ya adulto, el concepto de realidad suplementaria (que explicaré en el capítulo 9) y el psicodrama como vehículos para la consumación de ese anhelo (Blatner, 1996).

Cuando tenía 6 años, su familia se mudó a Viena, Austria, donde aprendió alemán (Johnson, 1959); para entonces ya dominaba el rumano y el ladino (derivación en caracteres hebreos del español, como el yíddish lo es del alemán).

En su adolescencia inició la lectura intensiva de textos filosóficos, la Biblia y otros textos religiosos cristianos y judíos, relativos algunos de ellos a la cábala, la tradición mística judía (Moreno, 1989, p. 30). Kierkegaard, popular entonces, y Swedenborg le impresionaron. También influyeron en él Goethe, Dostoievski, Tolstoi y Whitman.

Fascinado durante sus estudios secundarios con la idea de que tenía una misión religiosa por cumplir, años después creó con algunos amigos la "religión del encuentro". Rentaron una casa para alojar temporalmente a desamparados y refugiados, aunque no observaban ninguna práctica religiosa formal. Más tarde relataría: "barbados, no estábamos quietos jamás; caminábamos sin cesar ni rumbo fijo, nos deteníamos frente a quienquiera, le estrechábamos la mano y conversábamos con él. Compartíamos lo único que teníamos: nuestra pobreza" (Moreno, 1972, p. 208). Deseaba llegar más lejos que los autores a los que había leído y poner en acción sus ideas.

Hacia 1908 dio en narrar cuentos a niños y jugar con ellos en los parques de Viena. Notó que su vitalidad e inteligencia aumentaban cuando los inducía a improvisar sobre los temas de los cuentos. Así, por un tiempo mantuvo un pequeño teatro de y para niños (Marineau, 1989, p. 39). Estas experiencias sembraron en él la semilla de sus posteriores ideas sobre la espontaneidad y la creatividad.

En 1910 comenzó a formular sus ideas filosóficas sobre Dios, el teatro y temas similares en "anónimas" composiciones cuasipoéticas, una suerte de manifiesto (Meiers, 1945). Aún imbuido de inspiración religiosa, escribió un par de opúsculos, como *Invitation to an Encounter,* título que constituye una de las primeras apariciones del término *encuentro* en sus textos y del que acostumbraba citar este fragmento:

> Una cita de dos: ojo a ojo, cara a cara.
> Cuando estemos cerca te arrancaré los ojos
> para suplir los míos
> y tú me arrancarás los míos

para suplir los tuyos
y te veré con tus ojos
y tú me verás con los míos.

(La desafortunada expresión "te arrancaré los ojos" suele sobresaltar a los lectores de este poema, aunque cabe suponer que es sencillamente un recurso dramático. La intención era explicar que la "inversión de roles", como Moreno la llamaría después, podía intensificar la autenticidad de un encuentro.)

Desde 1911 hasta 1917 estudió medicina en la Universidad de Viena. Entre sus deberes estaba colaborar con el director de psiquiatría, cuyos métodos le disgustaron. Conoció entonces la obra de Freud, quien, en su opinión, no ayudaba a los pacientes a formarse nuevas aspiraciones y metas, verdadero desafío del tratamiento de enfermedades mentales. La siguiente anécdota, que relataba con frecuencia, da muestra de su actitud y manera de comportarse:

> Vi al doctor Freud sólo una vez. En 1912 trabajaba en la clínica psiquiátrica de la Universidad de Viena y asistí a una conferencia suya. Tras concluir el análisis de un sueño telepático y luego de que los demás estudiantes se retiraron, me preguntó qué hacía. "Yo comienzo donde usted termina, doctor Freud. Usted se reúne con personas en el espacio artificial de su oficina; yo las busco en la calle y en el hogar, en sus circunstancias naturales. Usted analiza sus sueños. Yo intento infundirles el valor de volver a soñar. Les enseño a jugar a ser Dios." Me miró con total perplejidad [Moreno, 1946, pp. 5-6].

Durante sus estudios de medicina tuvo dos experiencias de lo que hoy conocemos como psiquiatría social. En 1913, al percatarse de la explotación y el hostigamiento oficial de que eran víctimas las prostitutas de Viena, organizó entre ellas grupos de "autoayuda". Dos años después, ya como médico en un campamento de refugiados, juzgó que conceder libertad a la gente para elegir con quién vivir o trabajar resolvería en parte el sectarismo que descubrió ahí. Éstos fueron los antecedentes de la sociometría (Moreno, 1989, p. 66).

Viena era aún una de las capitales culturales del mundo. Pese a sus estudios y labores en el campamento de refugiados, Moreno disponía de tiempo para asistir al teatro y codearse con intelectuales y artistas locales. fue entonces cuando conoció los textos sobre creatividad del filósofo Henri Bergson, muy apreciados en esos años y que influirían en su trabajo.

Tras graduarse en 1917, fijó su consultorio de medicina general en Bad Voslau, suburbio de Viena. En ese periodo, fértil y turbulento para él, no sentía especial interés por la psiquiatría. A principios de 1918 participó en la fundación y edición de la revista literaria *Daimon,* en la que colaboraron algunos de los autores más renombrados de la época (Treadwell y Treadwell, 1972).

Hacia 1919 escribió su principal texto teológico, en la forma poética que imaginó propia de Dios, a quien hacía hablar aquí y ahora. Lo publicó de inmediato en aquella revista, que ya había cambiado de nombre, y poco después como

libro; la muy posterior versión inglesa llevaría como título *The Words of the Father* (Moreno, 1971b). Luego referiría haber escrito originalmente en paredes muchos de los poemas de este texto, en un estado de febril inspiración. En un principio circularon sin firma; sólo mucho después aparecieron con su nombre. Este libro y su ulterior comentario sobre él recogen muchas de sus principales ideas teológicas, de las que me ocuparé en el capítulo 6.

Como pasatiempo, en esos años formó también la que fue quizá la primera compañía de teatro improvisado. Le exasperaba la esterilidad del teatro tradicional, que atribuía al apego a un libreto. Creía asimismo que el teatro debía poseer eficacia social. Llamó a su método *Das Stegreiftheater*, "teatro espontáneo".

Realizó la primera sesión de esta modalidad dramática el 1° de abril de 1921, en una pequeña sala de Viena. El tema fue cómo resolver las secuelas de inestabilidad política que la primera Guerra Mundial había dejado en Austria, e invitó a la audiencia a participar. (Esto sería hoy teatro sociodramático interactivo.) El acto causó controversia y recibió toda clase de comentarios. (Peter Lorre, quien ganaría fama en el cine estadounidense en la década de 1940, era uno de los jóvenes actores de la compañía.) Produjo después varios espectáculos experimentales improvisados, como "El periódico viviente", representación de hechos noticiosos (Toeman, 1949).

Su búsqueda de una forma teatral rejuvenecida, socialmente inclusiva y oportuna, lo incitó a diseñar uno de los primeros escenarios circulares. Es probable que su insistencia en la interacción con la audiencia haya influido en subsecuentes innovaciones teatrales (Moreno, 1971a; Scheiffele, 1995). Alrededor de 1924 entabló una batalla legal con Frederick Kreisler, productor teatral local que aseguraba haber inventado el escenario circular. Ésta fue una de las manifestaciones de su "síndrome de paternidad", su tendencia a disputar la autoría original de un método o perspectiva (Held, 1982).

Años más tarde descubrió que el drama improvisado podía ser un vehículo terapéutico tanto para los auxiliares como para la audiencia. Su compañía de teatro espontáneo siguió experimentando con diversos métodos interactivos y de improvisación por cuatro años más, hasta poco antes de que Moreno partiera a Estados Unidos. Éste consideraría el periodo 1911-1923 como la primera etapa "axionormativa", la época de consolidación de los fundamentos filosóficos básicos de la teoría sociométrica (Renouvier, 1958).

Fase intermedia: los años de desarrollo

Sumida en el caos, la Austria de la posguerra no podía sostener los experimentos de ciencia social aplicada y teatro terapéutico de Moreno. Así, éste pensó en emigrar a Rusia, donde estaba ocurriendo un "grandioso y nuevo experimento", o a Estados Unidos. Optó finalmente por esta última nación, pues necesitaba libertad para desarrollar sus teorías. Su emigración a ese país fue posible gracias a que

también era inventor: había "coinventado" –aunque el verdadero inventor fue su socio– una grabadora, precursora de la actual. Una compañía estadounidense se interesó en el producto y lo apoyó en su traslado de Austria en 1925 para establecerse en la ciudad de Nueva York.

A su arribo a Estados Unidos, a la edad de 36 años, le sorprendió la popularidad del psicoanálisis, que en Viena no era aún del todo respetable. Tras aprender el nuevo idioma y obtener empleo y autorizaciones laborales oficiales, inició un periodo de trabajo notablemente activo e innovador, que describiré a la manera de tabla cronológica:

1927-1930: prosigue con sus experimentos de teatro espontáneo, que presenta incluso en el Carnegie Hall, el Mount Sinai Hospital de Nueva York y otros sitios.

1931: ejerce como psiquiatra en la prisión Sing Sing de Nueva York; inicia la redacción de artículos en inglés sobre sus tanteos teatrales y sus primeros experimentos de terapia grupal interactiva. Otros innovadores exploran por su parte las posibilidades del tratamiento en grupos: L. Cody Marsh, mediante la impartición de conferencias motivacionales en un hospital neoyorquino, Austin Riggs, también por medio de conferencias con altoparlantes a pacientes psiquiátricos de un hospital de Massachusetts y el psicoanalista Louis Wender.

1932: acuña los términos *terapia grupal* y *psicoterapia grupal* en la conferencia que dicta en el congreso de la American Psychiatric Association en Filadelfia. Su metodología, centrada en el grupo, es evidentemente más interactiva que la centrada en el terapeuta.

1933: ejerce en la New York State Training School for Girls, en Hudson, Nueva York, en colaboración con Helen Hall Jennings; en este instituto introduciría la dramatización y depuraría su sistema sociométrico. El 4 de abril exhibe algunos de sus primeros diagramas en el congreso de la New York Medical Society; éste sería el inicio oficial del "movimiento sociométrico".

1934: publica *Who Shall Survive? A New Approach to the Problem of Human Interrelations.* Implanta el psicodrama en el St. Elizabeth's Hospital de Washington, uno de los centros psiquiátricos estadounidenses más dinámicos de la época. Recibe franco apoyo de ilustres practicantes de la profesión.

A mediados de esta década surgen otros precursores de la terapia grupal: Paul Schilder aplica un método psicoanalítico ajustado en el Bellevue Hospital de Nueva York y Samuel R. Slavson, ingeniero y promotor del Jewish Board of Guardians' Big Sister Program, organiza talleres de artes y oficios de participación voluntaria en hogares colectivos para jovencitas. El sistema de Slavson –al que llamaría *paraanalítico* y después *terapia del yo*, al sumarse más tarde a la predominante corriente psicoanalítica– consiste en un tipo permisivo de terapia de juego y conferencias a grupos de edad latente, e incluso, como ocurriría más

tarde, a niños en edad preescolar. Slavson sería uno de los principales rivales de Moreno (Scheidlinger, 1993).

1936: pone en marcha el Beacon Hill Sanitarium, hospital psiquiátrico privado a 100 kilómetros al norte de Nueva York, sobre el río Hudson, junto al cual hace construir un teatro para psicodrama e instalaciones para la formación de profesionales. (Recibe también su naturalización como ciudadano estadounidense.)

1937: emprende la publicación de su primera revista especializada, *Sociometry: A Journal of Interpersonal Relations.* A causa del desinterés de revistas y editoriales establecidas, había creado en Beacon, Nueva York –su lugar de residencia y sede de su sanatorio–, una editorial propia, Beacon House (no confundir con Beacon Press, de Boston). Aplica procedimientos de pruebas sociométricas en la Public School 181, en Brooklyn. Este año marcaría el comienzo de la "segunda fase sociométrica".

Aparece entonces una nueva aportación paralela: Kurt Lewin, Muzafer Sharif y otros profesionales del naciente campo de la psicología social inician importantes estudios de dinámica de grupos, aunque no orientados a la terapia. Moreno aseguraría después haberse reunido con Lewin y algunos de sus alumnos y haber influido en sus ideas. Gardner Lindzey, destacado psicólogo social, señaló en la década de 1960 que...

> El libro de Moreno [*Who Shall Survive?*] revolucionó la psicología social. De pocos individuos es posible decir que hayan ejercido tan profunda influencia en la evolución de un área de las ciencias sociales [Lindzey y Byrne, 1968, p. 454].

Despunta asimismo la formación de grupos de "autoayuda". Alcohólicos Anónimos, surgido años antes en Akron, Ohio, gana creciente aceptación. El doctor Abraham A. Low, de Chicago, aplica el "entrenamiento de la voluntad" en su trabajo con enfermos mentales y en 1941 crea Recovery, Inc., programa de autoayuda grupal que propone la conversación y la lectura de libros selectos como actividades posteriores al tratamiento.

Varios miembros de la familia de Moreno contribuyen al éxito de sus proyectos. Su primera esposa, Florence, participa en el área didáctica y de desarrollo infantil y colabora en la teoría de la espontaneidad y el psicodrama. (En 1939 nace la hija de ambos, Regina.) Su hermano William, exitoso hombre de negocios y admirador suyo, le brinda sustancial asistencia financiera durante buena parte de los años intermedios de su trayectoria profesional.

1941: pone en operación un segundo teatro para psicodramas, en el St. Elizabeth's Hospital de Washington. Escribe algunas de sus más trascendentes monografías sobre catarsis mental y psicodrama. En este y años posteriores publica artículos sobre psicodrama y teoría de los roles en su revista de sociometría, así como colaboraciones de otros relevantes psicólogos sociales.

En el curso de la segunda Guerra Mundial prospera el uso de la terapia grupal en hospitales militares y para veteranos de guerra. S. H. Foulkes y E. James Anthony organizan en Inglaterra la Group Analytic Society.

1942: Moreno funda la primera asociación profesional de terapeutas grupales, la American Society for Group Psychotherapy and Psychodrama (ASGPP). Inaugura el Sociometric Institute and Theater of Psychodrama, en el número 101 de la Park Avenue de Nueva York, donde realiza sesiones abiertas que atraen la curiosidad de numerosos profesionales de diversas disciplinas. Comienza así la "tercera fase del desarrollo sociométrico", seguida por la difusión de la terapia grupal, la sociometría y el psicodrama en Estados Unidos y otros países. (Las sesiones abiertas nocturnas de fin de semana continúan hasta principios de la década de 1970. En 1962 Moreno muda su "escaparate" al número 236 de la West 78th Street.)

Curiosamente, Slavson crea en ese mismo año la American Group Psychotherapy Association, orientada a la práctica psicoanalítica, e inicia la publicación de *The International Journal of Group Psychotherapy.* A causa de la creciente hegemonía del psicoanálisis, tal asociación gozaría de casi inmediato predominio.

1945: Moreno lanza su segunda revista, *Sociatry: A Journal of Group and Intergroup Therapy,* la cual se convierte en órgano oficial de la ASGPP y cambia su nombre dos años después por el de *Group Psychotherapy.* Publica al año siguiente su esencial obra *Psychodrama* (volumen 1) y subsecuentemente muchos otros libros y artículos, recogidos en la extensa bibliografía de Corsini y Putzey (1956).

1946: emerge el método del "grupo T" (que describiré en el capítulo 18), una de las raíces del posterior movimiento del grupo de encuentro, influido a su vez por Moreno (1970; Gottschalk y Pattison, 1969). Luego del auge y declive de los grupos de encuentro en las décadas de 1960 y 1970, muy variados grupos de autoayuda y programas de desarrollo personal acogieron muchos de los métodos grupales de aquéllos, como las experiencias estructuradas y de acción.

En las décadas siguientes, Moreno sería un permanente e importante catalizador de posturas inovadoras y eclécticas en la psicoterapia, especialmente durante la época de difícil aceptación de métodos opcionales en las profesiones clínicas, después bajo el dominio del psicoanálisis. Sus textos y sesiones públicas de dramatización en Nueva York influyeron en Fritz Perls, recién llegado de Sudáfrica (Shepard, 1975).

El método del psicodrama fue objeto de ajustes desde principios de la década de 1940. Junto con la sociometría y la psicoterapia grupal, las técnicas de Moreno hallaron aplicación en diversos ámbitos, como el educativo, recreativo, programas de rehabilitación para inválidos, el militar, el administrativo y la capacitación de profesionales, desde maestros hasta vendedores.

En términos históricos, es importante recordar que la corriente psicoterapéutica dominante, la psicoanalítica, no aceptó la innovación de la psicoterapia grupal hasta después de mediados de la década de 1950. Moreno se entregó al desarrollo de la psicoterapia grupal tanto como al del psicodrama. Aunque deseaba destacar en particular la importancia interactiva del psicodrama, organizó y colaboró en la coordinación de varios congresos nacionales e internacionales sobre terapia grupal en los que participaron distinguidos psicoanalistas. Esos congresos fueron foros de intercambio de nuevos métodos, como los "clubes sociales" de Joshua Bierer, la terapia familiar de Virginia Satir, la comunidad terapéutica de Maxwell Jones y el uso de técnicas de terapia artística en la psicoterapia grupal de George Vasiliou.

Moreno alentó el desarrollo de todo tipo de innovaciones psicoterapéuticas, con especial atención en el uso de las artes creativas como modalidades de tratamiento; por ejemplo, la precursora de la terapia de danza, Marian Chace (1945), publicó uno de sus primeros artículos en la revista de Moreno.

Esta fase intermedia, coincidente con la quinta y sexta décadas de la vida de Moreno, fue muy productiva. Moreno escribió prolíficamente. En sus sesiones abiertas en Nueva York, muchos profesionales conocieron los métodos psicodramáticos, distintos de los métodos psicoanalíticos tradicionales. A. H. Maslow (1968), Eric Berne (1970) y Will Schutz (1971) reconocieron explícitamente a Moreno como fuente de algunas de las técnicas más innovadoras de la ecléctica psicoterapia moderna.

Últimos años: educación y organización

En 1950 Moreno atraía ya a un creciente número de discípulos. Conoció a Zerka en 1941, año desde el cual cooperó en la redacción y edición de sus textos y en muchas otras tareas. (En el capítulo 3 me referiré a su papel y al de otros colaboradores de Moreno.)

El doctor Moreno y su esposa viajaron incansablemente los 20 años siguientes, para dar conferencias y realizar dramatizaciones en simposios profesionales, hospitales y universidades. Sociometry fue cedida en 1956 a la American Sociological Association, aunque a fines de la década de 1960 Moreno publicó otra revista de sociometría, de corta vida.

El tratamiento de pacientes continuó en Beacon durante la década de 1950, pero se interrumpió a mediados de la siguiente. El sanatorio se convirtió en instituto de formación en psicodrama; puesto que Moreno ya rebasaba los 70 años de edad, Zerka fue la principal instructora.

Moreno viajó asimismo fuera de Estados Unidos y estableció contacto con psiquiatras europeos. En 1954 participó en la fundación del International Committee on Group Psychotherapy, organismo que derivaría en la International Association of Group Psychotherapy, de la que Moreno fue prin-

cipal fundador. Esta organización da cabida por igual a métodos analíticos, psicodramáticos y otros y sigue funcionando en la actualidad; celebra congresos regionales y mundiales cada dos o tres años. Moreno también promovió la organización de una serie de congresos internacionales sobre psicodrama en la década de 1960.

Jacob L. Moreno falleció en su residencia en Beacon el 14 de mayo de 1974, luego de varios infartos; tenía 85 años. En las semanas anteriores había dejado de alimentarse, lo que lo debilitó gradualmente. Aún en sus últimos años recibía cordial y cálidamente a viejos amigos y visitantes (Sacks, 1977; Yablonsky, 1975). Él mismo eligió su epitafio: "el hombre que volvió alegre y risueña la psiquiatría".

Resumen

Como visionario y creador de perspicaces ideas, J. L. Moreno fue, en mi opinión, un gran hombre. No fue tan brillante en otros aspectos, como lo explicaré en el capítulo 4. El resto de este libro es en gran medida un comentario –análisis, decantación y prolongación– de sus ideas.

Referencias

Anderson, Walt, "J. L. Moreno and the Origins of Psychodrama", en I. A. Greenberg (ed.), *Psychodrama: Theory and Therapy,* Behavioral Publications, Nueva York, 1974.

Berne, Eric, "Book Review", *American Journal of Psychiatry,* vol. 126, núm. 10, 1970, pp. 15-20.

Blatner, Adam, "Moreno's idée fixe", *Journal of Group Psychotherapy,* Psychodrama and Sociometry, vol. 48, núm. 4, 1996, pp. 155-158.

Borgatta, Edgar F., Robert Boguslaw y Martin R. Haskell, "On the Work of Jacob L. Moreno", *Sociometry,* vol. 38, núm. 1, 1975, pp. 148-161.

Bratescu, Gheorgh, "The Date and Birthplace of J. L. Moreno", *Group Psychotherapy and Psychodrama,* núm. 28, 1975, pp. 2-4. (Nota del autor: la fecha de nacimiento de Moreno establecida en este artículo es tres años anterior a la que hasta entonces era considerada correcta.)

Casson, John, "Dramatherapy History in Headlines", *Dramatherapy,* vol. 19, núm. 2, 1997, pp. 10-13.

Chace, Marian, "Rhythm in Movement as Used in St. Elizabeth's Hospital", *Sociometry,* núm. 8, 1945, pp. 481-483.

Corsini, Raymond J. y J. J. Putzey, "Bibliography on Group Psychotherapy", *Group Psychotherapy,* vol. 9, núm. 3, 1956, pp. 177-249.

Favazza, Armand R. y Ahmed D. Faheem, "Indigenous Healing Groups", en H. I. Kaplan y B. J. Sadock (eds.), *Comprehensive Group Psychotherapy,* 2a. ed., Williams and Wilkins, Baltimore, 1983.

Fryba, M., "Psychodrama Elements in Psychosis Treatment by Shamans of Sri Lanka", en M. Pines y L. Rafaelsen (eds.), *The Individual and the Group: Boundaries and Interrelations: Vol. 2, Practice*, Plenum, Nueva York, 1972, pp. 333-339.

Gottschalk, Louis y E. Mansell Pattison, "Psychiatric Perspectives on T-groups and the Laboratory Method: An Overview", *American Journal of Psychiatry*, vol. 12, núm. 6, 1969, p. 824.

Hare, A. Paul y June R. Hare, *J. L. Moreno*, Sage, Thousand Oaks, 1996.

Harmeling, P. C., "Therapeutic Theatre of Alaska Eskimos", *Group Psychoterapy*, vol. 3, núms. 1-2, 1950, pp. 74-75.

Haworth, Peter, "The Historical Background of Psychodrama", en Marcia Karp, Paul Holmes y Kate Bradshaw-Tauvon (eds.), *Handbook of Psychodrama*, Routledge, Londres, 1998, cap. 2, pp. 15-27.

Held, R. L., *Endless innovations: Frederick Kreisler's Theory and Scenic Design*, UMI Research Press, Ann Arbor, 1982, pp. 33-36.

Johnson, Paul E., "Interpersonal Psychology of Religion –Moreno and Buber", *Group Psychotherapy*, núm. 12, 1959, pp. 21-217.

Jones, Phil, *Drama as Therapy: Theatre as Living*, Routledge, Nueva York, 1996, pp. 54-64.

Lindzey, Gardner y D. Byrne, "Measurement of Social Choice and Interpersonal Attraction", en G. Lindzey y E. Aronson (eds.), *Handbook of Social Psychology*, vol. 2, 2a. ed., Addison-Wesley, Reading, 1968.

Marineau, René F., *Jacob Levi Moreno, 1889-1974. A Biography*, Routledge, Nueva York, 1989. (Nota del autor: la edición francesa de este libro, publicada en Quebec en 1990, contiene más información y mayor número de fotografías.)

Maslow, Abraham H., "Letter to the Editor", *Life*, 2 de agosto de 1968, p. 15.

Meiers, Joseph, "Origins and Development of Group Psychotherapy –Historical Survey", *Sociometry*, núm. 8, 1945, pp. 499-530.

Mezurecky, Andrew J., "Psychodramatics –The Genealogy of a Clinical Modality", *Group Psychotherapy and Psychodrama*, núm. 27, 1974, pp. 37-41.

Moreno, J. L., *Psychodrama*, vol. 1, Beacon House, Beacon, 1946.

—, *The Theater of Spontaneity*, Beacon House, Beacon, 1947.

—, "The I-Thou Theme, Contemporary Psychotherapy, and Psychodrama", *Pastoral Psychology*, vol. 9, núm. 85, 1958, pp. 53-58 (con respuesta de Martin Buber).

—, "The Viennese Origins of the Encounter Movement", *Group Psychotherapy*, vol. 22, núms. 1-2, 1970, pp. 7-16.

—, "Influence of the Theater of Spontaneity upon the Modern Drama", *Handbook of International Sociometry*, núm. 6, 1971a, pp. 84-90.

—, *The Words of the Father*, Beacon House, Beacon, 1971b.

—, "The Religion of God-Father", en Paul E. Johnson (ed.), *Healer of the Mind: A Psychiatrist's Search for Faith*, Abingdon, Nashville, 1972, pp. 197-215.

—, "The Autobiography of J. L. Moreno, M. D. (Abridged)", *Journal of Group Psychotherapy, Psychodrama and Sociometry*, vol. 42, núms. 1-2. 1989, pp. 15-125.

Moreno, Jonathan D., "Editor's Introduction and Foreword for the Autobiography of J. L. Moreno", *Journal of Group Psychotherapy, Psychodrama and Sociometry*, vol. 42, núm. 1, 1989, pp. 3-14.

Moreno, Zerka T., "Origins of the Group Psychotherapy Movement", *Handbook of International Sociometry,* núm. 7, 1973, pp. 5-13.
Porter, Ray, *The Greatest Benefit to Mankind: A Medical History of Humanity,* W. W. Norton, Nueva York, 1998, p. 496.
Renouvier, Pierre, "The Group Psychotherapy Movement and J. L. Moreno, its Pioneer and Founder", *Group Psychotherapy,* vol. 11, núm. 1, 1958, pp. 69-86.
Sacks, James M., "Reminiscence of J. L. Moreno", *Group,* vol. 1, núm. 3, 1977, pp. 194-200.
Scheiffele, Eberhard, *The Theatre of Truth: Psychodrama, Spontaneity and Improvisation: The Theatrical Theories and Influences of Jacob Levy Moreno,* tesis de doctorado, Universidad de California, Berkeley, 1995.
Scheidlinger, Saul, "History of Group Psychotherapy", en H. I. Kaplan y B. J. Sadock (eds.), *Comprehensive Group Psychotherapy,* 3a. ed., Williams and Wilkins, Baltimore, 1993.
Schutz, Will, *Here Comes Everybody: Body-mind and Encounter Culture,* Harper and Row, Nueva York, 1971.
Shepard, Martin, *Fritz,* Bantam, Nueva York, 1975.
Toeman, Zerka, "History of the Sociometric Movement in Headlines", *Sociometry,* núm. 12, 1949, pp. 255-259.
Treadwell, Thomas y Jean Treadwell, "The Pioneer of the Group Encounter Movement", *Group Psychotherapy and Psychodrama,* núm. 25, 1972, pp. 16-26.
Whitaker, Carl, "Foreword", en Jonathan Fox (ed.), *The Essential Moreno,* Springer, Nueva York, 1987.
Yablonsky, Lewis, "Psychodrama Lives!", *Human Behavior,* vol. 4, núm. 2, 1975, pp. 25-29.

CAPÍTULO 3

Historia II: aportaciones adicionales al psicodrama

En este capítulo me referiré a las tareas de algunos de los colaboradores de Moreno y a la evolución del psicodrama tras la muerte de éste. Iniciaré con un apunte biográfico de Zerka Moreno, esposa de J. L. Moreno, la representante del psicodrama más conocida en la actualidad.

Zerka Toeman Moreno: esbozo biográfico

Zerka Toeman nació en 1917 en el seno de una familia judía avecindada en Amsterdam, Holanda; fue la menor de cuatro hijos. La familia se mudó en 1931 a Inglaterra; así, Zerka cursó sus estudios preparatorios y universitarios en el suburbio londinense de Willesden Green. Una de sus hermanas mostró síntomas psicóticos a los veintitantos años de edad; el diagnóstico fue que sufría esquizofrenia (la familia sabría después que en realidad padecía un trastorno bipolar, controlado finalmente con un tratamiento de litio). La persistencia de la enfermedad daría pie al encuentro de Zerka con Moreno, aunque en el vínculo entre ambos también estaría presente un importante elemento transpersonal: ella escuchaba voces en su interior. En 1935, un año antes de la primera crisis psicótica de su hermana –Zerka tenía entonces 18 años y aún vivía en Inglaterra–, una voz le dijo que debía ir a Estados Unidos. No lo hizo. Cuatro años más tarde daba un tranquilo paseo nocturno por un elegante suburbio cuando de nuevo sintió la imperiosa necesidad de viajar a ese país. Una presencia le dijo: "¡Debes ir! Alguien te espera". Por fin decidió emigrar y establecerse en Nueva York.

Gracias a Zerka, quien se encargó de obtener las visas, su hermana y la familia de ésta se trasladaron a su vez de Bélgica a Estados Unidos en 1941, ante las crecientes amenazas de la policía nazi. La hermana recayó a su arribo; el doctor Emil Gutheil las remitió al sanatorio de Moreno. El psicodrama, así como el carisma de Moreno, fascinaron a Zerka durante el tratamiento; por su parte, aquél creyó "reconocerla": experimentó hacia ella una intensa sensación de tele.

El interés de Zerka en el teatro, las artes y la psicología le permitió incursionar en el psicodrama y atender a su hermana y otros pacientes del sanatorio de Moreno, con quien después colaboraría más estrechamente en deberes administrativos y secretariales. Supo así que quien la "esperaba" era Moreno, y en 1949 se casaron. Jonathan, su único hijo, nació en 1952.

Zerka ha enseñado en muchos cursos que "todos somos sobrevivientes"; lo aprendió en una dolorosa experiencia personal. En 1957 se le diagnosticó condrosarcoma, un tipo de cáncer, en el hombro derecho; para salvar la vida, debió aceptar la amputación del brazo. Sin embargo, su invalidez no le impidió seguir siendo la "mano derecha" de Moreno (como ella misma lo expresó entonces, riendo). Antes de morir, éste le pidió continuar su obra, aunque aparte de enseñar también ha hecho importantes contribuciones metodológicas y teóricas a la disciplina. Tras el deceso de Moreno, ocurrido en 1974, se dedicó a instruir y escribir sobre psicodrama, dinámica de grupos y sociometría. Entregada en la actualidad a viajar, impartir talleres y dictar conferencias en magnos congresos, hoy sigue siendo la principal exponente del psicodrama en el mundo entero. Su hijo, Jonathan Moreno, es profesor de filosofía y bioética.

Otros iniciadores: la "primera fase"

Numerosos profesionales colaboraron con Moreno durante las décadas de 1940 y 1950 en el desarrollo del psicodrama, el sociodrama y la sociometría en campos como la psiquiatría, la sociología, la criminología y la educación (Z. Moreno, 1966). Algunos de ellos siguieron escribiendo e impartiendo cursos sobre la materia por muchos años.

- Dean Elefthery (fallecido en 1979) y su esposa, Doreen, ahora residente en Miami, impulsaron el método en Europa.
- Eugene Eliasoph sigue dictando cursos en Nueva Haven, Connecticut.
- Jim Enneis (fallecido en 1989) desarrolló desde 1949 uno de los más pujantes programas estadounidenses de formación y tratamiento psicodramáticos, en el St. Elizabeth's Hospital de Washington (Buchanan, 1981).
- Leon Fine impartió cursos en Portland, Oregon, hasta su fallecimiento, en 1994.
- Martin Haskell (fallecido en 1975) y su esposa, Rochelle, hoy establecida en Long Beach, California, realizaron abundantes aplicaciones sociales.
- Richard Korn tendió en Berkeley puentes con la criminología y la penología.
- Gretel Leutz fue una de las principales precursoras del psicodrama en Europa y ha escrito imprescindibles textos en alemán.

- Jim Sacks ha escrito sin cesar, elaborado bibliografías, enseñado intensamente dentro y fuera de Estados Unidos y participado en la American Society for Group Psychotherapy and Psychodrama (ASGPP).
- Anne Ancelin Schützenberger es una de las más destacadas impulsoras del psicodrama en Europa; sus influyentes libros han sido traducidos a varios idiomas.
- Hannah Weiner (fallecida en 1983) atrajo a incontables profesionales por intermedio de sus sesiones abiertas en Nueva York.
- Lew Yablonsky, afincado en el oeste de Los Ángeles, ha escrito sobre psicodrama, el cual adaptó para su uso en diversos grupos demográficos.

Otras importantes figuras de esta fase son:

Max y Sylvia Ackerman
Doris Twitchell Allen
Robert Boguslaw
Edgar Borgatta
Eya Fechin Branham
Anna y Nah Brind
Anthony Brunse
Gertrude Harrow-Clemens
Raymond J. Corsini
Robert Drews
Joseph I. Meiers
Ellwood Murray
Walter E. O'Connell
Abel Ossorio
Barbara Seabourne
Nahum Shoobs
Ernest Fantel
Abel K. Fink
Robert Bartlett Haas
Margaret Hagan
Frances Herriott
Helen Hall Jennings
Abraham Knepler
Gerald W. Lawlor
Rosemary Lippitt
Joseph Mann
Bruno Solby
Adaline Starr
Berthold Stovkis
Israel E. Sturm
E. Paul Torrance

Fuera de Estados Unidos, también comenzaron a impartir cursos antes de 1960, entre otros, Ferdinand Knobloch (en Checoslovaquia y después en Canadá), Heika Straub (Alemania), E. A. Carp (Holanda), Daisaku Sotobayashi y Kohei Matsumura (Japón) y José Bustamante y Frisso Potts (Cuba).

A fines de la década de 1940, Serge Lebovici, René Diatkine, Mireille Monod y otros especialistas franceses advirtieron enormes posibilidades en la adaptación del psicodrama al psicoanálisis, y crearon un método muy distinto del psicodrama clásico (Anzieu, 1960). Lebovici gozaba de amplio prestigio; más tarde presidiría la International Psychoanalytic Association. Este método fue aplicado inicialmente en un equipo formado por auxiliares calificados y en un solo paciente, y dirigido sobre todo al tratamiento infantil (Schützenberger, 1998); tanto el método mismo como sus variantes prosperaron también en América del Sur, España, Croacia y otros países. René Kaes, Evelyne Kestemberg y Daniel Widlocher realizaron variantes del psicodrama psicoanalítico.

La "segunda fase"

Componen esta fase los psicodramatistas en activo como formadores desde 1960 hasta mediados de la década de 1970.

- Dale Richard Buchanan prosiguió la tradición de Enneis en el St. Elizabeth's Hospital de Washington, institución que cuenta con el único programa de formación en psicodrama con "internado" pagado. Después cumplió funciones ejecutivas en el Board of Examiners, órgano de acreditación profesional aún en operación.
- Sandra Garfield, hoy residente en Los Ángeles, organizó una red para la integración de psicodrama y psicoanálisis.
- Elaine Goldman se trasladó de Chicago a Phoenix, donde fundó un instituto a principios de los años setenta. Otros fundadores de centros de formación antes de 1975 fueron:
  Elaine Sachnoff, en Chicago
  Ildri y Robert Ginn (ya fallecido), en Boston
  Tobi Klein, en Montreal
  John Nolte, en el medio oeste de Estados Unidos
  Peter Rowan, también en Boston, en asociación con el Lesley College
  G. Douglas Warner, en Maryland
- Ann Hale escribió un libro esencial sobre sociometría y destacó como promotora, animadora, desarrolladora y maestra.
- Carl Hollander trabajó en Colorado, ha sido mentor de numerosos miembros de la tercera generación de psicodramatistas y participó en la dirigencia de la ASGPP.
- Marcia Karp se estableció a principios de los setenta en Inglaterra, donde consolidó el psicodrama, del que hasta entonces sólo se realizaban talleres ocasionales. Mantiene hasta el día de hoy su actividad como formadora lo mismo en Inglaterra que en otros países europeos. Casada con el artista Ken Sprague, éste suele colaborar con ella.
- David Kipper ha promovido la investigación, replanteado la teoría e intervenido en actividades de la ASGPP, en particular el contacto con la comunidad internacional y la dirección de su revista.
- Donnell Miller aún escribe e imparte cursos en el sur de California.
- Neville Murray ofreció hasta su muerte, a principios de la década de 1980, conferencias y cursos de psicodrama en los congresos anuales de la American Psychiatric Association (el autor de este libro la sustituiría en los 10 años posteriores). También enseñó psicodrama en San Antonio.
- Dorothy Satten impartió cursos primero en Los Ángeles y después (con su esposo, Mort Satten) en el oeste de Estados Unidos y el extranjero.
- Robert Siroka empezó a colaborar en la organización de congresos a principios de los años sesenta. En los setenta se ocupó heroicamente, junto con

su equipo, de las numerosas funciones de la ASGPP, entre ellas la organización de congresos, la publicación de la revista y la operación del centro de formación, uno de los más importantes en su género.

- Tom Treadwell elaboró el hasta ahora único programa de estudios de posgrado especializado en psicodrama. Ha sido uno de los principales editores de la revista de la ASGPP y ha influido en la introducción del psicodrama en internet.

Muchos otros psicodramatistas estadounidenses hicieron significativas aportaciones a la disciplina en el periodo 1960-1975, pese a no haber instaurado ambiciosos programas pedagógicos:

George Baaklini
Alton Barbour
Shirley Barclay
Adam Blatner
Sheila Blume
Peggy Cheatham
Don Clarkson
Claire Danielsson
Adele Deeths von Rüst-McCormick
Robert Flick
Jonathan Fox
Robert Fuhlrodt
Anath Garber
George Gazda
Meg Uprichard Givnish
Shirlee Gomer
Rivka Green
Ira Greenberg
Claude Guldner
Joe Hart
Paul Hurewitz
Eva Leveton
Jonathan Moreno
George W. Morris
Ray Naar
Anthony Del Nuovo
Jean Peterson
Joseph Power
Howard Seeman
Ellen Siroka
Diana Sucich
David Swink
Jane Taylor
Sharon Hollander Thomas
James VanderMay
Diana Villaseñor
Jack Ward
Allan Wickersty
Steve Wilson
Jill Winer

En otros países, la enseñanza del psicodrama se intensificó en la década de 1960. Entre los formadores de entonces destacan:

- Jaime Rojas-Bermúdez, uno de los profesores más activos en Argentina y Brasil y posteriormente en España.
- Dalmiro Bustos, también sumamente activo como formador en Argentina, España y otras naciones sudamericanas y europeas además, ha participado en la International Association for Group Psychotherapy (IAGP).
- Max y Lynette Clayton, iniciadores del psicodrama en Australia y Nueva Zelanda, donde aún trabajan.
- Pierre Fontaine, difusor del psicodrama en Bélgica y uno de los fundadores de la FEPTO.

- Ella Mae Shearon, de origen estadounidense, creadora de un instituto en Colonia, Alemania, que aún se mantiene en operación y formadora asimismo en Estados Unidos y otros países.

Entre los primeros promotores del psicodrama en Brasil destacan Pierre Weill, Alfredo Correia Soeiro, Iris Soares de Azevedo, José Manuel D'Alessandro y Antonio Carlos Cesarino.

Otros formadores en psicodrama fuera de Estados Unidos que emprendieron sus actividades antes de 1975 son:

Ferdinand Cuvelier, Bélgica	Ferenc Merei, Hungría
Erich Franzke, Suecia	Hilarion Petzold, Alemania
Hans Hoff, Viena	Andreas Ploeger, Alemania
Hajime Mashino, Japón	George Vasiliou, Grecia
Joke Meillo, Holanda	Mónica Zuretti, Argentina

A fines de la década de 1970 y principios de la de 1980 surgió en Estados Unidos y otros países una tercera fase de formadores, muchos de los cuales son los actuales líderes del campo. Estos y otros psicodramatistas, demasiados como para mencionarlos aquí, también han realizado importantes aportaciones a la disciplina.

La sede de Beacon, Nueva York, siguió funcionando como centro de formación bajo la supervisión de Zerka Moreno y otros directores hasta aproximadamente 1980. Su administración fue cedida después a la Horsham Clinic de Pensilvania, hasta su clausura en 1984. La propiedad fue vendida y el escenario original del psicodrama trasladado a la Jonathan Steiner Hall, en Boughton Place, Highland, Nueva York, donde aún se imparten cursos de psicodrama. Zerka Moreno vendió en 1999 la última propiedad, la casa, para mudarse cerca de su hijo y nietos en Virginia.

Progresos organizativos

Moreno fundó en 1942 la primera organización dedicada a la psicoterapia grupal, la ASGPP.[1] Sin embargo, como apunté en el capítulo anterior, su afán de control canceló la posibilidad de numerosas alianzas. A su muerte, Zerka Moreno adoptó una actitud más democrática, gracias a la cual el consejo ejecutivo de la ASGPP empezó a ejercer efectiva autoridad. Uno de los primeros proyectos de esta asociación fue la profesionalización de la práctica psicodramática, objetivo

[1] American Society for Group Psychotherapy and Psychodrama (ASGPP), 301 North Harrison St., Suite 508, Princeton, NJ 08540. Correo electrónico: asgpp@asgpp.org Sitio Web: HYPERLINK "http://www.asgpp.org" www.asgpp.org

al que suelen tender en su momento muchas especialidades médicas y psicoterapéuticas. El propósito era distinguir entre psicodramatistas falsos y auténticos mediante la acreditación de estos últimos con base en la satisfacción de un número razonable de criterios.

Así, en 1975 fue instituido el American Board of Examiners in Psychodrama, Sociometry, and Group Psychotherapy,[2] cuya función es probar y certificar las diversas categorías de profesionales (CP) y formadores. La categoría más alta –instructor, educador y profesional– se concede al director competente capaz de formar asimismo a otros directores. (Si el lector desea obtener una lista de formadores de psicodrama acreditados e información acerca de requisitos de acreditación y de profesionales de esta disciplina, puede solicitarlas por correo a dicho órgano.)

La Federation of Trainers and Training Programs in Psychodrama (FTTPP), en operación desde 1977 hasta 1991, año en el que fue absorbida por la ASGPP y el Board of Examiners, uniformó los programas de estudio de los distintos institutos y ofreció nuevas experiencias de aprendizaje a los instructores (Nolte, 1991).

La ASGPP sigue siendo el punto de referencia obligado para los interesados en el psicodrama y en los más innovadores métodos de terapia individual, familiar y grupal. Anualmente organiza congresos nacionales, y con menor frecuencia regionales, en los que brinda oportunidades de establecimiento de redes e imparte talleres vivenciales. En razón de los principios fundamentales del psicodrama relativos a la espontaneidad, el juego y la expresión de sí mismo, en estas reuniones suele privar un nivel de energía inusual en los congresos de organizaciones apegadas a un discurso terapéutico y pedagógico primordialmente verbal.

Como parte del creciente esfuerzo por efectuar el congreso anual no sólo en Nueva York, en la última década fueron sedes del mismo el sur de California, Houston, San Francisco, Filadelfia y Washington.

En años recientes ha aumentado la presencia de psicodramatistas, con ponencias sobre métodos de acción, en congresos de organizaciones profesionales afines. En particular, la American Group Psychotherapy Association, hasta hace unos años de orientación predominantemente psicoanalítica, se ha abierto de forma gradual a otros abordajes, en virtud de lo cual en sus congresos es cada vez más frecuente la presentación de ponencias sobre psicodrama.

---

[2] The American Board of Examiners in Psychodrama, Sociometry, and Group Psychotherapy, P.O. Box 15572, Washington, DC 20003-0572. Teléfono: (202) 965-4115. Escriba a esta institución si desea obtener una lista de instructores o profesionales acreditados de psicodrama en su localidad o información sobre los requisitos de acreditación.

Publicaciones

Tras la muerte de Moreno han aparecido numerosos libros total o parcialmente dedicados al psicodrama, así como artículos en revistas especializadas; sólo en los últimos 12 años circuló más de una docena de nuevos títulos, contenidos en la bibliografía general actualizada incluida al final de este volumen.

La principal de las revistas fundadas por Moreno, *Group Psychotherapy,* ha cambiado de nombre en un par de ocasiones. En 1981, la ASGPP delegó la edición y producción de la revista a la compañía editorial HELDREF, la cual ya se ocupaba de editar las revistas de casi todas las demás ramas de la psicoterapia. Desde ese año hasta 1997, el título de la publicación fue *Journal of Group Psychotherapy, Psychodrama, and Sociometry.* Al evolucionar el campo, los editores decidieron cambiar nuevamente su nombre, esta vez por el de *International Journal of Action Methods: Psychodrama, Skill Training and Role Playing,* para indicar su más amplio alcance.

Avances internacionales

Como señalé en el capítulo anterior, Moreno promovió la psicoterapia grupal y el psicodrama en el mundo entero, al grado de que en la papelería oficial de la International Association for Group Psychotherapy sigue apareciendo como "fundador",[3] pese a que muchos de los miembros de este organismo pertenecen a la corriente analítica, no a la psicodramática. Aun así, la IAGP ha servido al psicodrama como vehículo para contactos y presentaciones internacionales y periódicamente ha concedido a psicodramatistas altos puestos en su dirigencia. De igual modo, en años recientes estableció una oficina especial sobre psicodrama.

La vigencia del psicodrama como método terapéutico ha sido reconocida en muchos países; destacan en particular, por su tamaño, las comunidades de psicodramatistas de Brasil, Argentina, Alemania, Inglaterra y, desde luego, Estados Unidos, aunque también existen importantes comunidades en:

Austria	Francia	Noruega
Australia	Holanda	Nueva Zelanda
Bélgica	Hungría	Portugal
Corea	Israel	Suecia
España	Italia	Suiza
Finlandia	Japón	

[3] El sitio Web de la IAGP es: http://members.tripod.com/~portaroma/iagp_pd.htm

Grupos menores, aunque crecientes, operan asimismo en

Bolivia	Estonia	Macedonia
Bulgaria	Grecia	Paraguay
Ecuador	Irlanda	Taiwán
Eslovenia	Letonia	Turquía

En la última década se celebraron varios congresos internacionales de psicodrama, entre los que cabe mencionar en particular los realizados en Italia, Jerusalén, Portugal y Oxford, así como congresos regionales. De igual modo, hubo una significativa (si bien minoritaria) presencia de psicodramatistas en los congresos de la IAGP. En Europa se organizó la Federation of Training Institutes (FEPTO).

En ese mismo lapso, las asociaciones de psicodramatistas de Australia, Alemania, Portugal, Japón, Italia, Brasil e Inglaterra iniciaron la producción de revistas propias, lo que indica su avanzado desarrollo. En esas publicaciones se han dado a conocer abundantes innovaciones y depuraciones teóricas y prácticas.

La creación de redes de psicodramatistas es cada vez más fácil. En lo personal, desde 1992 me ocupé de compilar un directorio internacional de profesionales de este campo, que incluí como apéndice en la tercera edición británica (1997) de *El psicodrama en la práctica.* El correo electrónico ha simplificado enormemente el establecimiento de contactos. Tom Treadwell merece reconocimiento por haber elaborado el "servicio de listas" Grouptalk, que permite el intercambio de ideas en el ciberespacio sobre muy diversos temas en torno a nuestra actividad.

Prolongaciones del psicodrama

Es indudable que, a fines de la década de 1970, tanto las corrientes dominantes de la psicoterapia como, en grado significativo, los campos educativo, de la administración de empresas y de ciertos tipos de capacitación ya habían asimilado muchas de las ideas y métodos de Moreno. Aunque a menudo sin advertir explícitamente su desprendimiento del psicodrama, el uso de la dramatización, por ejemplo, se ha extendido a numerosos ámbitos. La declinación del psicoanálisis como fuerza predominante en la psiquiatría estadounidense ha favorecido el florecimiento de métodos eclécticos, muchos de los cuales son, al menos en parte, atribuibles a Moreno.

En el capítulo 20 expondré los métodos afines –dramaterapia, psicodrama pedagógico, teatro interactivo y otros– desarrollados a partir de la visión moreniana de la terapia social e individual.

Es notoria asimismo la creciente convergencia entre terapias creativas y expresivas, como el psicodrama y las terapias artística, musical, dancística y de movimiento, poesía, artes manuales, títeres y drama, que comparten la meta de la liberación y el uso de la espontaneidad como parte del proceso terapéutico. En

consecuencia, la ASGPP se afilió recientemente a la National Coalition of the Arts Therapies Associations (NCATA), con intención de fomentar el intercambio y promover el reconocimiento profesional de sus miembros (Kleinman, 1997).

Resumen

En el capítulo precedente señalé algunas de las influencias de Moreno en el psicodrama, tanto benéficas como perniciosas. Luego de su deceso, el estilo de dirección, el repertorio de técnicas y la integración de otros métodos han sido objeto de extensiones y mejoras. Hoy perseguimos consensos, sin demérito de nuestra apertura a la innovación.

Las siguientes palabras de Carl G. Jung (1948) vienen a cuento al reflexionar sobre la evolución del psicodrama antes y después de la muerte de Moreno:

> El iniciador de un nuevo campo tiene la suerte de poder extraer conclusiones válidas de la totalidad de su experiencia. Sus esfuerzos, empeños, dudas e incertidumbres a lo largo de ese viaje de descubrimiento han calado tan profundamente en él que le brindan la perspectiva y claridad necesarias para una conceptualización exhaustiva. Menos agobiados, los miembros de la segunda generación, cuyas labores parten de los vacilantes intentos, aciertos casuales, sinuosas aproximaciones, verdades a medias y errores del fundador, pueden seguir caminos más directos y persequir metas más ambiciosas. Libres de dudas y titubeos, lo cual les permite concentrarse en lo esencial, consiguen una visión más clara y simple del territorio recién descubierto. Ello redunda en beneficio de los miembros de la tercera generación, quienes disponen desde el principio de un mapa completo. En poder de ese mapa, pueden formular nuevos problemas y delimitar fronteras como nunca antes.

Hoy nos hallamos a la puerta de la cuarta fase de exploración del psicodrama y métodos análogos interesados en utilizar el potencial creativo de la psique humana.

Referencias

Anzieu, Didier, "Aspects of Analytic Psychodrama Applied to Children", *International Journal of Sociometry and Sociatry*, vol. 2, núm. 1, 1960, pp. 42-47.

Blatner, Adam, "Psychodrama: The State of the Art", *The Arts in Psychotherapy*, vol. 24, núm. 1, 1997, pp. 23-30.

Buchanan, Dale Richard, "Forty-one Years of Psychodrama at Saint Elizabeth's Hospital", *Journal of Group Psychotherapy, Psychodrama and Sociometry*, núm. 34, 1981, pp. 134-147.

Fox, Jonathan, "Playback Theater: The Community Sees Itself", en Gertrud Schattner y Richard Courtney (eds.), *Drama in Therapy*, vol. 2, Drama Books Specialists, Nueva York, 1981, pp. 295-308.

Jung, Carl G., "Foreword", en Esther G. Harding, *Psychic Energy: Its Source and its Transformation,* Pantheon Books, Nueva York, 1948, p. xi.
Kleinman, Susan, "NCATA News", *Psychodrama Network News,* núm. 9, otoño de 1997.
Marineau, René F., *Jacob Levi Moreno, 1889-1974. A Biography*, Routledge, Nueva York, 1989.
Mashino, Hajime, "Psychodrama in Japan", *Journal of Group Psychotherapy, Psychodrama and Sociometry,* vol. 41, núm. 2, 1988, pp. 59-62. (Nota del autor: la misma edición de esta revista también incluye artículos sobre la historia y situación del psicodrama en Inglaterra, Australia, Israel, Taiwán e Italia.)
Moreno, Zerka T., "Evolution and Dynamics of the Group Psychoterapy Movement", en J. L. Moreno y cols. (eds.), *The International Handbook of Group Psychoterapy,* Philosophical Library, Nueva York, 1966, pp. 27-128.
Nolte, John, "The Three Psychodrama Organizations. Notes on the Federation", *Psychodrama Network News,* abril de 1991, pp. 6-8.
Schützenberger, Anne Ancelin, "History of Psychodrama in Western Europe", *Psicodrama: Revista da Sociedade Portuguesa de Psicodrama,* núm. 5, 1998, pp. 7-24.

CAPÍTULO 4

Historia III: dificultades para la aceptación del psicodrama

Pese a su fuerza metodológica y riqueza teórica, el psicodrama aún no es del todo apreciado en la psicoterapia. Son varias las razones de ello.

Competencia con el psicoanálisis

El psicodrama no podía competir con el psicoanálisis. En sus inicios, su práctica no trascendió más allá de las inmediaciones de Nueva York, donde Moreno trabajaba. En esos años, las décadas de 1940 y 1950, el movimiento psicoanalítico vivía su época y Nueva York era su centro más activo.

El psicoanálisis gozaba de varias grandes ventajas:

- Contaba con organizaciones e institutos locales, nacionales e internacionales.
- Dominó pronto el ámbito de la formación académica; los psiquiatras adscritos a él poseían enorme prestigio.
- Era una novedad que interesaba a muchos intelectuales de las humanidades y las artes.
- Se beneficiaba del aura de autoridad de los profesores europeos, quienes también eran objeto de simpatía por haber sido víctimas del antisemitismo nazi.
- Miles de libros y artículos especializados avalaban su respetabilidad.
- Podía permitirse ignorar contribuciones ajenas a su ideología.
- Su originalidad, idealismo y promisión atrajeron a los jóvenes y eran contrarios a la desesperanza de los inhumanos tratamientos somáticos de la época.
- Se convirtió en una moda entre las clases cultas urbanas (Dolnick, 1998; Hale, 1997).

En contraste, el psicodrama resentía deficiencias organizativas:

- Su organización estaba sumamente centralizada (bajo control de Moreno) y localizada (en la ciudad de Nueva York). Aunque contaba con partidarios

en Estados Unidos y otros países, había producido escasas instituciones locales y el contacto entre sus practicantes era mínimo.

- A no ser en las revistas fundadas por Moreno, por lo demás de circulación restringida, era infrecuente la aparición de artículos sobre el tema en publicaciones especializadas.
- Moreno tendió a diferenciar su método del psicoanálisis en vez de adecuarlo a él, lo que fue interpretado como muestra de presunción, excentricidad y falta de profesionalismo.

Hoy es común la existencia de terapeutas de formación no estrictamente psiquiátrica, algo inusitado a mediados del siglo pasado. Pero el terreno ganado por la obra de Moreno en las corrientes dominantes de la psiquiatría aún es reducido. Profesionales de campos afines, como la sociología y la criminología, percibieron el potencial de las ideas de Moreno, pero hicieron contribuciones periféricas.

Los disidentes del psicoanálisis clásico de las décadas de 1940 y 1950 volcaron su energía creativa en las actividades revisionistas de los neofreudianos. En los años sesenta –ya asentado el psicoanálisis y, por lo tanto, más conservador– surgieron muchos otros métodos: terapia familiar, conductual, cognitiva, psicoterapia grupal de diversos tipos, terapia gestáltica, análisis transaccional, terapia realista y muchos más, mientras que en la década siguiente la suma respectiva rebasó la centena. Aparecieron nuevos horizontes en la psicofarmacología, psiquiatría comunitaria, investigación de los sueños y muchos otros temas apasionantes. El psicoanálisis estadounidense cedió al creciente interés en la teoría de las relaciones objetales y, en la década posterior, en el sistema de psicología de sí mismo de Kohut, enfoques que competían de frente con el psicodrama y muchos de los cuales incorporaron técnicas o principios de Moreno.

El temor a la acción

Instar a las personas a hablar de sus sentimientos más profundos parecía muy radical. Según el método psicoanalítico, la acción debilitaba el cometido terapéutico. Imperaba el temor a la sobrestimulación de las emociones, la pérdida de control, el "actuar". Había quienes creían que la expresión activa exponía excesivamente al paciente y promovía en él "rasgos histéricos" y "exhibicionismo", términos que no lograban esconder una sutil asociación con la perversión sexual (Murray, 1976). (En el capítulo 10 me referiré a otras preocupaciones en torno a la acción.) La tendencia de Moreno a fluir con los sentimientos del paciente era difícilmente aceptable. La satisfacción, aun simbólica, del hambre de actos contrariaba a una cultura que enfrentaba la fuerza con la fuerza. El método de Moreno tenía más semejanzas con las artes marciales orientales, que trabajan con las energías negativas del "adversario".

La psicoterapia era de carácter bipersonal, de manera que la inclusión de terceros como auxiliares del tratamiento fue una aberración para las corrientes dominantes hasta fines de la década de 1950, cuando la terapia grupal consiguió gradual aceptación (Bromberg, 1957). El rol de director hacía sentir a los terapeutas demasiado al descubierto; la mayoría había aprendido que debía desempeñar un discreto papel neutro. El psicodrama exige al terapeuta un mayor grado de manifestación de su personalidad. Otros opinaban que la acción interfería en el establecimiento de la transferencia, y amonestaban a los terapeutas inclinados a la extroversión en el sentido de que las técnicas activas podían ser adecuadas en la terapia de "apoyo", pero que, en el caso de exploraciones profundas, el deseo de intervenir –y en mayor medida de orquestar una escena– revelaba una "necesidad neurótica de ayudar".

Alentados a aprender acerca de la espontaneidad, los aspirantes a directores disponían en la mayoría de los centros educativos de muy pocos elementos que incitaran tales actitudes o conductas. Los métodos directivos, entre ellos la asesoría, la exhortación y las conferencias motivacionales, habían caído en desuso desde mediados de la década de 1930, a causa de conductas autoritarias propias de fines del siglo XIX. Los gustos culturales rechazaban las tradiciones educativas y religiosas patriarcales centradas en la familia. Métodos "no directivos" y menos doctrinales ofrecían opciones deseables. El psicoanálisis propugnaba un método de aceptación considerado en general como no directivo. Por su parte, Carl Rogers postuló en los años cuarenta un enfoque no directivo similar, aunque diferente del psicoanálisis en muchos otros aspectos.

Desafortunadamente, desde siempre ha privado la tendencia a sobresimplificar los principios y concebirlos como oposiciones polares. La idea de que una terapia pudiera ser directiva y activa y estar al mismo tiempo suficientemente estructurada para respetar el sistema de sí mismo del cliente era difícil de entender. El psicodrama está esencialmente centrado en el cliente (Blatner, 1996, p. 122), puesto que, en términos de la dramatización, dirección no es lo mismo que intromisión para indicar a los individuos lo que deben sentir y pensar.

Dificultad de acceso

Moreno no tuvo otro remedio que concentrar la enseñanza y la formación en su sanatorio de Nueva York. Sin embargo, la mayoría de los posibles estudiantes no disponían de dinero y tiempo suficientes para realizar al menos visitas regulares. Así, quienes no vivían en Nueva York no podían tener acceso a los cursos de psicodrama, en particular si aún no se habían establecido económicamente. En contraste, el aprendizaje de casi todos los demás métodos era más factible, a menudo en universidades locales. Puesto que un movimiento crece en proporción con el número de estudiantes que asumen la enseñanza y multiplican sus

efectos y dado que la delegación de autoridad para enseñar el psicodrama sufría tales restricciones, el alcance del campo siguió siendo relativamente limitado.

El psicodrama no brinda las mismas comodidades que la terapia bipersonal de sesiones de una hora de duración, ya que caldeamiento, acción y comentario implican más tiempo. Estas actividades no siempre son compatibles con el estilo de vida cotidiana de la clase media, ni las sesiones prolongadas encajan fácilmente en los horarios de clínicas y hospitales. Las sesiones bipersonales de una hora de duración facilitan el registro y programación y son menos complicadas. Tampoco es sencillo congregar a un grupo ni conseguir que acepte la idea de dramatizar. En razón de su intensidad, además, los métodos psicodramáticos demandan del terapeuta y el grupo mayor disposición a dar continuidad al procesamiento.

Cuanto más difícil es el cliente, es mayor la necesidad de apoyo de los demás profesionales del equipo, lo que entraña a su vez labores y costos para reunirlo y entrenarlo. El trabajo con escenas muy delicadas, como en el tratamiento de pacientes con trastornos postraumáticos, suele exigir la presencia de coterapeutas o auxiliares calificados (Hudgins y Drucker, 1998). Desde fines de la década de 1930 hasta la de 1950, Moreno creó un equipo en condiciones específicas en Beacon para intervenciones no fácilmente reproducibles en otros contextos, lo que trajo como resultado que su método pareciera poco práctico. De igual modo, muchos de sus textos –así como de sus colegas, que publicaba en sus revistas– no versaban sobre el tipo de pacientes de un consultorio común. El actual interés en la psiquiatría comunitaria ha contribuido a revalorar su trabajo con una amplia variedad de pacientes.

Desconfianza del teatro

La combinación de la muy formal profesión psicoterapéutica y el drama parecía improbable. El teatro era para entretener y las personas dedicadas a él (lo mismo que al cine) eran tenidas por poco serias. Una actividad tan superficial no podía ser terapéutica.

Actuación, representación, simulación, fingimiento y juego sugerían falsedad más que autenticidad. A quien desconoce el proceso del psicodrama le es difícil comprender que éste promueve la autenticidad (Blatner, 1968). La dramatización se confunde con el juego, en su sentido frívolo y trivial o de farsa. Así, muchas personas ignoran que, como el drama, también el juego puede ser útil en la terapia y la exploración de problemas serios (J. Moreno, 1975).

Psicodrama irresponsable

El psicodrama parece tan sencillo que individuos impreparados se creen capaces de dirigirlo pese a desconocer los riesgos que entraña. Casi todos los clientes y

muchos de los profesionales, si no es que la mayoría no están familiarizados con el psicodrama, por lo que les es imposible distinguir entre un experto y un aficionado. La ocurrencia de incidentes en dramatizaciones a causa de la impreparación del director ha dado motivo más de una vez a advertencias sobre la peligrosidad del psicodrama. (Ésta fue una de las razones de la creación del Board of Examiners, órgano para la acreditación de profesionales con un nivel suficiente de formación.)

Así ocurrió, por ejemplo, en el periodo de auge del grupo de encuentro, a fines de la década de 1960 y durante la de 1970, vinculado lamentablemente con la moda de la "confrontación", la cual solía producir interacciones muy intensas. Los grupos a cargo de un supuesto psicodramatista inclinado a la confrontación, a quien le fueron asignados como parte de un estudio clásico sobre grupos de encuentro, sufrieron numerosos percances. Los responsables del estudio no habían tenido el cuidado de verificar sus acreditaciones, lo cual reforzó la extendida opinión entre profesionales escépticos de que el psicodrama era sumamente riesgoso. En consecuencia, a principios de los años ochenta muchos círculos profesionales condenaron por "escabrosos" los métodos de acción.

Las pruebas de la dramatización en ámbitos educativos y empresariales no corrieron con mejor suerte y no porque aquélla fuera emocionalmente arriesgada, sino sencillamente por su informalidad, y a la gente no le agradó. Sin embargo, el verdadero problema fue que los líderes de los grupos se limitaban a distribuir roles sin el previo caldeamiento del grupo y los auxiliares, lo cual hace toda la diferencia. Sin caldeamiento, los participantes se sienten presionados y ofendidos, subrepticiamente forzados a ser espontáneos. Así, el psicodrama en general, y no los modos específicos de su aplicación, recibió nuevas críticas.

Un arte difícil

El psicodrama es un arte exigente, pues demanda un grado de revelación personal muy superior al de la terapia verbal tradicional. Los psicodramatistas deben tratar con espontaneidad y flexibilidad la turbación de los protagonistas, las vicisitudes de la dinámica grupal y la inevitable presencia de errores. Todo esto es acorde con la naturaleza de la improvisación, y muy diferente al resguardado rol del terapeuta que se limita a hablar.

A mediados del siglo pasado y aún hoy, muchos terapeutas, por no decir la mayoría, se inclinaban a la introversión y la reticencia, cualidades aptas para estilos analíticos de trabajo. A los individuos reticentes suele incomodarles la espontaneidad y expansión de algunos de sus compañeros (Polansky, 1971). Si la interacción de temperamentos distintos no se plantea expresamente, cabe la posibilidad de relegar y menospreciar a quienes difieren de la norma grupal. La psicoterapia apoya sutilmente esta condena con terminología seudopsicológica, y caracteriza patológicamente como hipomaniacos a los colegas bulliciosos, lo

que da a entender que deben "sanar" o simplemente ser tolerados en su "actuar". Hemos de admitir que entre los psicodramatistas no faltan personas extremistas, excéntricas o impetuosas, que tienden a racionalizar su actitud con el argumento de que emulan a Moreno. Pero para quienes no son psicodramatistas, esa conducta es antiprofesional.

Defectos personales de Moreno

Junto con los problemas que en el ámbito profesional enfrentaba el psicodrama, existía otra dificultad que, en más de un sentido, Moreno era el peor enemigo de sí mismo. Sin duda era una persona industriosa y admirablemente productiva, pero esto a menudo resultaba contraproducente. Antes que nada, su temperamento era extravagante: a algunos, su teatral manera de ser les parecía encantadora e interesante, encomiablemente distinta de la ampulosa pedantería frecuente en el campo de la psiquiatría. Pero quienes esperaban de él un estilo más "común" encontraban chocante su comportamiento (Berger, 1990).

Moreno podía ser egocéntrico y desconsiderado, de modo que muchos de sus iniciales seguidores terminaron por abandonarlo por no poder soportar lo que consideraban caprichosos arrebatos. Si, en un momento dado, se mostraba extraordinariamente cálido y cordial, bien podía ocurrir que minutos después reaccionara con impaciencia y enfado. Esto hería a quienes buscaban su aprobación. Su estilo para dictar conferencias era ciertamente vibrante y seductor, pero con frecuencia divagaba para narrar su historia personal, quejarse de que distinguidos colegas robaban sus ideas y soltar desmañadamente nombres de personajes ilustres, lo que restaba peso a la exposición de información objetiva. Incluso para quienes estaban favorablemente dispuestos a escucharlo, Moreno podía resultar tedioso, impertinente o desaforado, mientras que para los demás su estilo discursivo era sencillamente irritante.

En sus relaciones con colaboradores y alumnos solía ser notablemente creativo e incluyente. En la década de 1950 en particular, tales cualidades lo hicieron lucir como terapeuta inigualable cuando dirigía sesiones de psicodrama. Pero a veces podía ser mezquino, arrogante y autoritario. Así, influyó en muchas personas, pero conservó pocos amigos; la gente tendía a presentarse en los cursos, aprender lo que necesitaba y retirarse sin más. Incluso quienes le guardaban lealtad se mantenían a relativa distancia de él en el desempeño de su trabajo. Moreno colaboró con varias grandes figuras de la psicoterapia, pero generalmente la experiencia no se repetía, a causa de las innumerables contrariedades que entrañaba. Era fácil sentir genuino afecto por él; con la experiencia, sin embargo, uno aprendía a tomar precauciones.

Un hecho especialmente desafortunado fue su temprana enemistad con Sam Slavson, más tarde uno de los principales impulsores de la psicoterapia grupal psicoanalítica. En el año posterior a la fundación de la American Society for

Group Psychotherapy and Psychodrama (ASGPP), obra de Moreno, Slavson creó una organización afín a los psicoanalistas, muy influyentes entonces. Además, la American Group Psychotherapy Association (AGPA) de Slavson y su revista, el *International Journal of Group Psychotherapy*, excluyeron por completo a Moreno y al psicodrama, lo que contribuyó al aislamiento de éste. (Apenas en las últimas décadas, la AGPA ha acogido, con reservas, el psicodrama.)

Aparte de centralizar en exceso la formación psicodramática, como ya mencioné, Moreno no facilitó el contacto entre sus colaboradores. Habría sido ideal que divulgara nombres, direcciones y números telefónicos. (Si no me equivoco, las primeras listas de este tipo aparecieron en mis libros iniciales, a fines de los años sesenta.) Carente también de otras habilidades de organización, no siempre respondía su correspondencia o generaba expectativas de apoyo que no cumplía. Adicionales incidentes interpersonales provocaban que sus simpatizantes se sintieran rechazados, defraudados o hasta traicionados.

La letra impresa

Moreno reconoció la importancia de la letra impresa, el medio dominante de difusión en esa época, y aún ahora, pese a los avances de internet en ese sentido. Como ya señalé, publicó revistas y numerosos libros, gracias a la casa editorial que él mismo fundó. Pero como la edición corría a su cargo, la distribución era muy limitada. Sus textos circulaban entre los profesionales del campo en mucho menor medida que los libros publicados por editoriales establecidas. Dado que la casi totalidad de las obras sobre psicodrama existentes hasta mediados de la década de 1960 fueron publicadas por Moreno (quien escribió sus últimos libros en colaboración con Zerka Toeman, su esposa), a quienes carecían de acceso a grandes bibliotecas universitarias les era muy difícil encontrar libros sobre el tema.

El estilo literario de Moreno también suponía problemas, pues era redundante, difuso y recargado, y menudeaba en reminiscencias históricas personales. Escribía como hablaba: se extraviaba, entremezclaba observaciones objetivas con aventuradas hipótesis y especulaciones filosóficas, alteraba definiciones y utilizaba diferentes acepciones de un mismo término. La lectura y comprensión de sus libros son muy arduas, aun para quien los estudia a fondo. Empleaba muchos términos de su invención –en forma incongruente, por cierto–, lo que dificulta aún más el aprendizaje de su sistema. Quizá el acuñamiento de nuevas palabras era inevitable, como ocurre en todo nuevo campo de estudio, pero aparentemente Moreno no hacía ningún esfuerzo por adaptar sus conceptos o reformularlos en términos más familiares para el lector. Ésta era una muestra más de su autocomplacencia.

Otro obstáculo era la relativa ausencia de instrucciones claras sobre cómo conducir un psicodrama. Peor aún, ni sus textos ni la bibliografía disponible en

los años sesenta indicaban cómo enfrentar posibles tropiezos. Yo tuve la fortuna de disponer de los manuscritos inéditos que Barbara Seabourne produjo a principios de la década de 1960 para obtener información de esa clase, aunque, desde luego, mi principal instrucción procedió de otros psicodramatistas. Pero quienes carecían de contactos personales tenían dificultades para iniciarse en la disciplina.

Los textos de Moreno debían su atractivo a sus preclaros *insights*, nuevos abordajes y brillantes ideas. En general, sin embargo, resentían deficiencias teóricas, eran asistemáticos, no estaban del todo desarrollados y padecían incoherencias, lo que los volvía poco convincentes. Yo, en lo particular, me habría desilusionado de no haber tenido positivas experiencias psicodramáticas. Aun así, jamás mostré los textos de Moreno a colegas contrarios a su método.

Aunque solía quejarse de que personas carentes de méritos se apropiaban de sus producciones creativas, él por su parte no reconocía las contribuciones de otros profesionales. En la cultura imperante en mis inicios como psiquiatra, ésa era otra señal de falta de profesionalismo. Las cosas habrían marchado mejor si Moreno hubiera tendido puentes con los sistemas establecidos que ya gozaban de gran difusión, en lugar de obstinarse en proponer un sistema completamente independiente.

Si bien tenía motivos para reclamar que colegas como Slavson y Kurt Lewin, sobre quienes aseguraba haber ejercido temprana influencia, utilizaran sus ideas sin darle crédito, no es justificable que haya referido esos asuntos en libros y artículos de tema científico.

Además de distraer al lector, sus críticas al psicoanálisis, así como a otros sistemas y profesionales, llevaban implícita la exigencia de un irrazonable cambio de lealtad. Asimismo, a menudo el blanco de sus críticas eran prácticas de suyo obsoletas, al tiempo que ignoraba sus mejoras.

No obstante los enormes esfuerzos que debió empeñar en la edición y publicación de sus diversas revistas especializadas, la calidad de la mayoría de los artículos que difundía en ellas era muy inferior a la de los que aparecían en las demás revistas del gremio, lo que menoscababa la credibilidad de los textos más rigurosos. De igual forma, aunque en sus revistas documentó los primeros tanteos de otros precursores, motivo por el cual es legítimo considerarlas vanguardistas (Treadwell y Treadwell, 1972), esa vertiente se desvaneció al surgir otras revistas a fines de la década de 1950, interesadas a su vez en los proyectos de otros innovadores. Perdió, así, a muchos de sus más eminentes colaboradores, y en lo sucesivo destinó sus órganos de divulgación a sus muy particulares intereses. En ellos dio en publicar con frecuencia informes anecdóticos, resúmenes de ponencias presentadas en los congresos anuales de la ASGPP y artículos de estudiantes, así como en publicitar ostentosamente sus cursos, todo lo cual restó prestigio a sus publicaciones.

La sesión abierta

Pese a la norma profesional de confidencialidad, Moreno tomó la decisión de realizar psicodramas en sesiones abiertas. En la década de 1940 puso en operación un estudio en el noreste de Nueva York, donde trabajaba con los entre 30 y 100 o más asistentes a sus veladas de fin de semana, quienes pagaban el equivalente a la entrada a una sala cinematográfica. Los protagonistas de los psicodramas, y a veces también los auxiliares, procedían de las filas de la audiencia. Moreno estaba convencido de que el teatro terapéutico era un instrumento de cambio social, contexto que conocía y le agradaba. Sin embargo, la corriente dominante de la psiquiatría rechabaza esa idea, no sin válidos argumentos. Aunque en lo personal no tengo noticia de que en esas sesiones hayan ocurrido percances, es muy probable que los haya habido. La mayoría de los psiquiatras juzgaban cuestionable esa práctica, opinión que hoy comparte un buen número de psicodramatistas. Con todo, las sesiones de Moreno eran una vía para atraer discípulos, de entre los escasos miembros de la audiencia cuyo desconcierto no alcanzaba a ahogar su fascinación. A ellas también asistía gente de teatro, lo mismo que muchos colegas, algunos de los cuales, como Fritz Perls, se limitaban a recoger un par de técnicas y marcharse.

El afán interdisciplinario de Moreno, que lo motivó a asociarse y a emplear a estudiantes y colegas que no cumplían los requisitos profesionales necesarios, constituyó un problema semejante. Al abrir las puertas del psicodrama tanto a sociólogos y criminólogos como a pedagogos y profesionales de otros campos ajenos a la medicina, se hizo eco de la afirmación de Freud de que el psicoanálisis no debía convertirse en coto exclusivo de la ciencia médica (Bettelheim, 1983); pese a ello, en Estados Unidos prevalecía el criterio de exigir acreditación médica para acceder a la práctica psicoanalítica, lo que implicaba que, para ser eficaz, todo terapeuta había de ser forzosamente psiquiatra. Pero también en este caso Moreno quebrantó la norma grupal y alentó la impresión acerca de su escaso profesionalismo.

Injerencia de la religión

Una afrenta aún más oprobiosa para las normas de la subcultura profesional fue la inclusión que hizo Moreno de temas religiosos en sus textos y cursos. En el siglo XX, ciencia y religión fueron incompatibles. Además, la teología de Moreno no estaba adscrita a ninguna denominación religiosa particular, lo que acentuó la percepción de que era un "excéntrico". Peor todavía, escribió sobre el concepto de "Dios yo", al que me referiré en el capítulo 6, y en ocasiones parecía identificarse con Dios mismo, lo cual, más que de herejía, tenía un dejo de franca maximización psicótica (Power, 1975). Aunque no carecía de razones para adoptar esa postura, su engolamiento poético y el hecho de que no realizara ningún

esfuerzo por moderar el lenguaje de sus textos producían en sus lectores la impresión de megalomanía. De igual manera, escribió sobre el "genio", término al que también atribuía un muy particular significado que generaba confusión. Para él, cualquier individuo que diera cauce al subconsciente creativo merecía el calificativo de "genio", porque, casi por definición, esta fuente de espontaneidad era más lúcida que la conciencia ordinaria, atada al yo. Se decía genio y reconocía la misma categoría en todo aquel que abriera su mente a la plenitud de la imaginación. Sin embargo, esta interpretación sólo podía ser discernida tras una cuidadosa lectura de sus textos, de modo que también en este caso privó la opinión general de megalomanía.

Distorsiones históricas

El prestigio también es obra de los historiadores, y desafortunadamente la mayoría de los historiadores de la psiquiatría, la psicoterapia grupal y la psicología social han hecho una labor muy deficiente en lo que se refiere al psicodrama. Sus escasas menciones de Moreno están plagadas de falsedades. Lo han llamado discípulo de Freud, y al psicodrama derivación del psicoanálisis. No es nada fácil conseguir que un innovador menor sea adecuadamente representado en el campo general. Por otra parte, muchos de sus seguidores lo idealizaron. La idealización es una generalización excesiva y errónea que implica la atribución a alguien de cualidades no demostradas. Por ejemplo, algunos autores han afirmado que la obra de Moreno fue "popular", cuando lo cierto es que nunca alcanzó tal condición en prácticamente ninguno de los sentidos de esa palabra. Moreno contribuyó a su idealización con aseveraciones falsas y verdades a medias sobre su vida; atrasó o adelantó fechas, lo que minó su credibilidad. Gustaba de referir nombres de personajes famosos y quizá sobrestimó lo que los demás pensaban sobre él (Buber, 1958). Hacía insinuaciones extravagantes (Moreno, 1953, pp. 607-614) y se comportaba en formas socialmente inapropiadas.

Ese panorama nos propone ver a Moreno a través de la lente, relativamente precisa, de la historia, la cual tiende a revelar complejidades, paradojas, ironías o, como ya lo he dicho, sencillamente un conjunto normal de virtudes y defectos. Moreno tuvo ideas brillantes, intuiciones visionarias y (en mi opinión) esencialmente válidas, en las que profundizaré en los siguientes capítulos. Pero también debemos reconocer que no es posible valorar por igual todo lo que dijo e hizo. Hemos de seguir destilando lo mejor, criticando y corrigiendo, para no incurrir como psicodramatistas en la dependencia de la "conserva cultural" contra la que Moreno tanto previno. [Vea el capítulo 7 sobre este concepto. N. del T.]

Resumen

Una vez que hemos considerado las abundantes dificultades implicadas en el desarrollo de la vida profesional de Moreno, podemos concluir que la próspera sobrevivencia su método es atribuible a su determinación, persistencia y visión. Pero el mérito también corresponde a Zerka, su esposa, quien moderó muchas faltas de Moreno y defendió su obra antes y después de la muerte de éste. Sin ella, es de dudar que hubiera sido tan productivo y que sus ideas hubiesen perdurado. Los interesados en una investigación más detallada de la historia de Moreno y sus ideas pueden remitirse a la biblioteca de medicina de la Harvard University, depósito de la totalidad de sus archivos.

La principal razón de que las ideas de Moreno sigan atrayendo a profesionales de muchos campos es que son básicamente válidas, eficaces y adecuadas, ahora más que nunca. En una época de creciente deshumanización, sus contribuciones al desarrollo del valor e individualidad de cada persona por medio de los principios sociométricos y de la educación de la espontaneidad son absolutamente oportunas.

Pero para que un sistema sea aceptado, no basta con que contenga excelentes ideas y técnicas efectivas. También debe ser teóricamente claro y coherente, profesionalmente respetable y científicamente eficaz, pues de lo contrario no pasará de ser un mero destello. A causa de factores como la impreparación histórica y las peculiaridades personales de Moreno, su método aún no ha obtenido el reconocimiento popular y profesional que creo que merece. Este libro es un intento por disipar confusiones y presentar los conceptos de Moreno en forma más accesible.

Referencias

Alexander, Franz G. y Sheldon T. Selesnick, *The History of Psychiatry*, Basic Books, Nueva York, 1966.

Berger, Milton, "J. L. Moreno's Autobiography: More than Meets the Eye", *Journal of Group Psychotherapy, Psychodrama and Sociometry*, vol. 42, núm. 4, 1990, pp. 213-221.

Bettelheim, Bruno, *Freud y el alma humana,* trad. de Antonio Desmonts, Crítica, Barcelona, 1983.

Blatner, H. A., "Comments on Some Commonly-Held Reservations about Psychodrama", *Group Psychotherapy*, vol. 21, núm. 1, 1968, pp. 20-25.

Blatner, Adam, *Acting-in: Practical Applications of Psychodramatic Methods,* 3a. ed., Springer, Nueva York, 1996.

Bromberg, Walter, "Evolution of Group Psychotherapy", *Group Psychotherapy*, vol. 10, núm. 2, 1957, pp. 111-113.

Buber, Martin, "Response to 'The I-Thou Theme, Contemporary Psychotherapy, and Psychodrama' by J. L. Moreno", *Pastoral Psychology,* vol. 9, núm. 85, 1958, pp. 53-58.

Dolnick, Edward, *Madness on the Couch,* Simon and Schuster, Nueva York, 1998.

Hale, Nathan G., *The Rise and Crisis of Psychoanalysis in the United States: Freud and the Americans,* 1917-1985, Oxford University Press, Nueva York, 1997.

Hudgins, M., Katherine y Karen Drucker, "The Containing Double as Part of the Therapeutic Spiral Model for Treating Trauma Survivors", *International Journal of Action Methods,* vol. 51, núm. 2, 1998, pp. 63-74.

Mendelson, Peter D., "Sociometry as a Life Philosophy", *Group Psychotherapy, Psychodrama, and Sociometry,* núm. 30, 1977, pp. 70-85.

Moreno, J. L., *Who shall survive?,* Beacon House, Beacon, 1953.

Moreno, Jonathan, "Notes on the Concept of Role Playing", *Group Psychotherapy,* núm. 28, 1975, pp. 105-107.

Murray, Neville, "Psychodrama –post Moreno", en Arlene R. Wolberg, Lewis R. Wolberg y Marvin L. Aronson (eds.), *Group Psychotherapy –1976,* Stratton Intercontinental Book Corp., Nueva York, 1976, pp. 16-20.

Polansky, Norman A., "Ego Functions in Psychodrama", en *Ego Psychology and Communication: Theory for the Interview,* Atherton, Nueva York, cap. 11, 1971.

Power, Joseph P., "Moreno and the God Controversy", *Group Psychotherapy,* núm. 28, 1975, pp. 164-167.

Treadwell, Thomas y Jean Treadwell, "The Pioneer of the Group Encounter Movement", *Group Psychotherapy and Psychodrama,* núm. 25, 1972, pp. 16-26.

Boceto de Moreno, obra del autor, 1967.

CAPÍTULO 5

Consideraciones filosóficas y teóricas generales

Los supuestos en los que descansan la teología (de la que me ocuparé en el capítulo siguiente), la filosofía de la creatividad, espontaneidad y realidad suplementaria y la psicología social de Moreno son distintos de muchas de las actitudes convencionales aún prevalecientes en nuestra cultura. En consecuencia, para la adecuada comprensión de esos conjuntos de conceptos será necesaria una clara descripción de sus supuestos básicos. Nociones como la de "realidad suplementaria", la función del juego y los profundos significados de la creatividad no armonizan con ideas ordinarias acerca de la objetividad y la racionalidad. Aun así, en el cambiante mundo de hoy las ideas de Moreno son pertinentes y heurísticas, es decir, prácticas y generadoras de conceptos y métodos útiles.

La tensión entre lo que considero la filosofía fundamental de Moreno –que jamás formuló como tal– y la visión del mundo de su época y la nuestra es identificable con el actual conflicto entre algunas de las ideas esenciales del pensamiento posmoderno y las propias de la cultura occidental dominada por actitudes "modernas". En ello están implicadas varias ramas de la filosofía:

- la epistemología: ¿qué podemos conocer?
- la ontología: ¿qué existe realmente?
- la ética: ¿qué es la moral?
- la metafísica: ¿cómo opera el universo en su nivel fundamental, más allá de la consideración de la naturaleza humana?
  e incluso…
- la teología: ¿cuál es la naturaleza de la divinidad?

Las teorías psicológicas se basan en supuestos filosóficos, que es preciso definir para poder considerar en profundidad aquéllas.

El tránsito del pensamiento moderno al posmoderno comenzó en la época en que Moreno aún era joven, con la aparición del existencialismo, corriente filosófica que impugnó el idealismo y se alejó de quienes sostenían que era posible deducir racionalmente las verdades de la naturaleza humana. El existencialismo afirmó la capacidad del individuo para generar nuevas potencialidades, entre las

cuales la creatividad es, desde luego, un concepto clave (Moreno, 1956), del que se derivaron tendencias más recientes.

La fenomenología fue otra corriente filosófica del primer cuarto del siglo XX. La cultura intelectual de los 50 años anteriores había pasado de la subjetividad a la objetividad, hasta llegar a la posición extrema del positivismo, el cual declaraba que sólo lo susceptible de ser medido merecía seria consideración como real. Así pues, la experiencia subjetiva era sencillamente un "epifenómeno", un mero "efecto secundario" de la fisiología cuasimecánica del cerebro. El término "fenómeno" alude en cambio a lo que realmente ocurre, e incluye a la experiencia tanto como a la actividad observable y mensurable. Por lo tanto, la fenomenología fue contraria a la corriente positivista. Afirmaba que también debemos reconocer como real la experiencia subjetiva. De este modo, el interés de Moreno en la naturaleza de la "verdad psicológica" lo ubicaría evidentemente en este campo.

Esta tensión deja ver una dialéctica incesante entre la naturaleza del conocimiento, la verdad y la realidad. Antes del Renacimiento y la Ilustración –periodos de cambio intelectual en Europa entre los siglos XV y XIX–, la "verdad" era producto de la revelación divina o de la tradición, y su estudio implicaba la aceptación de los textos clásicos, las escrituras sagradas y las creencias tradicionales (Smith, 1989). La modernidad se rebeló y adoptó la actitud opuesta, ejemplificada por el racionalismo y la ciencia. En un principio, la ciencia giró en torno a las ciencias físicas, en tanto que el racionalismo ejerció su mayor impacto en la esfera política, pues brindó las bases necesarias para desconocer el derecho divino de los reyes y abolir la esclavitud, lo que le permitió presentarse como progresista. El método científico también dio origen a grandes avances tecnológicos.

Sin embargo, los movimientos exitosos tienden a exagerar su alcance, de modo que el pensamiento científico –proclive al reduccionismo (la concepción de sistemas complejos como producto de las partes que los componen), el materialismo (la negación de la intervención de la mente o la divinidad en las explicaciones acerca del mundo) y el positivismo– se convirtió en el tema dominante en la escena intelectual. No obstante, el hecho es que la visión moderna del mundo no arroja luz sobre diversos territorios, a causa de que éstos entrañan una complejidad de otro tipo.

Dos tipos de complejidad

El microscopio, el telescopio, el ciclotrón y otras ventanas a los misterios de la naturaleza han revelado no sólo varios reinos antes desconocidos, sino también que esos reinos son increíblemente complejos. Asimismo, al adentrarnos en la naturaleza de lo que vemos, el lenguaje, la conducta, la cultura, la vida social, el desarrollo infantil, los bosques, etc., no cesamos de descubrir que todo esto es muy complicado. La sutil interacción e interpenetración de estos sistemas es

mucho mayor de lo que habríamos imaginado. Recientemente, los matemáticos han ideado métodos para la contemplación de la complejidad misma, en las teorías sobre el caos y los fractales. La creciente conciencia del grado de complejidad del cosmos demanda el correspondiente ajuste de la naturaleza de la filosofía. Esto es especialmente cierto respecto de nuestra comprensión de la naturaleza de la mente, así como de las ciencias de la conducta, las cuales se ocupan de este elusivo reino. La mente ofrece una dimensión adicional al problema de la complejidad: el significado, *y los significados cambian de acuerdo con el marco de referencia en que los inscribimos.*

Por complejas que puedan ser las ciencias físicas, la investigación de los fenómenos de la mente suele limitarse a la medición de diversas relaciones. En lo que atañe a las ciencias de la conducta, sin embargo, la dimensión adicional de los marcos de referencia impone un alto grado de elusividad al reto de comprender lo que ocurre más allá de los problemas apreciados por las ciencias físicas. Por voluminosas que sean las investigaciones sobre las dimensiones empíricas de la mente –en las ramas de la neurofisiología, la percepción y otras materias accesibles a los métodos de investigación tradicionales–, muchas otras cuestiones no se prestan a esos métodos: el mito, el juego, la fantasía, la literatura, la persuasión, la retórica, la economía, la política, las artes plásticas, la música, el humor, la espiritualidad, el derecho (en el sentido de justicia), muchos aspectos de las relaciones humanas, la filosofía, entre otros. Todas estas cuestiones son elusivas a causa de que los marcos de referencia que los individuos aplican a una situación dada suelen cambiar, con lo que cambia asimismo el significado atribuido a cualquier situación.

Cada marco de referencia contiene de igual forma un diferente conjunto de criterios acerca de lo más o menos "verdadero" o "mejor", al grado de que el concepto mismo de verdad es confuso. Los criterios aceptados en los medios académicos para evaluar una teoría –como la lógica, la utilidad o la coherencia interna– deben ensancharse en el caso de la contemplación de la experiencia humana, para incluir también la misteriosa dinámica de elementos como el amor, la fe, la responsabilidad, el anhelo de ser reconocido, el temor a la muerte, la vergüenza, el deseo de la expresión artística y la exploración de intuiciones místicas. En tales condiciones, uno debe ser capaz no sólo de tolerar la paradoja, sino también de exigirla. Esa dinámica no es reducible a la investigación química, por ejemplo.

Así pues, las ciencias de la conducta y las humanidades demandan un tipo de estudio diferente, el cual supone mayor medida de *interpretación* y menor grado de análisis reduccionista y experimentación controlada. (Esto no quiere decir que yo rechace el método científico, aún de extrema utilidad en las ciencias empíricas, e incluso en la psicología, sino sencillamente que propongo que ese método ya no debe ser la única norma, pues hemos de reconocer la posibilidad de que, en ciertas situaciones, otros métodos posean mayor validez para la eluci-

dación de la "verdad".) La interpretación entraña por su parte la adopción de un método fenomenológico.

La cultura actual sigue concediendo enorme importancia a la academia, la que a su vez da prioridad a la visión moderna del mundo, las ciencias "exactas" y el vasto complejo de asignación de ascensos, recursos y juicios sobre los requisitos que debe cumplir un artículo para aceptar su aparición en las publicaciones de las corrientes dominantes de una disciplina. Empero, no debemos subestimar las ventajas económicas que refuerzan el orden intelectual establecido. Lo cierto es, sin embargo, que el psicodrama y otras psicoterapias que no cumplen del todo los requisitos de los criterios positivistas y materialistas de evidencias "científicas" incontrovertibles suelen ser menospreciados por quienes han empeñado sustanciales esfuerzos en la visión moderna del mundo, para los cuales esos métodos resultan nebulosos y aun ilusorios.

Modos opcionales de conocimiento

Para resolver este dilema han evolucionado varios enfoques, que merecen una breve descripción en cuanto que todos ellos dan sustento al empleo del psicodrama.

- *Hermenéutica.* Es el arte de la interpretación. En virtud de la existencia de diferentes marcos de referencia, todo lo creado por los seres humanos –mitos, historias, poemas, novelas o textos sagrados– plantea el interesante desafío de desarrollar mejores medios para elucidar los significados implicados. Aunque en este contexto no es posible reclamar una autoridad definitiva, existen grados de valor respecto de la solidez de una interpretación.
- *Constructivismo.* La visión moderna del mundo se funda en gran medida en el objetivismo, de acuerdo con el cual la verdad posee existencia objetiva independientemente de la conciencia de quienes podrían aprehenderla o no correctamente. En contraste con ello, un creciente número de intelectuales han adoptado el punto de vista de que lo que entendemos por realidad no es a menudo otra cosa que una *construcción* de nuestras impresiones, lenguaje y costumbres (Neimeyer, 1993, 1995; Watzlawick, 1984). Esta proposición no es en absoluto novedosa. Alfred Adler apoyó en parte su teoría de las ficciones en ese argumento filosófico (Ansbacher y Ansbacher, 1956; Vaihinger, 1935).

El objetivismo suele ser útil en los campos empíricos, lo que explica que la ciencia haya triunfado sobre la "superstición". Por el contrario, su aplicación es frecuentemente inadecuada en los campos de las humanidades y las ciencias de la conducta, en los que resulta preferible reconocer conscientemente que el grado en el cual las personas piensan que las cosas son de determinada manera es pro-

ducto de un acuerdo implícito. En la época actual, marcada por crecientes cambios, es conveniente cuestionar muchos de nuestros acuerdos socioeconómicos, definiciones de roles y otras normas culturales.

- *Narrativa.* La psicología ha sido sumamente cuantificada, como si el conocimiento sólo existiera en términos de números. Esto también es un subproducto de la concepción de la psicología como "ciencia" de la mente humana, la cual debe operar en los mismos cauces de las ciencias físicas. Hoy, sin embargo, abundan persuasivos argumentos a favor de la consideración de las complejidades de las situaciones humanas mediante el vehículo del *relato*. Así, los métodos narrativos de la psicología y la psicoterapia se hacen eco de la metáfora dramatúrgica que sirve de base al psicodrama (Sarbin, 1986; Parry y Doan, 1994).

Posmodernismo

El constructivismo, la hermenéutica y la narrativa forman parte de un complejo mayor, la corriente intelectual llamada "posmodernismo", crecientemente imperante en círculos intelectuales en las últimas décadas. En esencia, la visión posmodernista rechaza el predominio del pensamiento objetivista en la cultura y juzga inapropiada la aplicación a las humanidades de métodos convencionales de evaluación científica. Esto supone un cambio en la epistemología básica (Anderson, 1990, 1995).

La modernidad se caracteriza por el objetivismo y la ciencia empírica. Dado que aparentemente es más "ilustrada" que el tradicionalismo "supersticioso" y "fanático" de la cultura premoderna, los modernos han incurrido a menudo en la jactancia y la complacencia. Con todo, esta visión materialista, individualista y objetivista del mundo lleva aparejados varios problemas, como el colonialismo, el patriarcado y el racismo, en contra en particular de quienes a primera vista parecen atrasados en términos tecnológicos (especialmente en armamento militar). El mundo occidental moderno margina a los grupos incapaces de competir económicamente y, como ya apunté, se precia de sus logros, lo que afianza en él una profunda negación de los persistentes problemas de la ecología, la injusticia social y otros grandes retos de nuestro tiempo.

Como resultado de la infatuación que procede del éxito, los iconos que son la causa aparente de éste –específicamente el conocimiento basado en métodos modernos de investigación– son revestidos de desmedida autoridad. No obstante, el intento de aplicar los criterios de las ciencias empíricas a problemas de los campos de las ciencias de la conducta dio lugar al "cientificismo", la excesiva extensión de la ciencia para abordar temas que, como el de los problemas éticos, no permiten una indagación apropiada con el uso de los métodos científicos (Wilber, 1997, p. 24).

El común denominador del posmodernismo es el cuestionamiento de la visión moderna del mundo. Corriente polifacética, el posmodernismo carece en absoluto de un dogma fijo; la sola idea de un credo posmodernista sería un oxímoron, una paradoja, pues, de acuerdo con la concepción posmodernista del conocimiento, éste es relativo. Uno de los problemas del posmodernismo es que, tal como ha ocurrido en numerosos movimientos políticos, artísticos y sociales, un significativo porcentaje de sus partidarios han adoptado posturas superficiales, oscurantistas, simplistas o extremistas, lo cual obra en demérito de quienes desean esclarecer ideas esenciales en forma responsable y con auténtico rigor intelectual. Aun así, considero que este método general tiene implicaciones útiles para la psicoterapia y la educación (Blatner, 1997).

Una reacción visceral

Proponer que el psicodrama es acorde con las ideas posmodernistas resulta un tanto delicado, porque muchas personas "odian" visceralmente la visión posmodernista del mundo. Sienten que el posmodernismo atenta no sólo contra sus creencias más profundas, sino también contra su manera misma de pensar. Esto se debe a que un cambio de visión del mundo requiere una reorientación básica ante éste, lo que a su vez supone asumir una manera de pensar fundamentalmente distinta, más flexible y creativa.

Permítame proponerle una analogía: imagínese que usted viviera en una zona casi desértica con agua apenas suficiente para beber y asearse, pero no para nadar. La idea misma de nadar sería inconcebible. Además, en cierta ocasión alguien cayó a un pozo y se ahogó, de lo que la comunidad dedujo que el agua en abundancia es peligrosa. Reclutado por las fuerzas armadas de su nación y enviado a la Marina, usted es remitido a la distante región costera del país, donde, como parte de su entrenamiento, debe aprender a nadar.

Pero la natación es para usted una actividad que contradice todas sus certezas sobre la manera adecuada de relacionarse con la gravedad. Una cosa es ser expuesto a nadar desde niño y otra muy distinta no saber siquiera que es posible nadar, que todos sus amigos y parientes estén de acuerdo con esta visión del mundo y usted deba lanzarse al agua para aprender conductas completamente contrarias a los hábitos que acumuló hasta cumplir 20 años. Este cambio en una relación no verbal profundamente arraigada en su ser –que Piaget llamó *acomodación*– podría ser sumamente desorientador.

Aprender a nadar o, como en el caso de los astronautas, a realizar maniobras en el espacio es una actividad física que requiere un acentuado proceso de cambio en la forma en que el cuerpo-mente se relaciona con el mundo; la acomodación a los tipos de activa cognición asociados con el pensamiento posmodernista podría ser igualmente severa. Cuando uno ha aprendido a relacionarse con la verdad como algo preexistente, fijo, y está condicionado a pensar en formas

racionales convencionales para "ser realista", la invitación a pensar en términos de la imaginación, la intuición y la creatividad no es fácil de aceptar. Si usted aprendió a obedecer, estudiar, aprender lo escrito y, sobre todo, a memorizar, le será difícil optar por la creación de nuevas estructuras o ideas. La idea de inventar es un tanto aterradora, algo sólo permisible a los niños: absurda, ridícula, condescendiente, disparatada. Estos términos son de uso muy común para desestimar lo sencillamente desconocido.

La tensión posmodernismo-modernismo será palpable en posteriores consideraciones de la teología (capítulo 6) y la espontaneidad contra la robopatía (capítulo 8). En toda religión surgen tensiones entre quienes desean modificar la doctrina para adecuarla al conocimiento presente y quienes se atienen a lo determinado por las autoridades. Pero pese a que en realidad *crean nuevas interpretaciones,* incluso quienes ostentan la autoridad tienden a negar esa situación, pues prefieren creer que en los textos establecidos sólo encuentran lo que éstos de suyo contienen.

Lo que importa destacar aquí es que el psicodrama demanda la valoración y uso del pensamiento creativo, algo que, si bien tendemos a alabar, en estricto sentido se opone a la esencia de gran parte de nuestro condicionamiento cultural. En tanto que proceso constructivista, el psicodrama impone cierto reaprendizaje de modos básicos de pensar, el abandono –en favor de la espontaneidad, la osadía de crear algo nuevo– de la tendencia a depender de lo creado por otros.

Metateoría

También la teoría de la psicología debe ser objeto de reevaluación, puesto que el psicodrama opera en los amplios marcos teóricos de la psicología, la psicología social y otras ciencias de la conducta. Sin embargo, la producción misma de teorías está sujeta hoy a cuestionamientos y replanteamientos, discusiones que ocurren en el nivel metateórico (Kellermann, 1991). ¿Realmente precisamos de la teoría? ¿Necesitamos una teoría rigurosa de la psicología o aquélla podría ser laxa? ¿Cuáles son los criterios adecuados para que una teoría sea aceptable y qué cambios han sucedido en esos criterios por obra de las nuevas circunstancias? ¿Es la psicología una ciencia?

Como señalé al inicio de este capítulo, existen diferentes niveles de elaboración de teorías: generales y específicos. Así, sería posible disponer de una teoría sobre, por decir algo, la dinámica del enamoramiento sin necesidad de vincularla con una teoría general que lo explique todo. Esto tendrá implicaciones para la consideración de las diversas teorías del psicodrama.

Ya indiqué asimismo que podemos abordar ciertos tipos de preguntas de diferentes maneras, algunas por medio de la experimentación y la medición y otras de la interpretación. Allport, uno de los principales innovadores de la psicología, distinguió entre dos tipos de investigación: la *nomotética*, consistente en la habi-

tual prueba de hipótesis en un número significativo de personas y en la consecuente percepción de tendencias generales, y la *idiográfica*, similar al enfoque de estudios de caso y la cual toma en cuenta las complejidades de la individualidad. Desafortunadamente, el excesivo predominio de la investigación nomotética ha eclipsado casi a la idiográfica. Pero ambas poseen valor, y admitirlo sacó a la luz las cuestiones descritas en los párrafos anteriores.

¿Por qué teorizar?

A muchas personas les desagrada la discusión teórica y tienden a eludirla, actitud que racionalizan, cuestionando incluso la necesidad de la teoría. Después de todo, las técnicas son utilizables sin teoría. Pero en el tratamiento de problemas personales en el curso de la realización de psicodramas surgen sutiles y complejas situaciones que exigen cuidadosa reflexión, verificación y ajuste de conjuntos de supuestos. En estas circunstancias no basta con "confiar en el método", principio tradicional a veces útil pero otras engañoso. La práctica ateórica puede inducir la aplicación de técnicas incluso inapropiadas para un cliente específico. Uno de los más grandes psicólogos humanistas, A. H. Maslow, señaló que "quienes sólo saben emplear el martillo tienden a considerarlo todo como clavo".

La conducción del psicodrama rebasa la mera aptitud en el manejo del método y demanda del practicante un auténtico profesionalismo: el arte y la sapiencia del campo de la psicología para saber procurar al cliente el respetuoso acto de repensar un problema. Toda idea, sin embargo, opera dentro de contextos. La teoría es simplemente un conjunto de supuestos explícita y racionalmente coordinados.

El destacado psicólogo social Kurt Lewin aseguró que "nada es tan útil como una buena teoría". Sabía bien que las teorías no son la respuesta definitiva, sino sólo instrumentos; pero los instrumentos nos ayudan a pensar. La escritura es un instrumento. Un mapa es un instrumento. Los planos y andamiajes de la construcción y la pintura son expresiones físicas de esquemas mentales subyacentes sistemáticamente articulados y desarrollados: teorías. La teoría es el mapa intelectual para la aplicación de toda práctica racional. Para poder utilizar responsablemente el psicodrama, éste debe tener como base una razón válida. Ello no quiere decir que deje fuera la intuición, la imaginación y la inspiración, ni implica la exclusión del ejercicio de la teatralidad, el carisma y la "magia", los cuales son también instrumentos y pueden entrelazarse en un método narrativo y posmodernista con la terapia, la educación o el asesoramiento.

Una teoría laxa

Puesto que el psicodrama es un conjunto de métodos que pueden integrarse con muchos otros tipos de terapias o escuelas de pensamiento, trasciende cualquier teoría particular, pero precisa de una metateoría laxa. Durante cierto periodo, como parte de la ya mencionada tendencia cientificista de mediados del siglo XX, la psicología intentó ofrecer una teoría rigurosa y uniforme. El supuesto metateórico de que era factible abordar la psicología de esa manera sometía al vasto reino de la mente –social, lúdica, artística, política, espiritual, etcétera– a la condición de "lecho de Procusto", limitado marco que restringía la posibilidad de apreciar plenamente su riqueza.

Sabemos de la extrema utilidad de una teoría rigurosa. Pero bien podría ser innecesario intentar unir los cabos sueltos de una teoría para dotarla de rigor cuando, en cambio, una teoría laxa ofrece un marco razonable tanto para la innovación creativa como para la aplicación eficaz. Curiosamente, la teoría aplicada de los roles de Moreno (vea los capítulos 15 y 16) brinda un práctico marco y lenguaje generales para ese laxo contexto metateórico. Abundaré en este argumento en el capítulo 13, al ocuparme de las integraciones del psicodrama con otros enfoques terapéuticos. Es posible crear una laxa teoría general, intelectual y profesionalmente responsable, que permita el desarrollo o uso de numerosas subteorías dotadas tanto de elementos comunes como de principios especiales acordes con las particulares circunstancias de cada conjunto de propósitos.

Resumen

"El psicodrama puede definirse como la ciencia que explora 'la verdad' por medio de métodos dramáticos" (Moreno, 1972, p. 12). La concepción de Moreno acerca de la verdad difería, sin embargo, de la de muchos otros intelectuales, pues giraba específicamente en torno a la experiencia psicológica. Para poder apreciar los demás conceptos teóricos de Moreno, es importante conocer el marco intelectual que concede mayor peso a la verdad psicológica. El psicodrama forma parte de la visión emergente del mundo, el gradual cambio de paradigma de lo posmoderno en dialéctica tensión con lo moderno. Muchos profesionales y científicos de la conducta acostumbrados a la modalidad moderna consideran que los abordajes constructivistas posmodernos son demasiado relajados, y tienden a subestimarlos. Pero debemos tomar en cuenta que estas críticas son producto de una diferencia de supuestos fundamental.

Esto entraña un reto lo mismo político que intelectual, pues no es fácil modificar creencias fundamentales, de modo que muchos individuos defenderán sus usos y costumbres vigorosa y hasta persuasivamente. En un mundo en veloz transformación, la filosofía ya no puede reducirse a la contemplación desde una torre de marfil, sino que debe convertirse en un combate sutil entre los miem-

bros de todo tipo de grupos, y en ello va incluido el de los psicoterapeutas, muy pocos de los cuales advierten que en el fondo de sus debates está presente un conflicto de visiones básicas del mundo.

Por último, debemos reevaluar incluso nuestros puntos de vista sobre la naturaleza de la tarea de ayudar a los demás a resolver sus problemas personales e interpersonales. ¿Es esto ciencia? ¿Es arte? ¿O es más bien una combinación de incitación, persuasión, retórica, hipnosis, sugestión, orientación espiritual y práctica contemplativa dialógica individualizada? La ciencia pretende que puede ser neutral y objetiva, pero en realidad opera sobre la ilusoria negación del grado en que tenuemente impone abundantes supuestos tanto sobre nuestras percepciones como sobre el objeto de estudio. Cuando ese objeto es la mente humana, la operación de doble ciclo de la visión moderna del mundo puede ser opresiva. (*Opresión* sería en este caso el hecho de que las maniobras de poder del grupo intelectual dominante sean tan persuasivas y eficaces que los oprimidos difícilmente puedan darse cuenta de que existen otras opciones.)

El ideal de creatividad de Moreno es liberador y profundamente subversivo. Nos invita a cuestionar, lo cual abre la puerta al cuestionamiento de supuestos básicos. A este respecto, se adelantó 70 o más años a su tiempo. Quienes deseen comprender a Moreno podrían beneficiarse del conocimiento de tendencias contemporáneas que iluminan y dan sustento a sus ideas: posmodernismo, constructivismo, narrativa y hermenéutica. Todas éstas son grandilocuentes, palabras pero expresan ideas que no podríamos articular de otra manera; representan temas importantes que hemos de comprender, nuevas maneras de pensar en un mundo necesitado de nuevas perspectivas.

Referencias

Anderson, Walter Truett, *Reality isn't What it Used to Be,* Harper and Row, San Francisco, 1990.

— (ed.), *The Truth about the Truth: De-confusing and Re-constructing the Postmodern World,* Jeremy P. Tarcher/Putnam, Nueva York, 1995.

Ansbacher, Heinz L. y Rowena R. Ansbacher, *The Individual Psychology of Alfred Alder,* Basic Books, Nueva York, 1956.

Berger, P. y T. Luckmann, *The Social Construction of Reality,* Doubleday, Garden City, 1966.

Blatner, Adam, "The Implications of Postmodernism for Psychotherapy", *Individual Psychology,* vol. 53, núm. 4, 1997, pp. 476-482.

Griffin, David Ray (ed.), *Spirituality and Society: Postmodern Visions,* State University of New York Press, Albany, 1988. (Nota del autor: este libro pertenece a una serie, también coordinada por Griffin, en la que recientemente han sido publicados nuevos títulos; la introducción de Griffin a la serie completa es de especial interés.)

Hoyt, Michal F., *Constructive Therapies,* vols. 1 y 2, Guilford, Nueva York, 1994, 1996.

Kellermann, Peter Felix, "An Essay on the Metascience of Psychodrama", *Journal of Group Psychotherapy, Psychodrama and Sociometry,* vol. 44, núm. 1, 1991, pp. 19-32.
Lifton, Robert Jay, *The Protean Self: Human Resilience in an Age of Fragmentation,* BasicBooks/HarperCollins, Nueva York, 1993.
Moreno, J. L., "The Dilemma of Existentialism, Daseinsanalyse and the Psychodrama", *International Journal of Sociometry,* vol. 1, núm. 1, 1956, pp. 55-63. (Nota del autor: este artículo fue incluido posteriormente en el vol. 2 del *Psychodrama* de Moreno.)
—, *Psychodrama,* vol. 1, 4a. ed., Beacon House, Beacon, 1972.
Neimeyer, Robert A., "An Appraisal of Constructivist Psychotherapies", *Journal of Consulting and Clinical Psychology,* vol. 61, núm. 2, 1993, pp. 221-234.
— y Michael J. Mahoney (eds.), *Constructivism in Psychotherapy,* American Psychological Association, Washington, 1995.
Parry, Alan y Robert E. Doan, *Story Re-visions: Narrative Therapy in the Postmodern World,* Guilford, Nueva York, 1994.
Sarbin, T. (ed.), *Narrative Psychology: The Storied Nature of Human Conduct,* Praeger, Nueva York, 1986.
Smith, Huston, *Beyond the Postmodern Mind,* Theosophical Publishing, Wheaton, 1989.
Vaihinger, H., *The Philosopy of "as if",* Routledge and Kegan Paul, Londres, 1935.
Watzlawick, P. (ed.), *The Invented Reality: How do We Know what We Believe We Know: Contributions to Constructivism,* W. W. Norton, Nueva York, 1984.
Wilber, Ken, *The Eye of Spirit: An Integral Vision for a World gone Slightly Mad,* Shambhala, Boston, 1997.

Zerka T. Moreno, *circa* 1951.

CAPÍTULO 6

La teología de Moreno

No es necesario aceptar ninguna de las ideas teológicas de Moreno para poder aplicar eficazmente la mayoría de sus demás ideas y métodos. Sin embargo, la consideración no sólo de los fundamentos psicológicos sino también metafísicos de la creatividad y la espontaneidad permite apreciar mejor el potencial del psicodrama.

Moreno pensaba que la creatividad y la espontaneidad eran fundamentales en el desenvolvimiento de la existencia, inherentes a la operación misma del cosmos. (El término *cosmos* alude no sólo al universo físico, material, por más vasto que éste sea, sino también a las aún mayores dimensiones de la mente, la experiencia, la imaginación y el espíritu.) Para Moreno, asimismo, el cosmos era expresión de la acción y naturaleza esencial de Dios, a quien consideraba a su vez, en términos teológicos, profundamente creativo y espontáneo (Blatner y Blatner, 1988).

Espiritualidad, religión y psicología

Como lo señalé en el capítulo 4, el hecho de que Moreno haya tomado en cuenta la teología le restó credibilidad como científico, pues en ese entonces privaba la opinión de que la religión y la ciencia eran incompatibles. En años recientes, sin embargo, ese deslinde ha sido objeto de crecientes refutaciones, y muchos estudiosos se han ocupado ampliamente de la psicología de la religión y de las dimensiones religiosas de la psicología.

Ciertamente, Moreno no separó esas esferas de indagación. Para él, la teología, la filosofía, la sociología, la psicología, los métodos prácticos y la acción social compartían una misma visión unitaria (Lindqvist, 1994). Todos ellos eran diferentes aspectos de la misma idea básica: la creatividad como valor nuclear, como dinámica divina que invade el cosmos. Moreno nunca ciñó sus ideas teológicas a ninguna religión particular; creía, por el contrario, que esas ideas podían integrarse y enriquecer a todas las religiones.

Sin embargo, él y otros autores, como Jung o William James, usaron el término *religión* en un sentido muy amplio. Más recientemente ha surgido la convicción de que es útil diferenciar entre dos aspectos: espiritualidad y religión. La espiritualidad es la *actividad de desarrollo de una relación con el reino trascendente del ser,* o de profundización de la unión personal con Dios, el cosmos o la gran totalidad de la existencia (Wuthnow, 1998). Por el contrario, la religión es la *organización social* cuya función básica consiste en promover la espiritualidad, función que, no obstante, ha degradado u olvidado a menudo en el curso de la historia en el afán de cumplir numerosas metas secundarias. Las organizaciones sociales, suelen atender a estos otros aspectos. A la salud, sean gobiernos, escuelas, hospitales o sistemas de "atención". Así, es posible ser religioso sin ser espiritual y ser espiritual sin ser religioso, es decir, sin sumarse a ningún conjunto organizado de ideas y prácticas en particular. Pero también es posible ser ambas cosas. Muchas personas hallan su mayor satisfacción espiritual en el marco de la religión de su elección. También es posible, sin embargo –e incluso más común en nuestros días–, no poseer ninguna inclinación espiritual ni ser religioso.

Al escribir sobre la religión, Jung se refirió en realidad a lo que he llamado espiritualidad. Su argumento fue que así como los individuos poseen la tendencia natural a apegarse a sus padres, hijos o familiares, existe asimismo un grado variable de sentido de unidad con el cosmos, personificado en la mayoría de las culturas en un ente llamado dios o diosa. Mientras que Freud consideró esta tendencia como una ilusión, una simple proyección de la imagen paterna, Jung advirtió en ella una dinámica mucho más sutil y compleja, respecto de la cual hizo notar que personas maduras, racionales y contemplativas han dado cuenta de experiencias místicas que no es fácil explicar mediante pronunciamientos reduccionistas.

Moreno no se ocupó de hacer un análisis racional del problema. Era en mayor medida un místico natural, convencido de la inmanencia y creatividad de Dios y que intuía profundamente el imperativo moral de estas fuerzas en el mundo (Moreno, 1971, 1972). Aunque la creatividad ha sido objeto de todas las loas imaginables, aún subsisten muchos obstáculos psicológicos y culturales contra su operación, como lo veremos en el capítulo 7.

Una base estética

La comprensión de toda idea es más sencilla cuando la concebimos en términos de las ideas a las que contradice. Vivimos en una época en la que el mito y el significado se han estancado. Grandes filósofos y psicólogos lo han hecho notar, mediante expresiones como "el anhelo del mito" (May, 1991) o "la desesperada búsqueda de significado" (Frankl, 1985). Esta condición de estancamiento del mito es discernible incluso en creencias populares acerca de Dios. De acuerdo con una creencia muy común, por ejemplo, el mundo es un sitio de prueba de

obediencia a las leyes divinas. Dios sería así, sobre todo, un moralista, ajeno a la humanidad. Este rol puede llevar aparejado un grado variable de compasión, pero su función primordial es la de legislador y juez.

La teología de Moreno presenta una versión contrastante: los valores que Dios persigue son más estéticos que moralistas. Entre esos valores estéticos están el placer de la creatividad, el descubrimiento y la celebración. En otras palabras, ¿qué ocurriría si, en lugar de ejercer el rol de juez y de intervenir ocasionalmente a favor de sus "justos" súbditos elegidos, Dios fuera vivaz, curioso, se sintiera inacabado y estuviera permanentemente abierto a posibilidades creativas? Pensar en Dios de esta manera quizá no converja con la tradición, pero en realidad no es una deshonra a su gloria, sino sencillamente un tipo diferente de gloria. Para volver al estado mental de aquellos a quienes podría agradarles esta imagen, hoy existen muchas personas cuya vida no se caracteriza por una lucha amarga e interminable, sino por lo contrario. Acaudaladas y aburridas, para ellas la pregunta es dónde y cómo realizarse en un mundo complejo y cambiante y qué pueden hacer de significativo.

La estética aborda una pregunta diferente de qué es verdadero en un nivel lógico, razonable e incluso práctico. Inquiere: ¿cuál es el origen de una *sensación* agradable y cuál la naturaleza de ésta? He aquí algunos ejemplos de juicios estéticos:

imponente	importante	significativo	bello
sublime	dichoso	estimulante	interesante
animoso	conmovedor	profundo	dulce

Tales experiencias no pueden ser adecuadamente explicadas. No obstante, la filosofía pretende interponer cierta medida de discurso razonado para intentar reflexionar en los sentimientos.

La idea de una fuerza (o gracia) divina incesantemente creadora difiere de la tradicional visión de Dios como inmutable, y por lo tanto inalterable por los asuntos humanos. Una mayor interactividad de la divinidad con los seres humanos parece interferir con lo que la casi totalidad de las personas entienden por omnisciencia y omnipotencia de Dios. La idea subyacente en esta concepción es la idealización de la estabilidad y la integridad, proyecciones de la mentalidad medieval europea, época durante la cual la vida de la mayoría de la gente era una interminable e ingrata pugna por sobrevivir a la guerra civil, la hambruna, la enfermedad y la muerte que acechaban por todas partes. El cielo era la compensación de esa lucha, un remanso de paz, un respiro de tranquilidad y seguridad. En aquel entonces no había nada más preciado que permanecer en un estado de reposo, no en uno dinámico. La perfección residía en la condición de estabilidad e integridad. El cielo contenía las respuestas definitivas, las que estaban desde luego en poder de Dios. Al llegar ahí, uno encontraría satisfacción y plenitud, y ése era el mayor bien.

Estabilidad y paz son sin duda valores estéticos, pero también el entusiasmo y la aventura lo son. ¿Y si Dios disfrutara aún más de estas cualidades? ¿Qué ocurriría si una aún más gloriosa visión de la naturaleza divina celebrara la capacidad para nuevas creaciones, aquí, ahora, a cada momento, en cualquier parte del cosmos? ¿Tal visión de Dios sería igualmente sublime? Ésta fue la visión que Moreno intuyó e intentó expresar a su manera, un tanto mediocre y grandilocuente.

Coincidencias con otros filósofos

Las ideas teológicas de Moreno no son de ninguna manera exclusivas de él. Otros pensadores han propuesto nociones muy similares, que quizá no presentaron tan líricamente pero sí con mayor rigor intelectual. Moreno advirtió la convergencia de sus ideas con las de Henri Bergson y Charles Sanders Pierce, quienes también señalaron la importancia de la creatividad en la reflexión sobre la dinámica esencial de la existencia.

Esta noción está presente asimismo en los textos de Alfred North Whitehead y Charles Hartshorne (aparecidos sobre todo en las décadas de 1920 y 1930 y en las de 1950 a 1980, respectivamente). La postura de estos autores ha sido llamada *filosofía del proceso*, puesto que en lugar de concebir el mundo como un conjunto de cosas, dirigen su atención al esencial *acaecimiento* (proceso) de todas las ocasiones. Los acaecimientos operan y se interpenetran en todos los niveles de complejidad (Blatner, 1985; Griffin *et al.*, 1993). La idea del proceso incluye la idea de Dios, el cual opera en forma acorde con la visión de Moreno. En vez de basar la imagen de Dios en el concepto aristotélico de *motor inmutable*, tanto Moreno como los autores de la filosofía del proceso proponen un ser más interactivo e interpenetrante, subyacente en el desenvolvimiento del devenir de todo (Blatner, 1998). Esta filosofía reconoce de igual modo a la creatividad como una de las dinámicas centrales de todo proceso.

También otros filósofos y poetas han hecho suya esta visión dinámica. En su libro *Saviors of God*, el poeta griego Nikos Kazantsakis (1960) expresó sentimientos muy similares a los que Moreno había vertido antes en su libro *The Words of the Father*, especialmente en relación con la necesidad que Dios tiene de que seamos creadores con él, de que le ayudemos a hacer nacer el mundo. El filósofo ruso Nicolai Berdyaev (1954) insistió por su parte en el imperativo moral de ser creativos y de fomentar la creatividad en los demás.

Estas ideas contrastan con las tendencias culturales que vinculan la religión con la tradición y conceden autoridad al clero y sus teólogos, quienes la asumen como intérpretes válidos de las conservas sagradas. Por el contrario, Moreno, los filósofos del proceso y muchos otros autores aducen que los seres humanos pueden hallar sabiduría en las fuentes creativas en su interior.

Inmanencia

Moreno intuyó además que Dios actúa en y por medio de la creatividad de cada ser en el mundo, y no sólo desde "lo alto" (doctrina teológica llamada *inmanencia.*) La noción de que todas las personas con las que tratamos son expresión de Dios y de que éste está presente en la sonrisa de un bebé y en las lágrimas del desamparado es muy común en nuestra cultura. Pero menos conocida es la idea –propia, entre otras, de algunas teologías orientales– de que, en su nivel esencial, la existencia entera es Dios, de la misma manera en que todas las células de nuestro cuerpo son expresión de nuestra fuerza vital, aunque no se percaten de ello ni encarnen la totalidad de nuestro espíritu/alma/psique/cuerpo. En contraste, la extendida creencia es que Dios es predominantemente, si no por completo, trascendente, ajeno del todo a nuestro ser, absolutamente "otro". Esta creencia podría ser proyección en parte de nuestras actitudes mentales infantiles y residuo de la doctrina medieval.

Moreno se refirió a las diversas visiones de trascendencia e inmanencia como expresiones de fases históricas. Dios fue visto primeramente como "Dios él", ajeno a nosotros (principalmente trascendente); después se convirtió en "Dios tú", más cercano, pero aún otro. Ahora, decía Moreno, es momento del "Dios yo" (principalmente inmanente). Éste es un reconocimiento de la "natural profundidad del ser humano", del potencial de la mente para acceder a la identificación transpersonal y expresarla (Kraus, 1984).

Creo, sin embargo, que Moreno se extralimitó en este punto. La mayoría de los más reflexivos teólogos modernos coinciden en que el concepto de Dios presenta un equilibrio entre inmanencia y trascendencia, y Moreno subestimó esta última. Es el colmo de la *hubris* pensar que la mente humana puede comprender plenamente el universo. La idea de trascendencia, de la "otredad" de Dios, nos insta a diferenciar entre nosotros mismos y la fuente de la sabiduría, el "poder superior" o la "siempre tenue voz", y a ser receptivos y respetuosos de esas dimensiones. La validez de algunas de las ideas de Moreno magnificaba a tal grado su ego que terminaba por perder perspectiva, así como la virtud de la humildad. Sus tendencias narcisistas reforzaban esa inclinación, algo que quizás intuyó, puesto que tuvo el cuidado de otorgar la condición de genio a cualquiera que diera paso en sí mismo al flujo de la creatividad. (Pese a ello, nunca se mostró precisamente abierto a las ideas de las personas con quienes se relacionaba.) Estaba demasiado lleno de sí mismo. Así, su teología fue informativa, pero incompleta.

Responsabilidad

El concepto de "Dios yo" está ligado a la idea del imperativo moral de asumir mayor responsabilidad en la co-creación del mundo. Tal rol es glorioso, pero

implica la admisión de una pesada carga. Este concepto difiere a su vez de la difundida tendencia cultural a evitar responsabilidades.

Entre los elementos integrales de numerosos problemas psicológicos y sociales se encuentra la dinámica de elusión de la responsabilidad. A este respecto, muchas personas hacen incluso un incorrecto empleo del psicoanálisis, ¡pues culpan de sus problemas a sus "complejos"! En contra de ello, Schafer (1976) intentó reformar el uso del lenguaje del proceso analítico, para contribuir a que los individuos asuman una responsabilidad más consciente sobre sus ideas y sentimientos. (El tema de la evasión de la responsabilidad también será abordado en el capítulo 8, en relación con la sana dinámica entre la robopatía y la espontaneidad, su opuesto.)

Incluso la visión popular del cielo implica el descargo de la responsabilidad, a causa de la sobrevaluación de la seguridad. ¿Y si la gente pudiera valorar y disfrutar la asunción de responsabilidades, y experimentar por ello la emoción y magnificencia de la audacia, el riesgo, la aventura y la creatividad? ¿Cambiaría en consecuencia la idea del cielo? ¿Esto podría tener implicaciones para la concepción del propósito en la vida: acumular dinero para después dilapidarlo y holgazanear, o poner las experiencias de la vida al servicio de la acción social (asunto del que me ocuparé en el siguiente capítulo)?

Individualidad

Cuanto más conocemos sobre la naturaleza de la mente y las variedades del temperamento, la capacidad, la historia, la familia, el medio cultural y otros factores, más vividez cobra la realidad de la individualidad. No todos aprendemos ni servimos de la misma manera. La metáfora de la línea de montaje y sus partes remplazables sigue ejerciendo perniciosa influencia en la sociedad moderna, pero debe ser impugnada.

La moral era igualmente mecanicista. Bastaba con obedecer las reglas religiosas y civiles para que los "justos" y su mundo fueran premiados (como niños buenos) con abundantes cosechas, buen tiempo, el triunfo sobre sus enemigos y la paz. Había un limitado reconocimiento de los diferentes niveles de la maduración espiritual, la acción moral y la necesidad de creatividad individual (Fowler, 1981). En el mundo posmoderno, sin embargo, rebosante de nuevas tecnologías, precisamos de toda la creatividad que nos sea posible conseguir. En él, asimismo, la espiritualidad y la moral son concebidas como procesos de continua realización y transformación.

La complejidad y excepcionalidad del individuo dan sustento a la filosofía de la creatividad de Moreno. En un mundo en el que la creatividad es accesoria, ¿qué sentido tendría ser único? Si, por el contrario, la creatividad es central, propósito nuclear del cosmos, las personas se sienten motivadas a descubrir y contemplar todas las implicaciones de su particular conjunto de cualidades, defec-

tos e inclinaciones, de su individualidad, y a poner esa excepcionalidad al servicio de la creatividad.

Encuentro

Además de tomar conciencia de la propia individualidad, es preciso aceptar la individualidad de los demás. El fomento de la creatividad en los demás tanto como en uno mismo adquiere especial valor. Conocer la excepcionalidad del otro, alentarla, exige un nivel más profundo de compromiso interpersonal, que Moreno llamó *encuentro*.

El filósofo judío Martin Buber aludió a una dinámica semejante al indicar la diferencia entre la manera en que los individuos se relacionan con las cosas ("yo-ello") y se relacionan (o deberían relacionarse) con los demás ("yo-tú"). Esta última relación da cabida a la espontaneidad del otro, ¡lo que significa que puede sorprendernos! Ellos –los demás– a veces hacen cosas que no esperamos ni deseamos. Pero no son juguetes que podamos manipular; no son objetos.

Buber y Moreno pensaban que muchas personas tienden a relacionarse no sólo con los demás, sino incluso con Dios, a la manera yo-ello, como si pudieran manipularlos. La conciliación, el sacrificio (en el sentido tradicional de la palabra) y otras acciones son para muchos individuos simples actos mágicos –"si hago esto, entonces automáticamente tú harás aquello"–, pero las relaciones entre seres creativos no operan en un plano tan sencillo. Requieren una manera más madura de pensar y de relacionarse con la realidad. Esto supone, desde luego, mayor responsabilidad, mayor atención a la otredad de los demás, Dios incluso. Lo positivo es que, en opinión de Moreno (y Buber), el amor de Dios está igualmente abierto a nuestra individualidad y espontaneidad, y es su deseo que alcancemos nuestro pleno potencial.

El aprendizaje del arte del encuentro es un aprendizaje de apertura, atención y disfrute de la creatividad de los demás. Ver en el otro sólo un espejo o un títere carece de valor estético, no así promover la espontaneidad tanto en mí como en ti. La desventaja es que uno no ejerce el control, está desprovisto de garantías, no siempre obtiene lo que su pequeño ego desea al momento. Pero la ventaja es una auténtica relación de crecimiento, descubrimiento e interacción. De igual forma, en una relación de mutua espontaneidad, uno puede descubrir y disfrutar el mundo por medio de los ojos, sentidos e ideas del otro. El mundo propio se amplía gracias no sólo a la interacción con el otro, sino también a que éste comparte su experiencia. Así, también en este caso la estética de la creatividad triunfa sobre la estética de la mera seguridad.

Una implicación práctica de todo esto es el método psicodramático de promoción del diálogo espiritual, una combinación de axiodrama y la técnica de la "silla vacía". En lugar de sólo hablar *con* Dios en la oración o de "escucharlo" en la meditación, las personas tienen la oportunidad de encontrarse con él (u otra

imagen de la sabia y grandiosa entidad espiritual o poder superior) para entablar una conversación de "toma y daca", hacer preguntas e invertir roles, con lo que, en el rol del poder superior, hallarán de manera espontánea respuestas individualizadas y asombrosamente significativas a sus preguntas. Éste es un poderoso medio de contemplación.

Teología creativa

La teología de Moreno supone su propio ajuste, pues los individuos deben erigir sistemas de significados acordes con su temperamento, cultura e historia personal. El valor central de la creatividad impone un proceso permanente de desconstrucción y reconstrucción, de manera que todos los conceptos, incluido el de sí mismo y las imágenes e ideas sobre Dios, deben ser tentativos y estar sujetos a cuestionamiento y revisión.

Así como Moreno se atrevió a rechazar las "conservas culturales" de las corrientes dominantes de la religión y la filosofía mediante la propuesta de sus propias ideas, todos podemos producir nuestras mitologías propias. El bibliodrama, que describiré en el capítulo 20, es una adaptación del sociodrama que permite imaginar escenarios alternos basados en historias de textos sagrados. Moreno podría ir más lejos y recordarnos que, desde su punto de vista, mediante la apertura a la espontaneidad todos podemos recibir inspiración y dar paso al espíritu divino en nuestra mente. Pensaba que Dios no sólo había operado por intermediación de los profetas en el pasado, sino que sigue operando en la actualidad a través de cada ser. No obstante, la imaginación y la inspiración precisan, desde luego, de cierto grado de equilibrio, el cual consiguen por medio de la discriminación racional.

Resumen

La teología de Moreno tiene mucho que ofrecer a las tendencias contemporáneas de la espiritualidad. El creciente carácter multicultural del mundo de hoy obliga a las religiones a reformar y negociar sus ideas teológicas. Con todo, los conceptos de Dios (incluidas las visiones del mundo del ateísmo) de la mayoría de las personas aún permanecen ocultos en el nivel subconsciente, a menos que sean específicamente abordados en la terapia o un retiro religioso. El interés de Moreno en esos temas fundamentales revela la importancia de ser más conscientes de los supuestos básicos de nuestra vida, aquellos que nos transmiten el significado y destino últimos.

La idea de Moreno acerca de la inmanencia, creatividad e inducción a la responsabilidad co-creativa de lo divino puede contribuir a respetarnos más unos a otros, ver la luz de Dios en los empeños de nuestros semejantes y resistir las múl-

tiples y sutiles tentaciones a refugiarnos en la ilusión de la seguridad por efecto de una dependencia excesiva de la tradición o de lo ya establecido, lo que Moreno llamaba la *conserva cultural.* La comprensión del delicado desplazamiento a lo estético que subyace en la teología de Moreno también devela la fuente de su infatigable energía. La asunción del rol de co-creador es más vivificante y confortadora cuando uno advierte que la naturaleza de la tarea es nada menos que la magnífica, prodigiosa, inagotable y sublime gloria de ayudar a Dios a producir formas siempre nuevas. Esto es como participar en una gran construcción, una gran celebración, y saber que lo que hacemos es apreciado como parte significativa del todo. Este modelo del cosmos está imbuido sin duda de profunda inspiración.

Referencias

Berdyaev, Nicolai A., *The Meaning of the Creative Act,* trad. de D. A. Lowrie, Harper and Bros., Nueva York, 1954 (ed. original, 1911).

Blatner, Adam, "Moreno's 'Process Philosophy'", *Journal of Group Psychotherapy,* vol. 38, núm. 3, 1985, pp. 133-136.

—, "The Implications of Process Philosophy for Psychiatry", ponencia presentada en la International Whitehead Conference, Claremont, California, 1998.

— y Allee Blatner, "The Metaphysics of Creativity as Reflected in Moreno's 'Metapraxis' and the Mystical Tradition", *Journal of Group Psychotherapy, Psychodrama and Sociometry,* vol. 48, núm. 4, 1988, pp. 155-163.

— y *Allee Blatner, The Art of Play: Helping Adults Reclaim Imagination and Spontaneity,* Brunner/Mazel-Taylor and Francis, Filadelfia, 1997.

Fowler, James W., *Stages of Faith: The Psychology of Human Development and the Quest for Meaning,* Harper Collins, Nueva York, 1981.

Frankl, Viktor, *El hombre en busca de sentido,* Herder, Barcelona, 1985.

Griffin, David Ray, John B. Cobb, Jr., Marcus P. Ford, Pete A. Y. Gunter y Peter Ochs, *Founders of Constructive Postmodern Philosophy: Pierce, James, Bergson, Whitehead, and Hartshorne,* State University of New York Press, Albany, 1993.

Kazantsakis, Nikos, *The Saviors of God,* Simon and Schuster, Nueva York, 1960.

Kraus, Christopher, "Psychodrama for Fallen Gods: A Review of Morenian Theology", *Journal of Group Psychotherapy, Psychodrama and Sociometry,* vol. 37, núm. 2, 1984, pp. 47-64.

Lindqvist, Marti, "Religion and the Spirit", en P. Holmes, M. Karp y M. Watson (eds.), *Psychodrama since Moreno,* Routledge, Nueva York y Londres, 1994.

May, Rollo, *The Cry for Myth,* W. W. Norton, Nueva York, 1991.

Moreno, J.L., *Who Shall Survive?,* Nervous and Mental Disease Publishing Co., Washington, 1934.

—, *The Words of the Father,* Beacon House, Beacon, 1971.

—, "The Religion of God-Father", en Paul E. Johnson (ed.), *Healer of the Mind: A Psychiatrist's Search for Faith,* Abingdon, Nashville, 1972.

Schafer, Roy, A *New Language for Psychoanalysis,* Yale University Press, Nueva Haven, 1976.

Wuthnow, Robert, *After Heaven: Spirituality in America since the 1950s,* University of California Press, Berkeley, 1998.

CAPÍTULO 7

Creatividad

En los últimos siglos surgieron en la conciencia humana tres nuevas ideas relacionadas entre sí: el progreso, la evolución y la creatividad. Antes la vida transcurría en forma cíclica. El término *creatividad*, incluso, apareció en los diccionarios hasta hace un centenar de años. Sin embargo, el aceleramiento de la innovación tecnológica ha puesto de relieve la creatividad y las ideas asociadas con ella.

Para Moreno y otros filósofos, la creatividad es una cualidad metafísica y aun teológica, como expliqué en el capítulo anterior. Además, la creatividad se ha convertido en objeto específico de estudio, por obra de lo cual han aparecido departamentos académicos, organizaciones, revistas, libros y congresos dedicados a explorar sus numerosos aspectos (Runco y Pritzker, 1999).

El psicodrama y sus métodos complementarios pueden ser concebidos como medios para el fomento de la creatividad en individuos y grupos. Esto implica una progresión lógica entre ideas conexas, que puede ser de utilidad para explicar la operación del psicodrama.

En primer término, la creatividad es reconocida como un valor importante. Muchos problemas personales y colectivos se agudizan debido a que la gente evita enfrentarlos o recurre a soluciones anacrónicas, conductas que a su vez son producto, al menos parcialmente, de la falta de habilidades para el pensamiento creativo.

En segundo término, el mejor medio para promover la creatividad es promover la espontaneidad, dinámica psicológica y social que estudiaremos en el capítulo siguiente.

En tercer término, la espontaneidad implica la temeridad y libertad de improvisar, lo cual precisa por su parte de un contexto esencialmente lúdico, tema del que nos ocuparemos en el capítulo 9.

En cuarto término, espontaneidad y creatividad aumentan cuando es posible activar la acción física, la imaginación y las interacciones grupales (vea el capítulo 10).

En quinto término, el drama improvisado es el vehículo cultural que combina las cualidades anteriores. Moreno señaló que el drama no perseguía sólo el entretenimiento, pues es al mismo tiempo un proceso poderosamente evocador que puede ser modificado y adaptado a la terapia individual o colectiva, es decir, al psicodrama.

En sexto término, otro conjunto de métodos de acción, la sociometría (que expondré en los capítulos 18 y 19), fue diseñado para suscitar reacciones espontáneas en los miembros de un grupo con el fin de promover mayor creatividad en la esfera social.

En séptimo término, el lenguaje del drama, que hace uso del concepto de rol, puede ser modificado y utilizado como un lenguaje práctico para la realización de esos cambios creativos (como explicaré en los capítulos 15 a 17).

Consideración de la creatividad

La creatividad no es mera novedad. Implica cierto grado de desplazamiento a un valor significativamente positivo. En realidad, sin embargo, la situación es compleja. No siempre la creatividad es conveniente. A veces una nueva idea perdura cierto tiempo y gana numerosos y entusiastas adherentes, sólo para presentar después indeseables efectos secundarios, que podrían superar a los beneficios iniciales. Así, debemos reevaluar no sólo lo anticuado o establecido, sino también lo recientemente creado.

La creatividad suele ser un proceso de colaboración, por el cual diversas personas generan en común nuevas ideas, identifican sus rasgos más importantes, les dan forma y las aplican entre sí.

El subconsciente es no sólo un depósito de ideas y sentimientos reprimidos, sino también una fuente de profunda inspiración, así como de sabiduría, humor y solidaridad a medida que una persona se abre al verdadero manantial de los avances más creativos. En cierto sentido, co-creamos no sólo con los demás, sino también con nuestro ser superior.

Crear algo nuevo implica habitualmente la destrucción de lo antiguo. Este proceso puede ser simple y transcurrir de común acuerdo o presentar resistencias al cambio. El desarrollo de nuevos y mejores medios para contribuir a la amplia aceptación de ideas creativas entraña por lo general un alto grado de creatividad. No obstante, es frecuente que la creatividad sea sofocada.

La "conserva cultural"

Pese a la popularidad del concepto de creatividad y a los elogios de que es objeto, muchas instituciones y normas sociales tienden a ignorar, e incluso a anular, este dinámico proceso. Durante gran parte de la historia, el peso del conserva-

durismo y la tradición ha inhibido la creatividad, inhibición que hoy sigue presente en prácticas comunes en la educación infantil, las escuelas, la religión y muchas otras instituciones sociales y culturales.

Moreno acuñó el término *conserva cultural* para aludir a lo ya creado, incluidos elementos intangibles como costumbres o reglas sociales. Esa "conserva" es en gran medida buena y necesaria, pues constituye la base de la técnica, la cortesía, los hábitos positivos y muchos otros aspectos de la civilización. Sin embargo, debemos percatarnos de que no es una realidad fija, sino una construcción social y psicológica en marcha (como expliqué en el capítulo 5). Imagínela como un organismo vivo, el cual crece al tiempo que otras de sus partes envejecen y mueren. La vida precisa de un proceso dinámico permanente, de manera que la resistencia al crecimiento o al desprendimiento de elementos obsoletos provoca problemas.

Así pues, debe haber una vigorosa e incesante interacción entre la creatividad y lo creado. Pese a ello, tanto en la cultura como en disfunciones personales y familiares lo perceptible es la tendencia al irracional aferramiento a lo ya creado, la dependencia de reglas tradicionales o establecidas como si éstas poseyeran una autoridad incuestionable, y el apego a hábitos de pensamiento fijos o rígidos.

Esta tensión dialéctica está presente en todas partes, así que nada garantiza el surgimiento de la creatividad en un sistema. Moreno acudió al término *conserva cultural* para diferenciar entre el *producto* y el *proceso* de la creatividad y para recordarnos que debemos dirigir nuestra atención a este último. (Por cierto, los individuos también poseemos "conservas", actitudes fijas o patrones establecidos de reacciones conductuales, los que debemos someter asimismo a procesos de reevaluación y corrección. Así, la "conserva" no es únicamente "cultural".)

Para decirlo de otra manera, la "conserva cultural" es en sí misma neutra desde el punto de vista moral. El problema surge de la ciega dependencia de ella como autoridad o de la excesiva adhesión a sus diversas manifestaciones a causa de la inercia, la pereza mental o el temor a lo desconocido. Debemos admitir la necesidad de seguir creando, de reevaluar lo ya creado. (En el capítulo siguiente, acerca de la espontaneidad, abundaré en cómo contrarrestar la tendencia a depender de la "conserva cultural".)

Respons-habilidad

Como complemento de los comentarios sobre la responsabilidad expuestos en el capítulo anterior, aquí apuntaré que el cambio de perspectiva hacia la necesidad y anhelo de Dios de contar con co-creadores nos ofrece una percepción de nuestra responsabilidad. No obstante, podríamos experimentar ésta como una carga si no nos sentimos capaces de responder al llamado. Esa capacidad implica una infraestructura de conocimientos y habilidades, un amplio repertorio de roles, darse cuenta de que existen opciones. Esto es precisamente lo que nos brinda el

psicodrama: una abundante variedad de abordajes. Cuando uno conoce una extensa gama de medios para abordar un problema, éste deja de ser un obstáculo abrumador para convertirse en un atractivo reto creativo. Cuanto más potenciados se saben los individuos, se inclinan en mayor medida a enfrentar los desafíos de la vida en vez de eludirlos. Por el contrario, la carencia de habilidades para la resolución de problemas, la comunicación, el conocimiento de sí mismo y otros componentes de la capacidad creativa inducen a las personas a rehuir la sensación de incompetencia, ambigüedad, impotencia, vulnerabilidad y vergüenza, y a evitar, por lo tanto, el enfrentamiento de sus problemas.

Perspectivas psicológicas

La creatividad no es exclusiva de los artistas, científicos u otros inventores, sino que forma parte de la vida diaria. La apreciación de su valor y el disfrute del proceso pueden ser de suyo experiencias transformadoras. En la terapia familiar, por ejemplo, suele ocurrir que los miembros de una familia se justifiquen a sí mismos y se culpen unos a otros. Todos ellos operan a partir de la impresión de que lo sucedido sólo puede ser "correcto" o "incorrecto" y desean que el terapeuta actúe como juez y, desde luego, se declare a su favor. La situación se vuelve tirante a causa de que cualquier indicio de moderación o modificación de la postura de uno de los miembros es percibido como posible amenaza al edificio entero. Quien está parcialmente equivocado bien podría estarlo por completo y ser, por lo tanto, el culpable.

En un caso así resulta útil replantear la situación como reto creativo, muy lejos del patrón de acusación-defensa. Además, a los participantes les halaga en el fondo que el terapeuta les conceda el rol de solucionadores de problemas y los asesore y aliente a explorar nuevas opciones. Así, la idea de la creatividad trasciende la "conserva" de la mera discusión y abre paso a la emoción del descubrimiento.

Muchos profesionales de la psicoterapia tradicional no han otorgado suficiente importancia a la idea de la promoción de la creatividad. Entre las excepciones destaca el caso de Otto Rank, quien fue artista antes de sumarse en su juventud al movimiento psicoanalítico, entonces en sus inicios, y quien concibió su aproximación a la terapia en términos de la metáfora de la vida como obra de arte. En consecuencia, su meta no fue interpretar, sino estimular la capacidad creativa de sus clientes. Recientemente, los métodos psicoterapéuticos constructivistas han adoptado una postura similar, para ayudar a la gente a, por así decirlo, narrar de nuevo sus relatos internos, la historia de lo que le ha ocurrido en la vida, a fin de dotar al "libreto" subyacente de nuevas fuerzas afirmadoras de la vida. (La labor de Moreno fue en este sentido precursora del constructivismo.)

Sociatría

Debemos ser creativos para cuestionar asimismo las normas sociales y culturales. Moreno estaba convencido de que la psicología individual y social eran inseparables (vea el capítulo 18). Por lo tanto, la terapia es apta no únicamente para quienes actúan en el "rol de enfermos", sino también para la matriz cultural, la que a menudo muestra rasgos patológicos.

A mediados del siglo pasado, la psiquiatría ya había hallado cierto grado de seguridad social y económica al restringirse a los problemas de los individuos y dejar la crítica de la cultura en manos de políticos y filósofos. Aparentemente, el interés de la mayoría de sus practicantes era el "ajuste", no el activismo social. Wallach y Wallach (1983) exploraron las tendencias de la dinámica psicología moderna a priorizar en extremo los aspectos individualistas de la experiencia, tal como también lo hicieron Cushman (1995), Jacoby (1983) y Hillman y Ventura (1992).

Moreno, en cambio, se involucró en el activismo social desde su juventud, como corolario de su teología, filosofía de la creatividad y teorías psicosociales. Así, dedujo del término *psiquiatría* (derivado de los vocablos griegos *psyque,* "mente/alma", y *iatros,* "curación") el de *sociatría,* en referencia a las tareas terapéuticas respecto de la cultura en general. Este asunto le interesó tanto que también llamó así a su principal revista especializada (a la que, sin embargo, rebautizaría dos años después como *Group Psychotherapy*).

Moreno confiaba en que sus primeros experimentos teatrales producirían beneficios sociales generales. Otros estudiosos, como Augusto Boal, también han reconocido recientemente la función socioterapéutica del drama. En combinación con la sociometría, el sociodrama es de uso cada vez más frecuente fuera de la psicoterapia para contribuir a la creación de organizaciones sociales más sensibles a los aspectos humanos.

Así, la creatividad ha de ser aplicada no sólo en el ámbito personal, sino también en el colectivo, en pro de la forja de un mundo mejor. A Moreno no le habría bastado con registrar por escrito su filosofía; fue un crítico de la torre de marfil. Creyó indispensable ejecutar decididamente sus convicciones en la acción social, y diseñó los métodos del psicodrama, el sociodrama y la sociometría para contribuir a esa tarea.

Una contemplación más profunda

Entre las especulaciones teológicas del capítulo anterior y las explicaciones psicológicas y aplicaciones prácticas presentadas en el resto del libro existe un cambio sutil de perspectiva. En lugar de pensar en la creatividad del artista fálico –que demuestra algo, que desafía al mundo–, considere usted la imagen más apacible, pero también más subyugante, de la madre que responde al llanto del

bebé. En nuestro caso, el llanto es el del mundo, que clama por ayuda para crecer y alcanzar la armonía, la estabilidad, el equilibrio y el amor. Moreno (1971, pp. 18-19) imaginó a Dios implorando al cosmos: "¡Ayúdame!"

Creo preciso que recordemos a la gente que el mundo la necesita. En especial a los jóvenes, urgidos de destino y dirección, debemos hacerles saber con frecuencia y de diferentes maneras que el mundo necesita de su imaginación, su talento –cualquiera que éste sea–; de algo tan sencillo como su trabajo y auxilio, su amor y compasión, su canto, su luz. Es probable que nuestra generación haya hecho mejoras respecto de lo que recibió de sus antepasados, pero aún falta mucho por hacer. En mi opinión, no reconocemos esto ante la juventud tanto como deberíamos.

La creatividad palpita en el corazón del psicodrama, desde donde convoca a la conciencia para servir como su energía inspiradora, a la sociedad desde los predicamentos del individuo y al individuo para que contribuya a resolver, a su vez, los predicamentos de la sociedad. Así pues, considere la creatividad no sólo como una expresión de plenitud, sino también como una genuina respuesta a necesidades apremiantes.

Resumen

En el capítulo 5 apareció un problema filosófico: ¿cómo tomar lo mejor de las "conservas" del pasado, las tradiciones premodernas, las tradiciones espirituales de las culturas no industrializadas, etc., y extraer al mismo tiempo los mejores elementos e ideas tanto de la modernidad como del posmodernismo? Quizá la solución estribe en hacer de la creatividad un valor básico y someter a esas corrientes culturales al incesante proceso de la reevaluación y la invención creativas. La dinámica operaría así en conjunto con las "conservas", lo que permitiría desechar lo caduco y desarrollar lo útil.

Muchos de los conceptos sobre los que trataré en las páginas siguientes giran alrededor de la idea de que la creatividad es un valor tanto como un proceso dinámico. La realidad suplementaria, la expresión de sí mismo, la sociometría, el juego, el encuentro: estos y otros temas portan en su esencia el asunto de la creatividad. Afortunadamente, Moreno también ofreció algunas ideas sobre la mejor manera de cultivar la creatividad: la espontaneidad, de la que nos ocuparemos en el siguiente capítulo.

Referencias

Cushman, Philip, *Constructing the Self, Constructing America: A Cultural History of Psychotherapy,* Addison-Wesley, Reading, 1995.

Jacoby, Russel, *The Repression of Psychoanalysis,* Basic Books, Nueva York, 1983.

Moreno, J. L., *Psychodrama,* vol. 1, Beacon House, Beacon, 1946.
—, *The Words of the Father,* Beacon House, Beacon, 1971.
Runco, Mark y Steven Pritzker, *Encyclopedia of Creativity,* Academic Press, San Diego, 1999.
Wallach, Michael A. y Lise Wallach, *Psychology's Sanction for Selfishness: The Error of Egoism in Theory and Therapy,* W. H. Freeman, San Francisco, 1983.

Moreno impartiendo una conferencia en su instituto
en Nueva York (al fondo aparece Zerka Toeman).

CAPÍTULO 8

Espontaneidad

Una de las ideas más brillantes de Moreno fue la de la espontaneidad como el proceso físico, mental e interpersonal que conduce más eficazmente a la creatividad. La gente suele creer que una persona creativa es aquella que piensa, planea y razona detenidamente, cuando en realidad el proceso creativo implica por lo común cierto grado de desenfado, soltura y juguetona improvisación.

Consideremos algunas expresiones de la espontaneidad. Aparte de definirlo, una de las vías para comprender un concepto escurridizo es recurrir a vívidos ejemplos:

- El canto de un cenzontle, los juegos de un par de gatitos.
- Los imaginativos y desestructurados juegos de los niños, tanto como sus dibujos, pinturas y conductas exploratorias.
- La improvisación musical, como en el jazz.
- Los juegos de los padres con sus bebés o hijos pequeños.
- La aplicación de nuevas ideas culinarias al calor del momento.
- El factor tele entre dos personas, esa sensación de atracción mutua.
- Una conversación animada, el recíproco descubrimiento por dos personas de que están enamoradas.
- La inspiración de un poeta, el improvisado sermón de un predicador.

La espontaneidad no es necesariamente espectacular o teatral; puede ser sutil, tranquila y discreta. Puede estar presente en nuestra manera de pensar, caminar, admirar la naturaleza, bailar o canturrear bajo la ducha.

Relación con la creatividad

Moreno describió un "precepto de la creatividad", un diagrama que muestra la relación entre la espontaneidad y la creatividad. A partir de lo ya creado, una persona (o grupo) puede proceder al caldeamiento hasta arribar a un estado de

espontaneidad del que fluya la creatividad. Así, mientras que en el caso de esta última el acento está puesto en el acto de crear algo, es decir en el *qué,* en el de la espontaneidad lo está en el *cómo,* la combinación de actitud, acción exploratoria, disposición a corregir y adaptar y la implícita o explícita consideración de la creatividad como meta (Moreno, 1983, p. 34).

Lo mismo que la creatividad, la tele, la sociometría y otras ideas, para Moreno la espontaneidad posee un significado general y otro específico. En su sentido general se asemeja a su raíz latina, *sua sponte,* "por su propia voluntad", en contraste con las perspectivas deterministas de la psicología y la teología (Moreno, 1983, p. 127). Al igual que la creatividad, Moreno creía que la espontaneidad era evidente en la naturaleza, e incluso concibió a Dios como esencialmente espontáneo. Esta visión admite la vigencia de lo que Whitehead llamó *propósito subjetivo*, el cual implica una libertad genuina, un elemento de opción y la capacidad para responder de diferentes maneras.

En la teología, la imagen de Dios como arquitecto cósmico que, armado de regla y compás, calcula y construye en forma racional y metódica da paso a un Dios improvisador que se *manifiesta* en la espontaneidad de cada entidad, orgánica o inorgánica. Este *élan vital* (como lo llamó Bergson) es discernible en la actividad volcánica o en la danza nupcial de la mariposa. Moreno veía en los procesos del juego, el caldeamiento y la expresión individual algunas de las más profundas resonancias de la naturaleza y Dios.

Para diferenciar entre creatividad y espontaneidad, podemos decir que la primera se refiere a la *actividad* de crear, mientras que la segunda alude a la disposición a crear, el estado mental necesario para ello, que a menudo supone una actitud corporal e interacciones personales o grupales más vigorosas. Una persona puede alcanzar un alto grado de espontaneidad sin que surja en ella ninguna creatividad significativa, o ser creativa sin ser espontánea. La creación puede ser producto de una relajada planeación racional, de un procedimiento informal de prueba y error. Moreno observó atinadamente, sin embargo, que la creatividad surge con más frecuencia en aquellas situaciones en las que los participantes improvisan, se embeben y están preparados por algún otro medio para mayores estados de espontaneidad.

La combinación de filosofía, sociología y psicología realizada por Moreno dificulta la probabilidad de dar definiciones acabadas (Aulicino, 1954). Si bien es posible que, profundamente sumergido en la espontaneidad, un individuo experimente cierto grado de "vibración y libertad cósmicas", para efectos prácticos es preferible entender la espontaneidad como *un estado mental,* la disposición a pensar con originalidad.

Robopatía

La significación del concepto de espontaneidad es resultado de que, pese a su vasta presencia en la naturaleza, muchas personas no reconocen el valor de la espontaneidad o no saben cómo elevarla al máximo en sí mismas y en los demás; ¡es posible incluso que la eviten activamente! La espontaneidad es importante porque constituye el correctivo de la tendencia, mencionada en el capítulo anterior, a depender de la "conserva cultural". Cuando una persona se aferra insistentemente a costumbres sociales y psicológicas o vive apegada a fijaciones y hábitos, actúa como máquina, circunstancia llamada *robopatía*. (Moreno también llamaba *zoómatas*, autómatas vivos, a ese tipo de personas.)

Uno de los primeros colaboradores de Moreno, Lew Yablonsky, amplió esta idea en su libro *Robopaths* (1972), en el que explicó que cuando la gente no ejercita la espontaneidad e, inducida por la inercia mental, se sume en una excesiva dependencia de la "conserva cultural", da motivo al surgimiento de numerosos trastornos neuróticos y de personalidad. Desde esta perspectiva, la robopatía es propia de la burocracia irreflexiva, el tradicionalismo rígido, el prejuicio, el fanatismo, las adicciones y cuasiadicciones y muchas otras patologías individuales y sociales.

En un nivel más profundo, la robopatía se deriva de la tendencia innata a la pereza intelectual, la cual impele a la mente a desear que "la dejen en paz" y le permitan "descansar" o a mantener un estado de complacencia o negación. La robopatía es esencialmente regresiva. Otto Rank la identificó como el deseo inconsciente de retornar al estado uterino. En este marco mental es sumamente difícil que un individuo esté en disposición de enfrentar sus problemas (es decir, de ser espontáneo). Le resulta más fácil volver a patrones robopáticos de pensamiento y conducta y buscar a quienes accedan a coludirse con él en el sostenimiento de la negación. La robopatía puede ser asimismo violentamente destructiva cuando las circunstancias la obligan a afrontar la realidad. Para preservar la satisfacción de ver confirmadas sus certezas fijas, la mente robopática hallará chivos expiatorios sobre los cuales volcar su furia. Freud llamó *tánatos,* "impulso hacia la muerte", a esta dinámica.

Psicodinámica de la espontaneidad

Citemos a Moreno (1953, p. 42): "La espontaneidad opera en el presente, aquí y ahora; impulsa al individuo a hallar una respuesta adecuada a una nueva situación o una nueva respuesta a una situación pasada". No es necesario coincidir con esta afirmación en todos sus detalles; lo importante es considerar su contenido.

En primer lugar, no basta con que un acto sea novedoso; también debe ser adecuado, eficaz, al menos en intención. Por ejemplo, la danza espontánea supo-

ne un complejo equilibrio de movimientos y evoluciones, y a ello debe su encanto. Una simple sacudida o contorsión enérgica carecería del valor estético que diferencia a la danza de la mera actividad. Cuando están alterados, los niños saltan y se retuercen, forma limitada de espontaneidad. Son realmente espontáneos cuando persiguen una meta creativa.

Moreno acuñó el término *espontaneidad patológica* para indicar la impulsividad que pretende ser libre y auténtica, pero que en estricto sentido equivale a la actuación de un deseo subconsciente o a la negación de las verdaderas necesidades impuestas por las circunstancias. Sospecho que gran número de las conductas extravagantes y contraproducentes de Moreno eran casos de espontaneidad patológica. Bajo la ilusión de que era espontáneo, solía mostrarse insensible e indiscreto, o se resistía a asumir un grado adecuado de reticencia.

La espontaneidad no es tampoco lo opuesto al hábito *per se*. Muchos hábitos son adaptativos, como el de conducir un automóvil. Sin embargo, existe una diferencia entre el uso de un hábito como instrumento mental y tolerar que éste nos use. Lo ideal es una actitud despierta para prever y admitir la probabilidad de variaciones en circunstancias en las que un hábito ya no es suficiente. Así, la espontaneidad es indispensable para enfrentar creativamente lo inesperado. En muchas actividades, especialmente artísticas o deportivas, la capacidad para la espontaneidad eficaz descansa en el dominio de ciertas habilidades hasta el punto de convertirlas en hábitos, los que en estas condiciones permiten efectuar variantes creativas.

La espontaneidad implica una inclinación a poner en duda, impugnar, replantear, reevaluar y adoptar una mirada fresca: un cambio de actitud. Así, contiene elementos de intrepidez, impetuosidad, acometividad y apertura mental, contrarios todos ellos a las tendencias robopáticas ya mencionadas. La mayoría de los individuos coordinan cierto grado de espontaneidad con cierta dependencia de la "conserva cultural", aunque, según Moreno, debemos privilegiar lo primero.

El secreto de la espontaneidad, o la delicada habilidad que debemos poseer para *alcanzarla*, es el desarrollo de la apertura a las dimensiones intuitivas, no racionales, de la mente, para armonizarlas después con nuestras capacidades racionales y voluntarias. Éste sería el equilibrio de las funciones antes consideradas eminentemente femenina y masculina. Para cultivar esa apertura, hemos de concebir al subconsciente no como el depósito de lo reprimido, nuestras ideas y sentimientos desagradables, sino como la fuente de la creatividad, nuestra "musa" o *daimon* (modelo del inconsciente, obviamente más junguiano que freudiano).

Enlazada con la efervescencia de la vida interior, la espontaneidad también incita a la mente a percibir las realidades del entorno. En cuanto a las relaciones interpersonales, alienta la participación, no la reticencia, lo que concede soltura y capacidad de respuesta a lo que suceda. La espontaneidad nos vuelve alertas a los demás, realmente interesados en sus necesidades y reacciones. No siempre

será necesario adecuarnos a las preferencias de quienes nos rodean, pero sería un acto de negación ignorar su existencia.

Si deseamos relacionarnos más auténticamente con los demás, abrir nuestra mente a su punto de vista y encontrarnos con ellos a través de un acto de inversión mental de roles, debemos hacer efectiva nuestra sintonía con ellos. Un componente adicional de esta disposición a convivir es la aceptación de revelar un poco más de nosotros mismos. La espontaneidad es un fenómeno social tanto como individual. Si los demás actúan en reciprocidad,* aumentará la tele, subconjunto de características de la espontaneidad interpersonal (vea el capítulo 18).

De esto podemos deducir que la espontaneidad brinda mayor grado de atención al presente. Es perfectamente válido recurrir al pasado (recuerdos, documentos, etc.) y prever el futuro (metas, esperanzas, etc.), pero muchas personas terminan por "vivir" en el pasado o por incurrir en fantasías muy poco realistas acerca de lo que anhelan, esperan o creen que sucederá. Esas ficciones pueden hurtar energías a la necesidad de percibir y enfrentar las realidades y problemas presentes.

En otras palabras, la espontaneidad nos induce a estar sumamente atentos a lo que ocurre. Nos abre mentalmente al futuro en términos de profundos valores y aspiraciones, no de meras conjeturas. Otra de sus cualidades respecto de su relación con el presente y el futuro es que nos permite distinguir opciones, imaginar posibilidades.

La espontaneidad puede ser poco dinámica o muy activa, como también varía la capacidad personal para estimularla. Sin embargo, es posible educarla –principalmente por medio de la experiencia–, practicarla y aplicarla a todas las esferas de actividad.

La espontaneidad varía asimismo de acuerdo con los roles implicados –un individuo puede ser muy espontáneo en ciertos roles y en absoluto en otros– y con la situación: una persona ordinariamente muy espontánea en el desempeño de un rol podría verse en una situación en la que la espontaneidad sea inhibida por completo.

El exceso de estructuración y de reglas estrictas, así como el temor a las graves consecuencias del incumplimiento de éstas, inhibe la espontaneidad. Sin embargo, la insuficiencia de estructura y la abundancia de ambigüedad intensifican la ansiedad. Prácticamente no existen pautas para la adecuada formación de roles, pero cierta dosis de estructura generará las circunstancias óptimas.

La espontaneidad posee cierto elemento de entrega y candor, lo que resulta en la expansión de la conciencia. Su verificación en el presente implica renunciar a la desmedida censura del funcionamiento de la mente, lo que se traduce en aper-

---

* Dalmiro Bustos lo llama *mutualidades* y a las elecciones con diferente signo les llama *incongruencias*. Dado que el término está usado por el autor de manera más general, decidimos dejarlo así. [N. del E.].

tura a los impulsos, intuiciones e inspiraciones internos. Por ejemplo, es muy probable que usted nunca haya bailado mejor que cuando lo hizo con una sensación de abandono. Cantar con gusto y entusiasmo sería un ejemplo similar. Así, el entrenamiento de artistas de varias disciplinas consiste en liberar su espíritu en el marco establecido por el dominio de su técnica.

Una energía no conservable

Con frecuencia escuchamos que la espontaneidad es energía, porque la gente se siente "energizada" cuando es espontánea. La sensación de "fluir" (Csikszentmihalyi, 1990) transmite gran vitalidad.

En más de un sentido, sin embargo, es improcedente igualar la espontaneidad con la energía identificada por los físicos. Para comenzar, y como lo indicó Moreno, la espontaneidad no es conservable: no es posible almacenarla para usarla a discreción. Esto significa dos cosas. Primeramente, que la espontaneidad no es un acto voluntario, como levantar la mano. Es, en cambio, muy vulnerable al estado de ánimo, el contexto la inercia mental, entre otros aspectos. Para alcanzarla tenemos que someternos a un proceso completo de caldeamiento. Cierto: cuanto más practiquemos su desarrollo, más fácil nos será conseguirla, pero aun así está sujeta a limitaciones psicológicas y sociales de las que la energía física carece. En consecuencia, no podemos suministrarla a los demás ni ordenarles que la asuman.

En segundo término, no puede ser transferida mediante el ejemplo. En una relación entre dos personas, el relajamiento de una de ellas podría contribuir a que la otra se relaje; pero si una es moderadamente espontánea y la otra se siente un tanto inhibida, la conducta de la primera podría incrementar la inhibición de la segunda. Además, ésta podría sentirse molesta e intimidada y hallar razones para subestimar a aquélla. El grado de espontaneidad debe ser razonable para promover el caldeamiento óptimo.

Un estimulante de la creatividad

Gran parte de la creatividad (aunque no toda) procede de la espontaneidad. Una de las más importantes y acertadas ideas de Moreno fue que el caldeamiento para lograr la espontaneidad es la mejor manera de ser creativo. En general, para ser creativo no basta con sentarse a pensar; también es necesario sumergirse gradualmente en un problema dado. La improvisación, la experimentación, el habla, el diálogo y especialmente el movimiento físico fomentan el flujo de la imaginación, la intuición y el proceso psíquico complementario que da origen a *insights* y nuevas ideas.

Sin embargo, esto es considerado inconveniente en ciertos ámbitos, como el salón de clases. El hecho de sentarse frente a un pupitre propicia, en efecto, cierto modo de instrucción, pero no genera las condiciones óptimas para el flujo de ideas de que precisa el pensamiento verdaderamente integrador y creativo. Así, debemos cultivar procedimientos educativos que integren las cogniciones racionales del hemisferio izquierdo del cerebro *con* los procesos holísticos –intuición, imaginación y funciones cinestésicas (de movimiento corporal)– del hemisferio derecho (Neville, 1989). Aunque el aprendizaje mediante la práctica ha merecido encendidos elogios, su aplicación es muy inferior a lo deseable.

Las implicaciones del descubrimiento de Moreno no han sido plenamente apreciadas. Es evidente que ese descubrimiento constituye una de las razones del empleo de la dramatización física y muchas otras técnicas que alientan la interacción, exploración y participación de los clientes, estados de gran espontaneidad de los que resultan ideas vivaces. Asimismo, la fase de comentarios grupal posterior a la dramatización también implica cierto tipo de necesaria espontaneidad.

Caldeamiento

El caldeamiento es la actividad por medio de la cual los individuos alcanzan gradualmente la espontaneidad. Puede contener una amplia variedad de elementos, desde la identificación y esclarecimiento de un problema hasta el desarrollo de un ambiente de apoyo emocional por medio de la generación de confianza, cohesión grupal y una sensación de seguridad que permita la experimentación.

El caldeamiento es útil en sí mismo, si bien no es posible describirlo en detalle, porque ello entraña el conocimiento de su "secreto". Esto quiere decir que debe realizarse de acuerdo con el estilo cognitivo y emocional, temperamento, intereses, imaginación y otros elementos de la individualidad de cada persona. El caldeamiento para la actividad sexual óptima ofrece una idea de las cuestiones personales implicadas: los múltiples aspectos de una relación, aquello que resulta atractivo, excitante y agradable. Esto varía enormemente entre los individuos de una comunidad, y más aún de una cultura a otra.

Aun así, el solo hecho de saber que esta dinámica existe puede motivar a la gente a descubrir el secreto de su aplicación, del mismo modo que saber de la existencia de la escritura y la lectura alienta el aprendizaje de su técnica. Esto significa que debemos estimular la improvisación, la exploración y la actitud lúdica, así como infundir la educación de la espontaneidad en la enseñanza y otras actividades.

Aunque la espontaneidad no siempre transita de un rol a otro, en general permite mayor capacidad para la transferencia del aprendizaje. Así, un joven que descubre que es capaz de resolver los problemas que se le presentan se inclinará

a enfrentar nuevos desafíos; pero si aprende que sólo los libros ofrecen las soluciones correctas, tenderá a depender de la "conserva cultural".

El caldeamiento puede adoptar muchas formas. Antes era costumbre organizar juegos en las fiestas para "romper el hielo" y facilitar la convivencia. El psicodrama y otros tipos de terapia grupal y de grupos de desarrollo personal disponen de técnicas de caldeamiento específicas, procedentes algunas de ellas del teatro, la dramaterapia, la educación y la recreación (Blatner, 1996, pp. 62-63).

Resumen

La espontaneidad es, antes que nada, una actitud mental, la disposición a pensar con originalidad. Es la cualidad "ideal" a la que aludió Pirsig (1974) en su ya clásico libro *Zen and the Art of Motorcycle Maintenance*. El propósito último es promover esa disposición en la mayoría de las actividades humanas. En sus inicios, la terapia artística insistía en el análisis de pinturas o dibujos. Tal vez por influencia de Moreno, más tarde subrayó la liberación de la espontaneidad para permitir una expresión más plena. Las demás terapias mediante artes creativas se sumarían después a esa tendencia, como es de esperar que ocurra con la educación y la recreación (Blatner y Blatner, 1997).

En pocas palabras, nos encontramos frente a un cambio del contenido al proceso; de la necesidad de perfeccionar lo que habrá de convertirse en la nueva "conserva" a la disposición a gozar el acto mismo de la creación y a modificar sistemáticamente lo que hayamos creado. Esto es aplicable asimismo a los fundamentos teóricos del psicodrama. No debemos idealizar los textos de Moreno ni las enseñanzas de Zerka Toeman. El verdadero objetivo del concepto de espontaneidad es potenciarlo a usted no sólo para que "aprenda" el psicodrama, sino también para que permita que ese concepto, y todos los demás relacionados con el psicodrama, lo inciten a crear, a producir variantes, descubrir nuevas facetas y tender puentes hacia otros campos de actividad.

Referencias

Aulicino, John, "A Critique of Moreno's Spontaneity Theory", *Group Psychotherapy*, vol. 7, núm. 2, 1954, pp. 148-158.

Blatner, Adam, *Acting-in: Practical Applications of Psychodramatic Methods*, 3a. ed., Springer, Nueva York, 1996.

— y Alle Blatner, *The Art of Play: Helping Adults Reclaim Imagination and Spontaneity*, Brunner/Mazel-Taylor and Francis, 1997.

Carter, Phil, "Towards a Definition of Spontaneity", *Australian and New Zealand Psychodrama Association Journal*, núm. 3, 1994, pp. 39-40.

Csikszentmihalyi, Mihaly, *Flow: The Psychology of Optimal Experience*, Harper and Row, Nueva York, 1990.

Kipper, David A., "Spontaneity and the Warming-up Process in a New Light", *Group Psychotherapy,* núm. 20, 1967, pp. 62-73.

Meyer, Adolf, "Spontaneity", *Sociometry,* vol. 4, núm. 2, 1941, pp. 150-167.

Moreno, J. L., "The Philosophy of the Moment and the Spontaneity Theater", Sociometry, vol. 4, núm. 2, 1941, pp. 205-226.

—, *Who shall Survive?,* Beacon House, Beacon, 1953.

—, *The Sociometry Reader,* The Free Press, Glencoe, 1960.

—, *The Theatre of Spontaneity,* 3a. ed., Beacon House, Ambler, 1983.

— y Florence B. Moreno, "The Spontaneity Theory of Child Development", *Sociometry,* vol. 7, núm. 2, 1944, pp. 89-128.

Neville, Bernie, "The Search for Spontaneity", en *Educating Psyche: Emotion, Imagination, and the Unconscious in Learning,* Collins Dove, North Blackburn, Australia, 1989, cap. 7, pp. 193-227.

Pirsig, Robert M., *Zen and the Art of Motorcycle Maintenance: An Inquiry into Values,* Bantam, Nueva York, 1974.

Yablonsky, Lewis, *Robopaths,* Bobbs-Merrill, Indianápolis, 1972.

Juego, imaginación, realidad suplementaria

El psicodrama utiliza y cultiva la imaginación, la representación simbólica y la capacidad para ir y venir de los reinos de la imaginación A la realidad ordinaria. El drama es en sí mismo una sublimación cultural de los juegos de simulación de la infancia, los que a su vez forman parte natural del desarrollo normal (Brown y Gottfried, 1985). Podríamos decir que el juego es una cualidad humana esencial. Ashley Montagu, famoso antropólogo y observador de la sociedad contemporánea, señaló que los adultos manifiestan en forma innata ciertas cualidades de la juventud, y que una interpretación de este hecho es que tales cualidades poseen ventajas evolutivas. Escribió: "Debemos comprender y aceptar las implicaciones de ello: que la importancia de las experiencias sociodramáticas en la vida del niño se prolonga en la vida del adulto". [Montagu, 1981, p. 163].

Muchas personas temen hacer uso de su imaginación, fantasía y deseo de jugar, pues piensan que estas dimensiones son exclusivas de los niños o que su único propósito es el entretenimiento. Las resistencias culturales al juego imaginativo, tema del que me he ocupado extensamente en otro libro (Blatner y Blatner, 1997), son similares a las resistencias al psicodrama. Para combatirlas, dos notables autores propugnaron en libros recientes el cultivo de la actitud lúdica como elemento esencial de una vida sana (Terr, 1999; Ackerman, 1999). Desde hace mucho tiempo hemos comprobado la capacidad curativa de la terapia de juego, la que, sin embargo, cuenta hasta ahora con escasas aplicaciones en adultos. En cierto sentido, el psicodrama es una versión muy refinada de este tipo de terapia.

Psicodinámica del juego

El juego implica la interacción de dos niveles de conciencia: la del jugador y la del monitor del jugador. Es este último rol el que convierte en juego la actividad, porque ejerce un proceso de distanciamiento mental, evaluación del progreso del juego y modificación de éste para hacerlo más eficaz o proponer otra

meta. Por ejemplo, cuando los niños juegan, una parte de ellos se detiene y dice: "jaque al rey", "tiempo fuera", "espérame, voy al baño", "vas muy rápido" o "no, yo voy a ser la mamá y tú el bebé".

En otras palabras, las personas pasan naturalmente del rol de actor al de director/autor, aunque por lo general no lo hacen en forma consciente. El psicodrama hace más explícito ese tránsito y emplea más específicamente al monitor, el "metarrol" (concepto que detallaré en el capítulo 15, acerca de la teoría aplicada de los roles). Esto supone una especial manera de pensar, que los psicólogos cognitivos llaman *metacognición*, consistente en que los individuos piensen sobre su manera de pensar, reconsideren sus supuestos y analicen los procesos implicados: reflexión, sensación, intuición, imaginación, verificación de percepciones, entre otros. El psicodrama pretende establecer en los adultos la habilidad de la metacognición como una dimensión adicional de la flexibilidad mental.

En el contexto del psicoanálisis, Donald W. Winnicott (1971) describió el juego como el "espacio de transición" creado por los niños para resolver la separación de la madre, e indicó que la necesidad de jugar es una elaboración mental social con fines terapéuticos. El juego también entraña fantasía y reconocer la capacidad de penetración de esta actividad dramática interna confirma el hecho de que se trata de una dimensión que merece un profundo examen (Pearson, 1995). La técnica de la imaginación activa de Jung y el diálogo interior que aplican otros especialistas aprovechan la fuerza de esta capacidad natural (Watkins, 1986).

En el caso del análisis y otros tipos de terapia, parte de la función curativa supone reflexionar, desde luego, en lo producido espontáneamente en los sueños, la fantasía y la libre asociación. La técnica del espejo del psicodrama es un ejercicio aún más explícito de esa operación reflexiva, pues en ella el protagonista adopta el rol de la audiencia o codirector para observar a un auxiliar en el desempeño del rol de protagonista (Reekie, 1992). Esto equivale a la proyección de una videocinta: "las cosas tienen esta apariencia a la distancia o desde fuera". La adopción de este punto de vista permite al protagonista considerar otras respuestas o explorar con mayor profundidad los supuestos que parecen operar en una reacción dada. A partir de estas reflexiones sobre la acción es posible repetir la escena con una nueva actitud.

Otra característica de la percepción bimodal del juego es que, en cierto sentido, el monitoreo o metarrol coloca al rol del jugador en un contexto tentativo. Esto significa que el juego "no cuenta" como contaría lo ocurrido en el mundo ordinario, ajeno al juego. (El laboratorio es en este caso la versión sublimada del juego de exploración.) Este contexto especial en el que "los errores no importan" es inherente a las relaciones humanas, e incluso ha sido claramente identificado en los juegos mediante los que muchos animales practican la caza, la pesca o la huida sin las drásticas consecuencias de la realidad. Los seres humanos también necesitamos oportunidades para adquirir habilidades. Los ensayos, los ejercicios de práctica de los astronautas, los ejercicios bélicos: todas éstas son modalidades

del juego. El psicodrama subraya la adquisición de habilidades sociales, como la asertividad o su contrario: la moderación de la agresión impulsiva. El establecimiento de un contexto lúdico ofrece "margen de maniobra", y por lo tanto apoyo emocional.

Emotividad

¿Por qué los seres humanos (y los animales superiores) poseemos emociones? Tomkins (1991) propuso que la función de la emoción es amplificar y organizar la atención para que el organismo pueda reaccionar en forma adaptativa. Identificó nueve afectos básicos que operan en el nivel del instinto (Nathanson, 1992, pp. 74-76). Aunque la psicología ha concedido gran atención a la naturaleza de los afectos negativos –temor, aflicción, vergüenza, cólera y repugnancia–, también debemos considerar los positivos, como la alegría, el interés y la emotividad. Una de las funciones del juego dramático –y del psicodrama– es dar realce a la emotividad y ubicarla en su contexto social para dotarla de significado, lo que en sí mismo es un interesante y hasta emocionante desafío.

Esas emociones positivas –especialmente el interés y la emotividad– también alientan la creatividad y la espontaneidad. A su vez, podemos usar el psicodrama no sólo con fines de resolución de problemas, sino también como vehículo para esta natural fuente de vitalidad. La imaginación, la travesura y el drama improvisado invitan a la utilización de las demás dimensiones de la expresión estética: el canto, la danza, la poesía, la música.

Es preciso conceder mayor atención y reconocimiento a la diversión, el interés y la emotividad como elementos motivadores en la vida. Esto tiene que ver con la actitud y el secreto, para hacer del trabajo un reto divertido. El psicodrama cultiva esta capacidad al recalcar elementos como la maximización, la amplificación, la representación concreta, la acción física y la imaginación. La vitalidad puede aumentar con el despliegue de roles, pues permite trascender al personaje o, mejor aún, crear un personaje más flexible y multifacético.

Realidad suplementaria

El concepto de realidad suplementaria prolonga y privilegia la capacidad para la imaginación y el juego. Es en cierto sentido un concepto metafísico, pues propone lo subjetivo como una de las categorías de la realidad. Esto da fundamento a la idea de representar fantasías, deseos e ilusiones. En su afán de generar métodos específicos y no limitarse a escribir sobre ideas abstractas, Moreno planteó la realidad suplementaria como un tipo de fenomenología aplicada. (En un capítulo anterior, dedicado a la filosofía, expliqué los supuestos de la realidad suplementaria.)

Sin embargo, las mejores definiciones son los ejemplos. He aquí algunas de las escenas de realidad suplementaria más comunes:

- Despedirse de un ser querido junto a su cama de hospital, cuando en la realidad ordinaria habría sido imposible que ese encuentro sucediera.
- Replantear una relación con una persona importante que, mágicamente, ha cambiado y abierto su conciencia.
- Ser perdonado o perdonar a alguien cuando eso no podría ocurrir "realmente".
- Disculparse y recibir el perdón de un hijo que fue objeto de aborto.
- Un encuentro con un bebé por nacer, o que incluso no ha sido concebido aún, para imaginar juntos un maravilloso futuro.
- Un encuentro con un santo, Jesús, una diosa, Buda u otro ente espiritual.
- Una escena reparadora en la que uno recibe apoyo, protección o buen trato cuando en el pasado ocurrió lo contrario.
- Una escena en la que uno puede omitir o corregir un acto del que se siente culpable.
- Imaginar que uno está en el cielo después de haber muerto, o en cualquier otro escenario posterior a la muerte, para encontrar a seres queridos, hacer una revisión de la propia vida o ser ensalzado o juzgado.
- Desempeñar un rol de poder, ser reconocido o lograr algo muy superior a lo que en realidad uno podría realizar.
- Experimentar la capacidad de volar, liberarse de una carga o rebasar de alguna otra manera las ordinarias limitaciones humanas.
- Formar un círculo con el grupo, tomarse todos de las manos, cantar, hacer una invocación y generar la ilusión de concordia y unidad.

En el reino mental, en la fantasía consciente o subconsciente, alientan sucesos que nunca ocurrieron y que tal vez nunca ocurrirán. Desde el punto de vista fenomenológico, esos hechos son un tipo de "verdad". En efecto, la fantasía y otros procesos subjetivos –esperanzas, temores, remordimientos, anhelos, sueños y, en el caso de quienes sufren una enfermedad mental, incluso alucinaciones y delirios– son a menudo realidades más significativas que las percepciones objetivas o los pensamientos meramente lógicos. Fue por esta razón que Moreno llamó al psicodrama "el teatro de la verdad"; no porque lo dramatizado fuera una verdad objetiva –¡suele ser precisamente lo contrario!–, sino porque representa la verdad *psicológica,* y eso es lo que debe ser trabajado en la terapia. Moreno señaló que el drama interior, escenificado en la realidad suplementaria, tiene prioridad sobre la realidad objetiva.

Implicaciones

La realidad suplementaria varía en cuanto a sus límites. En su sentido más amplio, toda dramatización o simulación participa de esta dimensión. No obstante, un significado más específico se refiere a las escenas que no son representación de un hecho ocurrido en la realidad ordinaria, como una discusión familiar o un acontecimiento esperado. Estas escenificaciones resienten cierto grado de distorsión por efecto de la memoria y el proceso dramático, pero en la mayoría de los casos son simples representaciones. En la realidad suplementaria, en cambio, las fronteras se amplían. Mediante la técnica de proyección futura, por ejemplo, el protagonista no sólo imagina un logro razonablemente probable, sino, más aún, desarrolla la culminación de un largo esfuerzo imaginando que una persona ideal de gran significación para él, un héroe internacional quizá, le dirige un mensaje o lo distingue con un premio especial. En la representación de una escena vergonzosa ocurrida en el pasado, asimismo, podría hacer acto de presencia un personaje adicional, tal vez un maestro u orientador idealizado, para rectificar la experiencia o incluso redefinir en forma constructiva el significado del suceso.

La dramatización de una escena de realidad suplementaria suele demandar cierto grado de maximización. ¿Qué podría ser aún más delicioso? ¿Qué habría causado una sensación todavía más agradable? Desde esta perspectiva afloran los deseos más profundos.

Otra implicación de este concepto es que, comprendiendo el valor terapéutico de esta dimensión, los directores deben cultivar hasta cierto punto su carisma, actuar resuelta y confiadamente como magos, para inducir al grupo y al protagonista a participar en la fantasía.

La magia y la fantasía implican usualmente símbolos, imágenes u objetos. Lo que diferencia a un símbolo de un signo es que posee un poder de evocación emocional y puede ser interpretado de muchas maneras. La explicación prematura de tales imágenes debe ser evitada. Dada la oportunidad, esos elementos son cauces de inspiración desde el subconsciente creativo. En otras palabras, es correcto permitir asociaciones, mas no interpretaciones reduccionistas. Los símbolos deben preservar cierto misterio y espontaneidad, una especie de vida propia.

Un corolario del reconocimiento del poder de las imágenes y los símbolos es la disposición a promover la integración de poesía, literatura, música y otras dimensiones artísticas como expresiones complementarias de los sentimientos y asociaciones implicados. Por ejemplo, la muerte del padre o la madre o, más aún, de un hijo constituye una situación en la que lo que procede es una conciliación imposible de realizar en términos de la razón ordinaria. Así, basta generar un ambiente propicio y dar curso a la realidad suplementaria y las artes para sublimar esas profundas penas (o alegrías) como experiencias compartidas, no aisladas, y como parte de la condición humana.

Una variante de esta idea es advertir que las interacciones dramáticas contienen cierta universalidad. Una interacción particular entre, por ejemplo, un padre y un hijo podría recordar al grupo otras relaciones padre-hijo y generalizarse en las relaciones padres-hijos e incluso Dios-humanidad. Esta resonancia existencial puede aumentar o disminuir, dependiendo de las necesidades del protagonista o del grupo, pero lo cierto es que hay ocasiones en las que hacer notar la dimensión mítica contribuye a la eficacia de la dramatización.

La participación, la intervención de los demás, la creación de un ritual a partir de ello, su vinculación con la historia del protagonista y del grupo: todos estos elementos intensifican la resonancia de una experiencia. A veces el asunto consiste sencillamente en resolver un problema; otras, en abordar un misterio, algo en lo que cuanto más nos adentramos, más cosas descubrimos, hasta el punto de no poder comprenderlas del todo.

Una *idée fixe* de Moreno

Otro aspecto de la realidad suplementaria es la idea de que en el juego y el drama podemos crear experiencias que complementen o remedien las severas realidades del mundo ordinario. Este asunto fue para Moreno motivo de permanente inspiración, una obsesión constructiva; lo que los franceses llaman *idée fixe*.

> Se convirtió para mí en fuente de constante productividad, pues afirmaba la existencia de una especie de naturaleza primordial inmortal que retorna en cada generación; un universo primario que contiene a la totalidad de los seres y en el que todos los acontecimientos son sagrados. Tanto me sedujo ese reino encantado que me propuse no abandonarlo jamás.

Recurrió así al poder de la imaginación para asentar la posibilidad, de cara incluso a la dialéctica entre lo que Freud llamó el *principio de realidad* y el *principio del placer*, de una síntesis creativa: la realidad suplementaria (Blatner, 1996). Quizá no podamos conseguir "realmente" lo que deseamos; pero por medio del juego dramático podemos cumplir esos deseos, si no por completo, sí en un grado sorprendentemente satisfactorio.

De este modo, la realidad suplementaria abre un espacio entre los puntos extremos de la subjetividad y la objetividad. Esta realidad efectiva consta de una infinita variedad de componentes dinámicos, como lo sugirió William James en su libro *A Pluralistic Universe.* Pruyser (1983) hizo una propuesta similar, a la que llamó *mundo ilusorio*. (Desde el punto de vista semántico, esta expresión recoge cabalmente la idea de la realidad suplementaria. Pero dada la subestimación de la "ilusión", Moreno optó por otro término para insistir en que la experiencia implícita es un tipo de realidad, así como por el adjetivo "suplementaria" para indicar la seriedad en el tratamiento de ciertos tipos de ilusión.)

Reencantamiento

Otra aplicación del concepto de realidad suplementaria favorece la idea del psicodramatista como un mago que dota a la vida de un grado de compostura, celebración o encanto. Podemos usar la imaginación para extremar la belleza y el significado de la vida, de la misma manera en que decoramos nuestra casa o nos adornamos con ropajes, joyas, tatuajes, peinados, etc. Abundan los textos sobre personajes mitológicos, héroes, diosas, espíritus, dragones y duendes, dimensión de la vida que también podemos cultivar de muchas otras formas.

Muchos de nosotros ya lo hacemos; por ejemplo, tenemos en casa un cuadro o una escultura de nuestro personaje mitológico preferido. Lo que propongo es dar a esos elementos mayor expresividad e introducirlos en los dramas o contar historias sobre ellos, con objeto de extender nuestra mitología personal y enriquecer nuestra existencia con un nutrido conjunto de asociaciones. Thomas Moore (1996), autor de libros de gran éxito de ventas, ha alentado este tipo de actividades, lo mismo que el ya desaparecido psicólogo existencialista Rollo May (1991).

Vida en abundancia

El psicodrama puede ser aplicado no sólo en psicoterapia, sino también como una forma de recreación, en el más vasto sentido de la palabra: recreación. En este caso, el propósito es crear escenas de realidad suplementaria de experiencias que impliquen emociones muy intensas. La mayoría de nosotros sufrimos la restricción –el silenciamiento de las emociones– que impone el intercambio social ordinario. Sobre todo en relación con la ira, y hasta cierto punto con el temor y la vergüenza, cierto grado de contención es usualmente una influencia civilizadora. Pero también tendemos a moderar la emotividad, la atracción, el júbilo y la espontaneidad, a menudo hasta el extremo de opacarlos.

No obstante, los seres humanos buscamos asimismo el despliegue de roles en la dimensión de la intensidad, pues anhelamos sensaciones extraordinarias de casi todo tipo. El deseo de una vida más plena debe ser reconocido como una motivación específica, una variante de la expresión de sí mismo (vea el capítulo 10). El psicodrama es un vehículo natural para la dramatización, la maximización, la amplificación y la agudización de nuestros sueños, pasiones y afanes. Hay curación en el hecho de que un grupo convalide la experiencia de profunda frustración, victimación, lucha o triunfo de uno de sus miembros; la excelencia de su talento, la emotividad de su expresión, sus buenos y malos momentos, sus aciertos y desaciertos (es decir, la interioridad y complejidad, el afectado estilo de una persona desmesurada) y otras dualidades de la existencia.

Mi esposa y yo diseñamos expresamente el método del arte de la representación para satisfacer esa necesidad (vea el capítulo 20). Ayudamos, por ejemplo,

a una mujer tímida que deseaba actuar el rol de cantante famosa a dejar fluir su vitalidad en el canto mediante el hecho de colocarla de espaldas al grupo (Blatner y Blatner, 1997, pp. 46-48).

Un protagonista que se siente obligado a sofocar los sentimientos que experimenta en el trabajo podría perder su energía vital. Drews (1960) reportó el caso de un hombre que sufría parálisis de índole histérica en una mano, lo cual amenazaba con costarle el empleo. Una sesión catártica en la que insultó a su jefe fue su curación. (Esto ocurrió en un contexto terapéutico bipersonal en el que el terapeuta aplicó sencillamente una variante de la silla vacía. A manera de caldeamiento, el paciente –quien solía ser de suaves maneras– adoptó primero el rol de su abusivo jefe, para después responder vigorosamente: con su acalambrada mano golpeó con tal fuerza la mesa de vidrio del médico que la rompió, sin advertir que su mano había recuperado su soltura y flexibilidad y volvía a vivir.)

Si admitimos la existencia de una sana expresión de la ira, debemos generar oportunidades para encauzarla. Actuar así en la vida real podría resultar contraproducente, pero en el ámbito de la realidad suplementaria el individuo puede experimentar plenamente su indignación o la furia de sentirse traicionado.

Por ejemplo, Zerka Moreno (1993) se ha referido a la "cólera ética". ¿Cómo expresar esta clase de ira? Un axiodrama con Dios o una confrontación con el perpetrador de un acto terrorista o de "limpieza étnica" son dramatizaciones que pueden brindar una catarsis a las contenidas ambivalencias y frustraciones generadas por noticias de acontecimientos mundiales.

Esto rebasa los márgenes de la terapia, la cual supone detectar y corregir errores en las cogniciones propias. Se refiere más bien al profundo anhelo de sentir, crecer y abrirse a la abundancia de la vida, que se contrapone a toda una visión constreñida y aprendida del mundo. El psicodrama propone que el ansia de plenitud es un acto de gran madurez.

Resumen

El concepto de realidad suplementaria sienta bases filosóficas, pues plantea la noción de que el drama es algo más que mero entretenimiento. Al aplicar la imaginación a nuestro mundo, acrecentamos nuestra experiencia de éste. Puesto que la realidad mental es una más de las categorías de lo real, al imaginar alteramos la realidad en el marco de la cual interpretamos nuestra experiencia sensorial. Así, éste es un llamado a ir más allá de la vida mundana y prosaica que fuerza a la sensibilidad moderna a interpretar únicamente lo percibido por medio de los sentidos, y a atrevernos a crear –poética, artísticamente– nuevas imágenes e ideas y a concederles la verdad de su potencial psicológico.

Referencias

Ackerman, Diane, *Deep play,* Random House, Nueva York, 1999.

Ansbacher, Heinz L. y Rowena R. Ansbacher, *The Individual Psychology of Alfred Adler,* Basic Books, Nueva York, 1956.

Blatner, Adam, "Moreno's idée fixe", *Journal of Group Psychotherapy, Psychodrama and Sociometry,* vol. 48, núm. 4, 1996, pp. 155-158.

—, "The Implications of Postmodernism for Psychotherapy", *Individual Psychology,* vol. 53, núm. 4, 1997, pp. 476-482.

— y Alle Blatner, *The Art of Play: Helping Adults Reclaim Imagination and Spontaneity,* Brunner/Mazel-Taylor and Francis, 1997. (Nota del autor: este libro contiene abundantes referencias adicionales sobre el tema.)

Blomkvist, Leif-Dag y Thomas Rützel, "Surplus Reality and Beyond", en P. Holmes, M. Karp y M. Watson (eds.), *Psychodrama since Moreno,* Routledge, Londres, 1994.

Brown, Catherine C. y Allen W. Gottfried, *Play Interactions: The Role of Toys and Parental Involvement in Children's Development,* Johnson and Johnson Baby Products Company, Pediatric Round Table Series, Skillman, 1985.

Drews, Robert, "Psychodrama in Private Practice", en B. Stovkis (ed.), *Topical Problems of Psychotherapy,* S. Karger, Nueva York y Basilea, 1960.

Fox, Matthew, *Creation Spirituality,* Harper San Francisco, San Francisco, 1991.

Huizinga, Johan, *Homo Ludens,* Alianza Editorial, Madrid, 1972.

Jennings, Sue, *Introduction to Developmental Playtherapy: Playing and Health,* Jessica Kingsley-Taylor and Francis, Londres y Filadelfia, 1999.

May, Rollo, *The Cry for Myth,* W. W. Norton, Nueva York, 1991.

Montagu, Ashley, *Growing Young,* McGraw-Hill, Nueva York, 1981.

Moore, Thomas, *The Re-enchantment of Everyday life,* Harper and Row, Nueva York, 1996.

Moreno, J. L., *The Theatre of Spontaneity,* Beacon House, Beacon, 1947.

Moreno, Zerka T., "Ethical Anger", *British Psichodrama Association Journal,* vol. 8, núm. 1, 1993, pp. 19-24.

Nathanson, Donald, *Shame and Pride: Affect, Sex, and the Birth of the Self,* Norton, Nueva York, 1992.

Pearson, Ethel S., *By Force of Fantasy*, Basic Books, Nueva York, 1995.

Pruyser, Paul W., *The Play of the Imagination: Towards a psychoanalysis of culture,* International Universities Press, Nueva York, 1983.

Reekie, Don, *Watch Yourself: Becoming Effective in Personal Relationships through Psychodrama,* tesis presentada ante el Australian and New Zealand Psychodrama Association Board of Examiners, 1992.

Terr, Lenore, *Beyond Love and Work: Why Adults Need to Play,* Scribner, Nueva York, 1999.

Tomkins, Silvan, *Affect/imagery/Consciousness,* vol. 3, Springer, Nueva York, 1991.

Watkins, Mary, *Invisible Guests: The Development Dialogue,* Erlbaum/The Analytic Press, Hillsdale, 1986.

Winnicott, Donald W., *Realidad y juego,* Garnica, Buenos Aires, 1972.

Moreno invitando a la gente a pasar al escenario, 1969.

CAPÍTULO 10

Expresión y acción

La expresión de sí mismo es tan importante como el *insight* o la resolución de problemas, y el psicodrama se basa en la apreciación de esa necesidad. Hablar es mejor que no hablar; pero la acción, el movimiento y otras modalidades dan aún mayor plenitud a la experiencia. Aunque el psicodrama fue una de las primeras terapias de artes creativas, su lógica halla sustento en los textos de esas áreas afines, particularmente en relación con los beneficios de la expresión de uno mismo.

La razón del valor de la expresión es que aclara y confirma la validez de sentimientos e ideas. De no ser expresados, éstos permanecen sujetos a innumerables ilusiones, excusas, prevenciones, dudas y otras maniobras que desvanecen el nivel de la conciencia. Sólo mediante su presentación a los demás, esas cogniciones llegan a la conciencia explícita, pasan del fondo al centro del escenario para quedar bajo los "reflectores" de la conciencia (Baars, 1997). Los intentos por "asimilar uno mismo las cosas" suelen ser ineficaces, dada la tendencia de la mente a autoengañarse. En cambio, compartir ideas con los demás permite la autoevaluación, pese a la exposición a posibles críticas. El proceso de *esclarecimiento* implicado en la psicoterapia, la resolución de problemas y la orientación tiene como componente indispensable la expresión.

La segunda función de la expresión es confirmar la validez de dotar de mayor realidad a las ideas y sentimientos personales mediante el hecho de que los demás los escuchen. La mente tiende a negar la realidad de diversas percepciones o sentimientos, a convertirlos en ensoñaciones. Algunas personas son más vulnerables a esa maniobra, especialmente en su relación con individuos importantes para ellas que imponen su propia versión de la realidad. Esto puede hacerlas dudar de sus preferencias, sentimientos e ideas, y sacudir por lo tanto su sentido de sí mismas. Expresar las percepciones y reacciones propias para que los demás las escuchen y confirmen su validez es por sí solo un poderoso factor terapéutico que dota de realidad a ideas y sentimientos y contribuye a que el individuo se sienta merecedor de seria consideración.

La expresión verbal es positiva; pero su complementación en el psicodrama con la acción, la interacción y la riqueza de la comunicación no verbal confiere aún mayor contundencia a la confirmación y apoyo que el contexto grupal es capaz de brindar. La experiencia, así, cobra vividez y multidimensionalidad (Blatner, 1999).

Actuación, representación e *insight* dramático

La práctica de acompañar la expresión verbal de uno mismo con la acción fue inhibida debido a la confusión de de esta última con la "actuación" inmoderada o irreflexiva (Rexford, 1978). Era lógico que los psicoterapeutas temieran a la acción como al mismo fuego si no sabían cómo contenerla. El psicodrama es un vehículo diseñado para emplear la energía de la acción de tal manera que lo que ocurra no sea antiterapéutico, sino que obre en beneficio del *insight,* no de la actuación sino de la representación (Blatner, 1973, p. 2; Battegay, 1990). Cuando es intencionalmente producida en un contexto de escenificación y reevaluación, la acción permite a los miembros de un grupo experimentar y percibir los profundos significados de una conducta, y obtener de ello un "*insight* dramático". Tan es así que, como lo señaló Sacks (1981), el drama terapéutico es especialmente útil para pacientes cuyo principal problema es la tendencia a la "actuación".

Otro valor de la representación es su gran utilidad para personas cuya capacidad para la verbalización está limitada por su temperamento, educación o cultura, factores presentes en muchos individuos.

Además de ser portadora de energía emocional, la expresividad física también ofrece abundantes indicios sobre la cualidad de las actitudes subyacentes. El movimiento, la gesticulación y el contacto no sólo comunican más vívidamente a los demás la totalidad de la experiencia, sino que también descubren para el *self* o sí mismo la intensidad de los sentimientos implicados. Así, el individuo depone sus ya mencionadas defensas y se sorprende: "¡No sabía que este asunto despertara en mí sentimientos tan profundos!"

Asimismo, y en referencia a la ya citada función de confirmación, el hecho de que los protagonistas, además de expresar lo que quieren decir, se oigan decirlo –así sea a una silla vacía "ocupada" por una persona imaginaria– les brinda una experiencia más elocuente de sí mismos. "¡Ya está! ¡Lo dije!" da un toque de realidad a un pensamiento o idea, superior al resultante de su solo alojamiento en la mente. La adición de acciones como gestos, movimientos, golpes sobre una mesa, señalamiento con los dedos, acercamientos frente a frente o miradas directas a los ojos de la otra persona da aún mayor contundencia a esa afirmación.

La inmovilidad física es una actitud de defensa, a la manera de algunas maniobras mentales. Es como si la mente-cuerpo se dijera: "Si no me muevo, no sentiré nada", lo cual es relativamente cierto. De este modo, las personas adoptan

una posición literalmente "rígida" y contraen varios conjuntos de músculos para abstraerse. A fin de movilizarlas dramáticamente, el psicodrama utiliza, además de técnicas propias, dinámicas de otras terapias "corporales", como el análisis bioenergético.

Pese a los esfuerzos por acallar sus sentimientos mediante defensas de "acorazamiento físico", es inevitable que los individuos expresen sus ideas y sentimientos mediante su postura, movimientos, gestos y otros modos de comunicación no verbal. El psicodrama amplifica esta dimensión, al punto de inducir en ocasiones a los protagonistas a exagerar su conducta para que puedan apreciar su pleno significado.

Aparte de estar dirigida a los demás en el campo interpersonal, la comunicación no verbal también tiene como destinatario a uno mismo. El tono de la voz, la postura, la expresión facial, entre otros, son asimismo señales internas que *refuerzan actitudes internas.* Por ejemplo, el hecho de que una persona deprimida encoja los hombros simboliza temor interno mezclado con necesidad de protección. Los psicodramatistas deben estar familiarizados con estos tipos y variantes de la comunicación no verbal a fin de que les sea posible diagnosticar e intervenir más eficazmente en el trabajo con esta rica dimensión de la experiencia.

Sublimación

Sublimar significa cultivar las expresiones superiores o elevadas de la vida. Como la actuación, la sublimación ha sido considerada una defensa, una manera de evitar el *insight* mediante la canalización de pensamientos e impulsos hacia objetivos nobles y socialmente constructivos. Este juicio también fue producto de la confusión de dos modalidades: una al servicio de la elusión de la conciencia y la otra totalmente compatible con el aumento de la conciencia.

La "oración de la serenidad" señala dos categorías de hechos: los que pueden cambiar y los que no. Pide la fuerza de la aceptación para enfrentar estos últimos. Esta situación existencial no suele requerir de *insight,* sino de una maniobra emocional de otro tipo: la sublimación. Hay circunstancias en las que es imposible hablar, a causa de una honda aflicción, angustia u ofuscación. En esas condiciones, los sentimientos y las imágenes asociadas con ellos pueden ser expresados por medio del arte, el canto, la música (así sea un simple tamborileo), la danza, el movimiento, la poesía, la escultura y la narración de historias o representación de dramas relacionados con mitos. Al descubrir que forman parte de la condición humana, esos sentimientos se suavizan. No es posible hacer nada, ni hay por qué hacerlo, pero uno se apacigua tras abrirse al amor y a la presencia empática.

Otro aspecto de la expresión de uno mismo como sublimación es la transformación de las simples y egocéntricas pasiones de la adquisición y el consumo en una energía socialmente aceptable y verdaderamente disfrutable para ser útil,

ayudar y ser eficaz (Blatner y Blatner, 1997, pp. 2-4). La tensión dialéctica entre el principio del placer y el principio de realidad halla una salida de sublimación en actividades incluyentes. Éstas pueden ser dramatizadas como celebraciones que susciten expresiones de alegría, gratitud y cohesión grupal.

"Hambre de actos"

Además de señalar que la acción podía ser un vehículo para promover el *insight,* Moreno advirtió la gran necesidad de un modo más pleno de expresión, un "hambre de actos". Las palabras son insuficientes. Junto con el hecho de oírse decir sus ideas y sentimientos y de comprobar que los demás realmente la escuchan, una persona puede obtener el beneficio adicional de experimentar esos sentimientos en su cuerpo. A falta de ello, y en términos psicodramáticos, el mecanismo de defensa del aislamiento de los sentimientos puede inhibir la expresión emocional genuina. El concepto de "hambre de actos" simplemente amplía esta idea al ofrecer un proceso más holístico de expresión de uno mismo.

Los niños proceden de esa manera, pues representan sus sentimientos en juegos de simulación. Excesivamente verbalizada, nuestra cultura pretende hacernos creer que los adultos ya hemos superado la necesidad de *sentir* físicamente la expresión de nosotros mismos por medio del movimiento, la comunicación no verbal y el contacto verbal directo, por así decirlo, con el objeto de esos sentimientos. Pero lo cierto es que entre la acción y la verbalización existe una relación de sinergia.

No obstante, el concepto de "hambre de actos" llega aún más lejos: la acción física puede cumplir muchas metas que el simple hecho de pensar en un sentimiento o idea, e incluso de referirlo oralmente, es incapaz de alcanzar. El "hambre de actos" implica el reconocimiento de que en la psique humana radica una absoluta necesidad de sentir en el propio cuerpo la totalidad de un acto.

Consumación de actos

Hacer algo, no sólo decirlo, procura una gratificación muy profunda. Los niños lo demuestran en la naturaleza física de sus juegos, mientras que los artistas convierten necesariamente sus imágenes e intuiciones en formas que los demás puedan apreciar. Hasta que esto suceda, privará la tensión, el "hambre de actos". Los terapeutas gestálticos emplean un concepto similar, relacionado con el logro del "cierre" en la psicología gestalt: la necesidad de establecer contacto para consumar un "asunto incompleto".

Moreno tuvo aún otra idea a este respecto: en lugar de reprimir o distraer el "hambre de actos" de personas con enfermedades mentales graves, ¿no sería preferible facilitar activamente la representación de sus delirios y alucinaciones? Esos

procedimientos de facilitación serían ligeramente modificados, desde luego, para evitar que un individuo se dañara o perjudicara a otros, pero, aparte de ello, la idea era dar salida a cualesquiera inclinaciones conductuales, expresiones cuya observación y tratamiento quizá permitirían obtener novedosa información. Moreno estaba aparentemente convencido de que este método era útil para promover la curación.

Expansión del sentido del *self*

Otro valor de la expresión de uno mismo frente a los demás es la sutil expansión del sentido de sí mismo. Es común que, en cierto nivel, los individuos se sientan solos, insignificantes, débiles y vulnerables. Estos sentimientos son contrarrestados por el proceso de identificación con los demás, convirtiéndose simbólicamente en ellos hasta cierto grado. Ésta es una dinámica normal que el analista Heinz Kohut llamó función del objeto de sí mismo o *self object*. La gente pasa de la sensación de aislamiento del "yo" a un más vigoroso "nosotros", lo que constituye uno de los motivos más profundos para el desarrollo y preservación de relaciones con los demás.

La posibilidad de expresarse y de sentirse vistos, escuchados y comprendidos genera en los individuos una sensación de grandeza, pues se sienten parte de su audiencia, sea ésta una sola persona o un grupo. Hemos de reconocer que nuestra cultura devalúa la expresividad y promueve la inhibición y la restricción de muchas maneras.

A causa de ello, numerosas personas tienen significativas transferencias sobre su actuación como protagonistas. Parecerían temer que los demás miembros del grupo los juzguen negativamente por atreverse a ocupar el escenario y "atraer demasiada atención". Sacks (1997) relató transferencias muy comúnmente evocadas en el curso de la ejecución de psicodramas. El hecho es que muchos individuos se sienten vulnerables cuando son expresivos.

Caldeamiento físico

Como parte de la inhibición cultural e intrapsíquica, tendemos a crear patrones rígidos de tensión muscular para "congelar" el flujo de los sentimientos como correlato psicosomático de la represión. Wilhelm Reich, psicoanalista radical que escribió en la década de 1930, llamó a este proceso *coraza caracterial*. Reich fue uno de los pocos terapeutas que usaron la actividad física intensa para promover la catarsis. Su discípulo Alexander Lowen depuró sus ideas y desarrolló el método llamado *análisis bioenergético*.

La acción psicodramática estimula el flujo de energía física en el curso de la expresión de uno mismo, proceso que suscita más asociaciones y contribuye por

tanto a la espontaneidad. La activación de los músculos "rígidos" derriba las defensas somáticas y abre la mente-cuerpo al *insight* psicodramático.

Incluso la actividad física de la fase de caldeamiento, durante la cual el protagonista y el grupo abandonan sus asientos, caminan, mueven las sillas y participan quizá en una vigorosa experiencia sociométrica, motiva por sí sola sentimientos e imágenes sobre las preocupaciones del momento.

Modos de expresión de uno mismo

Además del caldeamiento dramático, ejercicios teatrales, entre otros diversos medios expresivos –como cantar, improvisar una melodía o ritmo simple, divertirse con juguetes infantiles, practicar actividades de caldeamiento de la terapia artística, poética, de movimiento, etc.– sugieren temas, intensifican la cohesión grupal y dan vitalidad a una situación. Estos medios son más indirectos, lo cual es útil para clientes que aún no están preparados para abrirse a los demás o para explorar asuntos delicados de su vida.

Escribir un diario de sueños o pintar también son medios de expresión personal. El producto de estas actividades podría ser compartido después en el ámbito grupal. Fragmentos de obras literarias, poéticas o teatrales; citas que inducen la reflexión, y divertidas historias contribuyen de igual forma a la riqueza de la expresividad, la totalidad de la cual no necesariamente debe tener por origen a uno mismo. Pronto serán reconocidos nuevos modos de expresión individual, como la creación de sitios web en internet.

Creación y narración de historias

Los seres humanos necesitamos contar historias. Para muchos de nosotros, sin embargo, la historia de nuestra vida no es un relato coherente, sino apenas una colección de fragmentos de recuerdos, sucesos y sentimientos. La imaginación dramática contribuye a tejer un tapiz de temas significativos. (Muchos de los abundantes libros sobre narración de historias y terapia están inscritos en la corriente constructivista mencionada en el capítulo 5, sobre los fundamentos filosóficos del psicodrama.)

En otro nivel, podríamos afirmar que la mayoría de las personas con problemas psicológicos han elaborado en forma subconsciente una historia derrotista o contraproducente de su vida. Las terapias constructivistas enfrentan el interesante reto de lograr que esas historias sean contadas de nuevo, a fin de diseñarlas conscientemente en función de resultados positivos. El psicodrama utiliza técnicas como la de la proyección futura para dar aún mayor vividez y eficacia a esa estrategia.

La narración de historias también desarrolla la cohesión grupal y sirve como caldeamiento para exploraciones más específicas. En un taller realizado en 1977, durante el cual tomé la decisión de cambiar de nombre, Zerka Moreno empleó la técnica de interrogarnos acerca de nuestro nombre: su origen, lo que pensábamos de él, las experiencias que nos había hecho vivir. Relatamos innumerables historias. Un ejercicio como éste permite desenredar los hilos; no siempre disponemos de antemano de la historia completa. El solo hecho de considerar temas como los siguientes insinúa el mito de la vida de los héroes:

- Un suceso vergonzoso que aún lastima al recordarlo.
- Un momento especial de triunfo.
- Cómo llegó uno al fondo y comenzó de nuevo.
- Qué impulsó la trayectoria espiritual personal.
- Alguien que nos ayudó, o que nos engañó e hirió.
- Un hecho especialmente agradable, tranquilo o exultante.
- Un acontecimiento extraordinariamente divertido.
- Una de las tragedias de nuestra vida.

Nada mejor para tejer la tela de estos temas que compartirlos, no sólo en un diario o periódico, sino también con un grupo. Necesitamos sentirnos vistos y escuchados. Sería absurdo suponer que podemos conseguirlo en cualquier parte; por muchas razones y de muchas maneras, nuestra cultura pretende desconocer esa natural necesidad humana (Locke, 1998). Nos abruman tantas actividades que no disponemos de tiempo para socializar, para contar historias y escuchar las de los demás. Los métodos psicodramáticos nos permiten revertir la tendencia cultural a dejar en manos de especialistas de los medios de comunicación masiva nuestra tan disfrutable capacidad narrativa. Necesitamos comprometernos más con un teatro que ha sido transformado en una misión curativa y socialmente significativa. Esto es, en parte, lo que Moreno sentía acerca de la catarsis de la audiencia en el teatro.

Un corolario de esto es el establecimiento de una norma grupal que subraye la participación e improvisación en el psicodrama por encima de un desempeño impecable. La gente teme tanto no ser "suficientemente buena" que olvida el propósito de la actividad. Nuestras historias no tienen por qué ser tan perfectas y atractivas como las de los expertos. El director debe propiciar un contexto en el que la calidez incluya la tolerancia al error. El acto creativo de narrar una historia es en sí más valioso que el producto o la obra terminada.

Debemos dar voz a nuestro interior para sentirnos auténticamente vivos y, por lo tanto, producir contextos en los que todos estemos dispuestos a escuchar y a compartir nuestras historias. Métodos psicodramáticos como el Playback Theatre (que explicaré en el capítulo 20) son ideales para este propósito.

Una expresión más plena del *self*

La función de la expresión de uno mismo no se restringe al *insight*, pues también permite descubrir una inmensa vitalidad. El descubrimiento de que uno puede ser más vigoroso, estridente, optimista, arrojado y activo de lo que creía produce una catarsis emotiva. Experimentamos tensión a causa no sólo de conflictos entre complejos mentales específicos, sino también de la generalizada represión de la vitalidad, la liberación de la cual es necesariamente catártica. La desenvoltura, la disposición a hacer el ridículo, la sensación de triunfo, la franca carcajada y la conducta emocional desmedida implican correr riesgos y tener la osadía de mostrarnos tal como somos.

El ansia por experimentar la plena expresión de uno mismo quizá sea uno de los factores presentes en el deseo de intoxicación y de "elevarse" o "entrar en onda". Las drogas y el alcohol producen la sensación, por ilusoria que ésta sea, de traspasar la vida. Pero un cauce más sano para alcanzar esa meta es la prolongación social de los imaginativos juegos de los niños: el drama. En el escenario sentimos una carga intrapsíquica y cultural que nos dice: "¡No llames la atención!" Pero tras desechar preguntas como "¿Acaso estoy tan loco como para permitir esta situación? ¿Es aceptable que me comporte así?", los protagonistas pueden arribar a la catarsis de la celebración de su vital niño interior.

La expresión de uno mismo también es aplicable al "hambre de actos" en pos de una vida más satisfactoria, del intenso gozo animal que surge de la plena experiencia del cuerpo al juguetear en el agua, extasiarse en el baile, reír con música alegre y gritar de emoción como un predicador apasionado; en una palabra, al participar en la riqueza del potencial humano.

Resumen

Al ser expresada, una idea adopta una forma distinta. Al escribirla o representarla en un diagrama, adquirirá aún mayor claridad. Otras modalidades de las artes creativas permiten manifestar matices emocionales que el discurso racional es incapaz de transmitir y que el psicodrama lleva aún más lejos. Gran parte de la historia individual, e incluso del desarrollo psicosocial e intelectual personal, no consiste en otra cosa que en el aumento de la capacidad para la expresión de uno mismo, de lo inarticulado a lo sublime.

Ciertamente nos persiguen tendencias inhibitorias: ansiedad, inercia, hábito. Pero para conseguir una experiencia vital más plena, debemos combatirlas con el amplio repertorio de formas espontáneas de la expresividad individual y colectiva, la creatividad, la afirmación de la abundancia del potencial humano. Estas prolongaciones de la expresión de uno mismo son catárticas; explicaré su dinámica en el capítulo siguiente.

Referencias

Baars, Bernard J., *In the Theater of Consciousness: The Workspace of the Mind,* Oxford University Press, Nueva York, 1997.

Battegay, Raymond, "New Perspectives on Acting-out", *Journal of Group Psychotherapy, Psychodrama and Sociometry,* vol. 42, núm. 4, 1990, pp. 204-212.

Blatner, Adam, *Acting-in,* 1a. ed., Springer, Nueva York, 1973.

—, "Psychodramatic Methods in Psychoterapy", en D. Wiener (ed.), *Beyond Talk Therapy: Using Movement and Expressive Techniques in Clinical Practice,* American Psychological Association Press, Washington, cap. 6, 1999.

— y Allee Blatner, *The Art of Play: Helping Adults Reclaim Imagination and Spontaneity,* Brunner/Mazel-Taylor and Francis, Filadelfia, 1997.

Locke, John L., *The De-voicing of Society: Why We dont't Talk to Each Other Anymore,* Simon and Schuster, Nueva York, 1998.

Rexford, Eveoleen N. (ed.), *A Developmental Approach to Problems of Acting Out,* International Universities Press, Nueva York, 1978.

Sacks, James M., "Drama Therapy with the Acting out Patient", en G. Schattner y R. Courtney (eds.), *Drama in Therapy,* vol. 2, *Adults,* Drama Books Specialists, Nueva York, 1981.

—, "On Aspects of the Transference", ponencia presentada en el congreso de la ASGPP, 1997.

J. L. Moreno, *circa* 1951.

CAPÍTULO 11

Catarsis

Moreno (1940) abordó el tema de la "catarsis mental" en uno de sus primeros artículos sobre psicodrama, método cuya comprensión mejora al apreciar la dinámica de la catarsis. Ésta es en cierto sentido una prolongación de la psicología de la expresión de uno mismo que expuse en el capítulo anterior, pero no sólo eso.

Freud reconoció que la catarsis era un fenómeno digno de interés; pero dado que no obtuvo firmes resultados de sus primeros intentos por producir la abreacción, olvidó el tema, y lo mismo sucedió con la mayoría de los psicoanalistas posteriores. Moreno advirtió en cambio el proceso catártico del público del teatro, como lo había hecho Aristóteles más de dos mil años atrás. Intuyó que, libres de la restricción de un libreto e improvisando a partir de los predicamentos reales de su vida, los actores experimentarían una catarsis aún más profunda y fructífera.

Quienes han experimentado la catarsis, ya sea como protagonistas o miembros de un grupo, refieren haber sentido emociones que les procuraron satisfacción y alivio. En un conocido libro de texto de psicoterapia grupal, Yalom (1995) señaló que, interrogados sobre lo más útil para ellos, los pacientes de terapia de grupo suelen responder que la catarsis es uno de los factores reconstituyentes más notables. Otras terapias que han utilizado esta dinámica son el análisis bioenergético; las terapias gestáltica, grupal de maratón y el "grito primario", y otras terapias "corporales".

Creo, sin embargo, que la dinámica real de la catarsis no ha sido del todo comprendida y merece clarificación. Mi hipótesis es que su función terapéutica es producto no de la activación y expresión de intensas emociones, sino de *la reunificación de partes de la psique que estaban separadas.* La abierta manifestación de una emoción es sólo el reflejo de un proceso interno de reintegración, como lo explicaré en seguida.

Descripción del fenómeno

Consideremos primeramente algunos ejemplos de catarsis:

- El reencuentro de dos amigos, en medio de risas y lágrimas, tras la ausencia de uno de ellos.
- El llanto de una persona cuando por fin obtiene una sensación de seguridad tras el prolongado terror producido por un suceso traumático y su empeño por aferrarse a la vida.
- El sollozo del campeón al recibir su medalla o premio después de la tensión experimentada en la lucha por ganar una competencia.
- El emocionado grito de "¡Eureka!" o el sosegado pero inconfundible suspiro "¡Ahhh!", luego de hallar la solución de un problema especialmente difícil.
- El estallido en un grito furioso del habitualmente sobrio protagonista de un psicodrama y su posterior ahogo en llanto durante varios minutos.
- El llanto de un bebé al nacer.
- Las lágrimas de un individuo, y de algunos miembros del grupo, al descubrir que éste lo acepta después de haberle revelado su más profundo y reprobable secreto.
- El extasiado y enérgico baile de los jóvenes en una celebración.
- El sollozo y las risas de una persona al sentir un renacimiento espiritual.

Todos estos hechos suponen la experimentación interior de un periodo previo de separación, tensión entre opuestos o división, seguido por la integración de lo que estaba separado.

Dinámica fundamental

La mente suele afrontar experiencias dolorosas desterrando de la conciencia ordinaria y separando entre sí ciertas ideas y sentimientos, como parte de un proceso de "escisión" o "división". La mayoría de lo que los psicoanalistas llaman "mecanismos de defensa" consiste en la aplicación de esta maniobra básica de autoengaño. La *represión,* por ejemplo, expulsa de la conciencia una experiencia interior, y la *negación* una experiencia exterior, un criterio de realidad. Otros mecanismos de defensa aportan ideas ilusorias a esa expulsión, tanto para disfrazarla como para reducir la disonancia cognitiva.

En cierto nivel, esto es efectivamente una manipulación mental, pero en otro constituye un procedimiento sano, en el que por lo tanto están ausentes las ilusiones de la evasión mental. En este nivel más profundo, la mente sabe que se engaña, y los sentimientos vedados se filtran, por así decirlo. Pero como ello implica una especie de vigilancia interna y continuas maniobras, puede ser men-

talmente extenuante. Esta dinámica es la esencia de lo que llamamos *neurosis* y opera en casi todos los individuos, al menos en forma reducida.

Un cambio en el equilibrio mental, por efecto de la resolución natural de un conflicto o de la intermediación de un procedimiento terapéutico, vuelve permisible la reunificación de dos partes de la mente. Desaparece así la necesidad de aparentar que están separadas, y de invertir energía mental en ello. Para volver al ejemplo del reencuentro de dos amigos, salen entonces a la superficie los anhelos contenidos, sentimientos en los que por lo general se mezclan muchas emociones, como vergüenza por la propia vulnerabilidad, temor de que el reencuentro se hubiera frustrado, enojo a causa de esa frustración y alivio. La integración de partes de sí mismo da lugar a un proceso igualmente complejo.

La mente tiende poderosamente a la salud, a la integración, al arquetipo de *Eros* en términos junguianos. En parte, la causa es la profunda necesidad de liberarse de las gravosas tensiones que le produce mantener esas artificiales escisiones internas. Pero la causa principal es el reclamo de elementos "sanos" disociados junto con el material indeseable. Este aspecto es muy importante. Un conglomerado de ideas y sentimientos reprimido o seccionado suele contener cualidades útiles, elementos personales de potenciación, autenticidad, libertad, entre otros. Esto significa que, al proceder mentalmente a la división, un individuo corre el riesgo de "tirar al niño junto con la bañera".

Para decirlo más drásticamente, una persona –especialmente en la juventud– sacrificará o amputará partes de sí misma para recuperar cierto grado de estabilidad al experimentar grandes amenazas. Hay quienes pierden su sentido de sí mismos con objeto de preservar una relación. Otros siguen la dirección contraria y sacrifican sus relaciones sociales para mantener en forma su sentido de sí, lo que resulta en sociopatía. Estas decisiones dependen de la particular interacción de temperamento, composición familiar, momento y muchas otras variables. El asunto es, sin embargo, que el sí mismo sano echa de menos y necesita lo disociado, sea lo que fuere.

Cuando las fronteras impuestas desaparecen y diferentes aspectos del cuerpomente se reunifican, ocurre una liberación emocional, y esto es la catarsis. Según Moreno, incluso el llanto de un bebé al nacer es una catarsis de triunfo, una profunda satisfacción por haber sobrevivido a un trance extremadamente difícil, idea que quizá las investigaciones sobre el trauma del nacimiento podrían confirmar. La lucha y el logro definitivo sacan a la luz los previos temores de fracaso, combinados con la constatación de que finalmente uno ha tenido éxito.

La reunificación no necesariamente adopta la forma de ajustes en la vida real, los que por lo común no son posibles. Sin embargo, la reunión de elementos disociados en la realidad suplementaria de la representación psicodramática suele satisfacer el "hambre de actos". Incluso modos atenuados de reintegración simbólica, como las artes plásticas, la danza o la poesía, pueden resolver esa necesidad terapéutica.

Cuatro niveles de catarsis

Podemos afirmar que las separaciones descritas operan en cuatro niveles de integración psicosocial:

1. El concepto de sí mismo: ¿ es un complejo dado de sentimientos e ideas compatible con sentimientos de autoestima?
2. Adaptación: una vez redescubiertos esos complejos, ¿cómo pueden ser positivamente utilizados en la vida personal?
3. Social: ¿los demás apreciarán e incluso aceptarán a una persona después de conocer cuestionables sentimientos e ideas suyos?
4. Espiritual: ¿cómo conciliar esas cualidades inconvenientes que es muy probable que la sociedad no valore, con la relación con Dios o el mundo?

El asunto aquí es que cuando el individuo escinde partes de sí mismo, de alguna manera retrae la plenitud de su ser del campo social y cósmico, como si dijera: "si ustedes supieran cómo soy en *realidad,* me rechazarían." Por lo tanto, también existen niveles de separación interpersonal y espiritual, los cuales incrementan asimismo la sensación de carga y tensión.

En la resolución de esas disociaciones se dan cuatro tipos de catarsis (Blatner, 1985):

1. La catarsis de *abreacción.* Tomar conciencia de sentimientos ensancha el concepto de sí mismo. Éste se reapropia de sentimientos e ideas desterrados.
2. La catarsis de *integración.* Los sentimientos e ideas recuperados son reenmarcados como útiles, o al menos como controlables, para poder convivir con ellos. Éste es a menudo el propósito de la creatividad en la terapia.
3. La catarsis de *inclusión.* La sensación de aislamiento desaparece cuando el protagonista descubre que los demás pueden tolerarlo e incluso apreciarlo pese a conocer lo que parecían inaceptables faltas suyas.
4. La catarsis de *revinculación espiritual.* El individuo íntegro, con todos sus defectos y cualidades, descubre su pertenencia al todo y el sentido de lo que puede hacer en el mundo. Moreno llamó *cósmica* a esta catarsis, porque restablece la relación entre el protagonista y Dios o la gran totalidad del ser.

Elaboración

La abreacción no es suficiente. Es indispensable sanar también en los demás niveles. Freud y otros analistas no entendieron por completo los beneficios de la catarsis por no haber apreciado esta necesidad, carecer de métodos para alcanzar

los otros tipos de integración o ambas cosas. De acuerdo con Moreno (1950), "a toda catarsis de abreacción debe seguirle una catarsis de integración". Esto significa que no basta con tomar conciencia de las emociones propias. Hubo una razón para reprimirlas: parecían agobiantes. Así pues, es importante "elaborar" de inmediato el significado de esos sentimientos e ideas para que puedan ser percibidos como aceptables, e incluso susceptibles de ser sublimados al servicio de la adaptación constructiva.

Esto entraña una potente fuerza emocional, y promover a partir de ello una catarsis dirigida a un significativo complejo neurótico es como hacer cirugía. Además, y para seguir con este paralelismo, la curación no se reduce a la incisión y extracción del apéndice; es necesario coser al paciente y ofrecerle reposo y alimentación mientras el cuerpo (mente) sana (Z. Moreno, 1990). En psiquiatría no basta con redescubrir emociones sepultadas. Después hay que trabajar con ellas para integrarlas constructivamente. Luego, incluso, de una intensa catarsis de abreacción, los protagonistas someten su experiencia a las fases de *sharing* y de procesamiento (Jefferies, 1998), lo cual favorece los profundos procesos de integración.

De la analogía con la cirugía también es posible extraer la idea de preparación. A menudo los directores pueden prever la ocurrencia de ciertos procesos catárticos. En reconocimiento de la dinámica implicada, el director podría preguntarse: "¿qué está siendo evitado o reprimido?" A veces la respuesta a esta pregunta salta a la vista en el trabajo previo. El director podría coordinar entonces algunas escenas que sirvan a la labor de integración, para moderar el juicio interno por ejemplo, a fin de que cuando el protagonista descubra sentimientos antes inaceptables no se sienta avergonzado o culpable. Esta labor preparatoria podría ser incluso indispensable, para evitar que el protagonista se "resista" subconscientemente a dar un paso que quizá le parezca excesivo.

Una manera de preparar a los protagonistas es desarrollar el ambiente de apoyo en el grupo. Otra es orientar a éste hacia la confianza general en la posibilidad de soluciones. Una tercera está relacionada con un importante principio de la psicoterapia: un cliente debe ser puesto en contacto con sus voces positivas antes que con sus voces negativas. Éstas no son voces imaginarias, desde luego, sino las actitudes internas que adoptan la forma de diálogo devaluatorio o afirmativo subconsciente con uno mismo. Así, a menudo es útil repasar las aspiraciones, logros, talento y cualidades del protagonista y generar la sensación de que es sencillamente una buena persona con algunos problemas. El afianzamiento de actitudes mentales y relaciones positivas brinda después el valor y la reciedumbre necesarios para que el protagonista enfrente recuerdos o experiencias que de otra manera podrían entrañar temor, culpa, vergüenza u otros elementos emocionales extremos.

De seguir estos principios, la catarsis formará parte de un enfoque terapéutico más integrador y holístico, de manera que las intensas explosiones emociona-

les no serán elemento necesario de toda dramatización, sino punto de partida para quienes estén preparados para cierto tipo de *insight.*

Algo más que evocar emociones

Uno de los problemas más comunes entre los derivados del malentendido en torno a la dinámica de la catarsis es atribuir la función terapéutica a la emoción, cuando ésta es sólo, y en grado variable, un reflejo del proceso integrador interno. Para recurrir a otra analogía, consideremos la relación entre sudor y ejercicio. El propósito del ejercicio enérgico es condicionar al sistema cardiovascular, una vez ocurrido lo cual el ritmo cardiaco se acelera, de lo que –dependiendo de la temperatura ambiente, la intensidad del viento y otros factores– resulta sudor. Si éste fuera el ingrediente activo, los baños de vapor serían tan eficaces como el ejercicio, pero no es así. De igual manera, es posible conseguir que una persona enfurezca sin ayudarla en absoluto a resolver los problemas entre las partes de sí misma que causaron su ira, o confundirla y frustrarla lo suficiente para hacerla llorar. Sin embargo, esto no toca las profundas integraciones que pugnan por ser liberadas.

La meta no debe ser activar la emoción. Sin embargo, en la psicoterapia y el psicodrama hay ocasiones en las que la exposición de una experiencia que entraña una enorme carga emocional es justo lo necesario para catalizar el *insight* de acción. No obstante, el seguimiento es indispensable para garantizar la integración.

Catarsis vicaria

La catarsis de los yo auxiliares y la audiencia (grupo) también es un elemento importante. El drama podría suscitar poderosas emociones en la audiencia aun si no toca directamente un conflicto que le ataña. Esto es así a causa de que todos los seres humanos compartimos el incesante proceso de separación y reintegración, de estar de alguna manera perdidos y reencontrarnos después.

Estas experiencias catalizan asimismo la liberación de una miríada de pequeñas tensiones y sentimientos contenidos que no hallan plena expresión en los limitados contextos de la vida diaria *civilizada.* La gente no tiene suficientes oportunidades para dar rienda suelta a sus muy diversos sentimientos, desde la cólera y la aflicción hasta la excitación y el júbilo.

Yalom (1995) también se refirió a la *universalización* al explicar el valor de la catarsis en la terapia grupal. El psicodrama tiende a presentar no sólo situaciones particulares, sino también destellos de la condición humana. La audiencia siente cierta simpatía por las grandes historias y temas que dan significado a la vida.

Una perspectiva más amplia

No toda terapia requiere de métodos o experiencias catárticos. A veces, sin embargo, esto es precisamente lo indicado: un procedimiento sistemático para volver a unir algo que se separó.

Asimismo, las catarsis del protagonista y la audiencia pueden implicar sucesos agradables y estimulantes, no sólo aflicción o enojo. El *Playback Theatre* (que detallaré en el capítulo 20) tiene la ventaja de ofrecer momentos muy intensos en relación con la totalidad de las experiencias humanas, más allá de cualquier acuerdo explícitamente terapéutico. De igual forma, los directores de grupos deben incluir entre los posibles propósitos de la dramatización la necesidad de compartir las cosas realmente grandes de la vida, pese a la dificultad para hallar a quienes, sin envidia ni reservas de ninguna especie, estén realmente dispuestos a gozar por proezas ajenas. Esta aplicación del método puede ser muy valiosa en grupos de formación, desarrollo personal o terapia.

La dinámica de la catarsis es muy vasta, pues está asociada con todo tipo de luchas, éxitos y derrotas. También ocurre vicariamente, al presenciar escenas teatrales particularmente significativas y conmovedoras o participar en rituales. La atención a la dinámica fundamental ayuda a las personas a descubrir que sus emociones fluyen de las hondas corrientes de la reintegración.

Resumen

La intuición de Moreno de que la catarsis podía ser un importante agente terapéutico fue una contribución extraordinaria, mientras que la constatación de que la catarsis de integración es un proceso más decisivo que la simple liberación emocional tiene profundas implicaciones no sólo para la psicoterapia, sino también para nuestras ideas generales sobre el desarrollo humano y la salud vital. La dinámica catártica está estrechamente relacionada con el proceso de la expresión de sí mismo. El motivo de que la catarsis haya sido relegada o mal utilizada fue la incomprensión de su dinámica profunda, la clave de la cual es que a toda catarsis de abreacción debe seguirle una catarsis de integración.

Referencias

Bemak, Fred y Mark E. Young, "Role of Catharsis in Group Psychotherapy", *International Journal of Action Methods*, vol. 50, núm. 4, 1998, pp. 166-184.

Blatner, A., "The Dynamics of Catharsis", *Journal of Group Psychotherapy, Psychodrama, and Sociometry*, vol. 37, núm. 4, 1985, pp. 157-166.

Ginn, Ildri B., "Catharsis: Its Occurrence in Aristotle, Psychodrama, and Psychoanalysis", *Group Psychotherapy and Psychodrama*, vol. 26, núm. 2, 1973, pp. 7-22.

Jackson, S. W., "Catharsis and Abreaction in the History of Psychological Healing", *Psychiatric Clinics of North America,* vol. 17, núm. 3, 1994, pp. 471-491.

Janov, Arthur, *The Anatomy of Mental Illness: The Scientific Basis of Primal Therapy,* G. P. Putnam's Sons, Nueva York, 1971.

Jefferies, Jinnie, "The Processing", en M. Karp, P. Holmes y K. Bradshaw-Tauvon (eds.), *Handbook of Psychodrama, Routledge,* Londres, 1998, cap. 11, pp. 189-202.

Kellermann, Peter Felix, "The Place of Catharsis in Psychodrama", *Journal of Group Psychotherapy, Psychodrama and Sociometry,* vol. 37, núm. 1, 1984, pp. 1-13.

—, "Catharsis", en *Focus on Psychodrama: The Therapeutic Aspects of Psychodrama,* Jessica Kingsley, Londres, cap. 6, 1992.

Moreno, J. L., "Mental Catharsis and the Psychodrama", *Sociometry,* vol. 3, núm. 1, 1940, pp. 220-238.

—, mensaje personal en 1950 a Eya Fechin Branham, quien me lo transmitió.

Moreno, Zerka T., "Note on Some Forms of Resistance to Psychodrama", *Journal of Group Psychotherapy, Psychodrama and Sociometry,* vol. 43, núm. 1, 1990, pp. 43-44.

Nichols, Mark P. y J. S. Efran, "Catharsis in Psychotherapy: A New Perspective", *Psychotherapy,* vol. 22, núm. 1, 1985, pp. 46-58.

Scheff, Thomas J., *La catarsis en la curación, el rito y el drama,* trad. de Juan José Utrilla, Fondo de Cultura Económica, México, 1986.

Yalom, Irvin, *The Theory and Practice of Group Psychotherapy,* 4a. ed., Basic Books, Nueva York, 1995.

CAPÍTULO 12

Aprendizaje de habilidades

Uno de los aspectos más valiosos del psicodrama es que enseña habilidades cuya aplicación va más allá de la resolución del problema inmediato. He descubierto que muchos de los problemas psicosociales que padecen los individuos deben en gran parte su existencia al simple desconocimiento de habilidades de comunicación, resolución de problemas interpersonales, conciencia de sí mismo, etcétera. Pese a los numerosos llamados en favor de la enseñanza de estas habilidades en las escuelas (Blatner, 1992, 1995; Goleman, 1998), esto aún no ocurre en la mayoría de los casos. En las últimas décadas, varias terapias han optado por la enseñanza directa de habilidades, contra la costumbre de que debían poseer un carácter no directivo.

El psicodrama es un vehículo natural para la adquisición y práctica de las habilidades psicosociales mencionadas. La adopción de roles (*role taking*) fomenta la integración entre la imaginación y otras dimensiones; el cambio de roles ejercita la metacognición; la creación de roles (*role creating*) alienta la iniciativa; y la técnica del espejo y la adopción por el protagonista del rol de codirector desarrollan la capacidad de autobservación y desidentificación. En todos estos casos, la actividad del role taking impulsa un tipo de cognición que rebasa lo que Piaget consideró el "modo adulto", la lógica formal de operación, puesto que el cambio de marco de referencia abre la mente a una visión más holística e integradora (Wilber, 1998).

Desarrollo de metarroles

Los seres humanos asumimos roles en varios niveles, como lo explico en los capítulos 9 y 15, mientras que el monitoreo y modulación de niveles operan como roles reguladores, *metarroles*. Aprender a pasar de la ejecución de un rol en el que uno está relativamente implicado a la observación de ese rol –lo que en drama y psicología social recibe el nombre de *distancia de roles*– es quizá la habilidad primaria. La técnica del espejo consiste precisamente en esto, pues en ella el prota-

gonista hace una pausa, la escena se congela y aquél abandona la dramatización para revisar la situación con el director. Esto es lo que vuelve terapéutico al psicodrama. La práctica frecuente de esta habilidad permite aplicarla a la vida diaria. Así, uno puede detenerse en el curso de una situación, imaginarla como psicodrama y optar mentalmente por modificar la escena, añadirle algo nuevo y más constructivo, en lugar de reaccionar igual que siempre.

Desidentificación

La identificación es la asociación del sentido de sí mismo con algo. Uno puede identificarse con un rol, opinión, sentimiento, etc. La desidentificación implica el reconocimiento de lo que uno no es: ni su cuerpo ni su desempeño de roles. Uno de los principales elementos de la maduración es la habilidad de desidentificación respecto de, por ejemplo, la victoria o derrota en un juego. Roberto Assagioli (1965, pp. 112-120), psiquiatra iniciador del método terapéutico llamado "psicosíntesis", consideró que el desarrollo de la desidentificación era uno de los elementos clave de la curación o desarrollo personal.

El sentido de sí mismo necesita vincularse con algo, lo que permite encauzarlo al metanivel; así, uno adopta no sólo el rol que está ejecutando en cierto momento, sino también el de director y autor, el de co-creador de la escena, rol en el que es posible replantear cómo "actuar en el terreno". (Las disciplinas psicoespirituales orientales privilegian esta habilidad y alientan la identificación no sólo con el sí mismo creativo, sino también con la fuente de alma-espíritu que inspira a aquél.)

Los actores cultivan la desidentificación mediante el hecho de no involucrarse demasiado en el desempeño de sus roles, a fin de conservar una moderada función de observación. A su vez, esto les permite modificar y mejorar su actuación. Es como si se identificaran parcialmente con el director. Quienes poseen amplia experiencia psicodramática aprenden a poner en práctica esta modalidad de flexibilidad mental.

Volver explícito del aprendizaje

Muchas variantes de la psicoterapia conducen a los clientes a un proceso, pero a menudo éstos no adquieren habilidades específicas para utilizarlas fuera del ámbito del tratamiento. Esto también podría ocurrir en el psicodrama. Para evitarlo es conveniente introducir la idea de que el protagonista preste atención a los métodos que el director le propone. Aunque el protagonista debe dirigir primordialmente su atención a la comprensión del problema que está siendo explorado, ello no obsta para que al mismo tiempo aprenda a usar esos instrumentos para resolver otros problemas.

Cuando en un psicodrama, por ejemplo, el protagonista sigue la técnica del espejo para hacer un alto y reflexionar sobre la escena que ha dramatizado, el director podría decirle: "aproveche la oportunidad de aprender este método. Cuando esté en situaciones difíciles, imagínese en un psicodrama, haga una pausa mental y repiense la situación como lo estamos haciendo ahora". Tras esta indicación del enorme potencial del proceso, director y protagonista pueden volver a las particularidades del problema en exploración.

Los directores deberán usar su discreción, desde luego, para determinar el mejor momento de entretejer en la dramatización esos entrenamientos de autobservación, los que no necesariamente habrá de dejar para el final. El progreso clásico del caldeamiento a la catarsis emocional suele llegar demasiado lejos y ser muy profundo como para permitir la plena integración de sus efectos. Si la dramatización activa excesivamente las emociones, gran parte del aprendizaje podría resultar en vano, porque en cierto nivel del caldeamiento el protagonista pierde la distancia de roles por encontrarse en un estado alterado de conciencia.

La breve interrupción de la escena y el empleo de la técnica del espejo también son útiles para ejemplificar la actividad de reubicación. Esto reafirma la alianza terapéutica y recuerda al protagonista que la conciencia presente es la que ejerce el control, todo ello en beneficio de un fin afirmativo y constructivo. Al tratar asuntos de intensa carga emocional, esas actividades de reubicación no sólo son alentadoras, sino también sirven de ejemplo para que, en el futuro, el individuo sepa que debe hacer una pausa al estar enfrascado en un problema. Esto consolida las habilidades de distanciamiento y reflexión, por completo distintas de la evasión y la compulsión de reacción.

Inversión de roles y empatía

Durante mi formación como psiquiatra me enseñaron que debía ser sensible y comprensivo, ¡pero nunca me dijeron cómo lograrlo! Aparentemente, para poder ser empático debía leer lo más posible sobre psicodinámica, lo que efectivamente hice sin que diera resultado. Por fortuna, en el psicodrama conocí la habilidad del *role taking:* imaginar cómo sería estar en una situación inusitada.

Privaba entonces una resistencia cultural contra el aprendizaje de esa habilidad. La adopción de roles, pensar como actor, supone hacer inferencias y usar la intuición, pero nada garantiza que uno consiga una ejecución aceptable. Frente a este riesgo, confiar en las respuestas establecidas de los libros de texto brinda una ilusión de seguridad. Aun así, es posible aprender a fluir, a ser receptivo a los guiños de la espontaneidad. Para mí fue como aprender a nadar, pues me exigió una orientación diferente del conocimiento.

También aprendí que algunas luces llegarían en el curso de la improvisación. Durante el caldeamiento y la ejecución del rol, descubrí muchas nuevas cosas sobre los sentimientos implicados. Así, la reiterada práctica del psicodrama faci-

lita el desarrollo de la empatía, lo cual conviene hacer explícito. Durante la inversión de roles en un psicodrama, el director podría decir a los participantes: "perfeccionen esta habilidad asumiendo el rol de otra persona siempre que les sea posible". Los yo auxiliares tomarán conciencia de que, con la práctica, terminarán por aplicar esta técnica en su vida cotidiana sin necesidad de caldeamiento ni director.

Conciencia de uno mismo (*self-awareness*)

Como la empatía, la conciencia de sí mismo es un concepto vago. Para precisarlo, imagine la mente como un grupo de roles, una familia, organización u orquesta, ideas que ampliaremos en los capítulos 16 y 17. Comience por dar nombre a los roles que intervienen en una situación dada, y después imagine a cada uno de ellos en una posición específica y con un libreto propio; imagine incluso que puede oír lo que dicen.

El aprendizaje de esta habilidad en psicodrama ocurre por medio de la técnica del ego múltiple, la cual consiste en que el protagonista ejecute diferentes roles de sí mismo y los haga dialogar entre ellos, negociar, forcejear y llegar a acuerdos. Una habilidad complementaria es la interpelación a roles desatendidos: "¿qué diría mi 'niño interior'?" Posteriormente, éstos pueden desplegarse aún más, para descubrir, por ejemplo, la existencia de un par de roles de "niño interior", si bien el repertorio de roles es diferente en cada persona. También es importante dar nombre (como el de "policía interior") al rol o roles de la mente con los que uno tiende a censurarse y culparse.

Una de las habilidades más poderosas en la educación de la conciencia de sí es distinguir las diversas maniobras de las que se valen esos diferentes roles, llamadas *mecanismos de defensa* en psicoanálisis y las cuales es posible expresar como afirmaciones de diversas partes de sí mismo:

- "No quiero saber nada de eso": supresión.
- "No sé de qué hablas": represión o negación.
- "Son simples emociones, ni siquiera sé por qué las siento": aislamiento de afecto.
- "¡Lo único que vas a conseguir con tu enojo es enfurecerme!": proyección… y así sucesivamente.

En cuanto a las relaciones interpersonales, la técnica del aparte permite practicar la habilidad de tomar conciencia de ideas no reveladas. El doble enseña la habilidad de expresar ideas emotivas e irracionales. El ya mencionado diálogo interior ayuda a desarrollar la habilidad de una expresión más auténtica: "sí, deseo esto… pero otra parte de mí no lo quiere".

Comunicación no verbal

La actividad física del psicodrama dirige nuestra atención a la interacción del cuerpo y las emociones. Así, otro aspecto tanto de la sensibilidad interpersonal como de la conciencia de sí mismo es una mayor conciencia del significado de los diversos tipos de comunicación no verbal. Nuestras reacciones a la forma en la que los demás nos dicen algo son más intensas que la reacción a las palabras con las que nos lo dicen. Sin embargo, la mayoría de nosotros no sabemos reconocer esos patrones.

Según una máxima del aprendizaje del diagnóstico médico, el arte de la observación consiste en gran medida en saber qué observar. En consecuencia, si durante la realización de un psicodrama el director advierte que el protagonista emite un elocuente mensaje no verbal o reacciona sin palabras a la conducta de otros participantes, sería recomendable que congelara la escena, aplicara la técnica del espejo y comentara explícitamente lo ocurrido. Esto refuerza asimismo la idea de observar mentalmente las interacciones propias e indica qué observar.

Al principio no es fácil notar una sutil comunicación no verbal, como tampoco lo es apreciar la música clásica; pero es posible aprender. En psicodrama, la conciencia de esta dimensión es cultivable con el uso de las técnicas de maximización, lo mismo que con la asesoría directa para hacer experimentos de nuevos movimientos, posiciones, expresiones faciales, tonos de voz y otras variables. Pequeñas diferencias saltarán a la vista gracias a este aprendizaje vivencial.

La comunicación no verbal nos sirve de conducto para dirigir mensajes no sólo a los demás, sino también a nosotros mismos, pues transmite señales al cuerpo-mente para el reforzamiento de ciertos estados internos. (Éste es uno de sus lazos con algunas "terapias corporales".) Explorar cómo expresamos nuestras actitudes fomenta la conciencia de nosotros mismos y, por lo tanto, el autocontrol. Descubrimos de este modo que nuestro cuerpo se tensa de cierta manera, o detectamos en el momento justo que nuestro rostro o voz transitan a ciertos tipos de expresión, lo que nos permite aprender a interrumpir reacciones automáticas y, mediante la modificación de nuestro ser físico, a cambiar de estado emocional.

Estas habilidades pueden ser aplicables después a las relaciones interpersonales cotidianas. Por ejemplo, un individuo podría decir a su pareja: "no puedo escucharte si me gritas. Tu malestar me inquieta y bloquea. Repite lo que dijiste con un tono de voz más tranquilo". O su pareja podría decirle a él: "deja ya el periódico y mírame a los ojos".

Resolución de conflictos

La mayoría de nosotros carecemos de una estrategia mental para resolver fricciones interpersonales y, por temor a que los conflictos crezcan, a menudo inten-

tamos evitarlos. Pero por lo general con esto no conseguimos sino justamente lo que desearíamos impedir: complicar y agrandar el problema, momento para el cual nos sentimos ya sumamente ofuscados, pues no tanto el problema mismo como el esfuerzo empeñado en rehuirle nos ha hecho enojar.

La estrategia para la resolución de conflictos es simple: se reduce a combinar las técnicas del doble e inversión de roles. Así, basta abordar el conflicto haciendo comentarios sobre el proceso, asumiendo los roles de director y de antagonista. Esto significa, primeramente, extraer todos los aspectos –especialmente los sentimientos– del punto de vista de cada parte. Después, y esto deben saberlo ambas partes desde el principio, cada parte invierte roles para expresar tan fielmente como le sea posible la posición del otro mientras éste lo asesora. La inversión de roles es secuencial, no simultánea, así que cada parte puede recibir ayuda para conseguir cierto nivel de precisión en la representación.

Este ejercicio elimina barreras de desconfianza, pues demuestra que las dos partes están dispuestas a renunciar –así sea brevemente– a su posición egocéntrica y a entrar en el mundo del otro, lo cual es un gesto de genuino interés. Éste era para Moreno el encuentro ideal.

Esta técnica no es infalible, por supuesto, pero sí practicable; y cuando todos los miembros de una familia u organización aprenden a aplicarla, la dinámica de evasión es sustituida por la de participación. Todos saben que los demás están dispuestos a "jugar" y a hacerlo limpiamente.

En el curso de un psicodrama, este proceso –en cuanto que habilidad que es posible adquirir y dominar– puede ser explícitamente señalado, a fin de combinar un elemento de entrenamiento de roles con la dramatización general de un problema.

Habilidades sociométricas

Saber sobre sociometría y tele (que explicaré en los capítulos 18-19) también alienta la adquisición de habilidades. La gente aprende que la vida social no se restringe a ser "popular" o no, sino que es posible hallar tipos de personas con las que uno se sienta más a gusto. Esto es especialmente útil en una sociedad como la actual, cada vez más multifacética y multicultural.

Para efectos organizativos, maestros, dirigentes de campamentos y otros coordinadores de grupos pueden proponer actividades para que la gente se conozca y forme subgrupos con base en la mutua simpatía. Este procedimiento es más natural que el de asignar asientos, cabañas y equipos de trabajo. Las personas que desean trabajar en común deben tenerlo permitido tanto como sea posible. Aunque obvio, este principio es ignorado con demasiada frecuencia.

Otra habilidad implica aprender a buscar los roles coincidentes en una relación que en un principio dejó indiferentes a las partes. Comentar diversos tipos de intereses suele sacar a la luz algún área de mutua importancia.

Al reparar en las veladas pero infaltables actividades de elegir y ser elegido, la gente las realizará en forma más consciente. Muchas personas se resisten a elegir, y otras tantas han olvidado que tienen el derecho de hacerlo, al menos mentalmente. Otras más reprimen sus preferencias, tal como reprimen otros complejos. De ahí que también sea valioso ejercitar la habilidad para indagar las razones de las preferencias, una de las vías más fructíferas hacia la conciencia de sí mismo.

Cuatro tipos de aprendizaje

Para apreciar mejor la posibilidad de usar en otras situaciones las habilidades practicadas en el psicodrama, consideremos la existencia de cuatro tipos de aprendizaje:

1. La *información* procede de libros, conferencias, películas e intercambios informales de ideas.
2. La *aptitud* es producto del seguimiento de ejemplos, la práctica física directa, la obtención de retroalimentación, el estímulo, el descubrimiento del "secreto" de una actividad y la disposición de oportunidades suficientes para practicar más, con objeto de perfeccionar una habilidad.
3. La *comprensión* procede del conocimiento de la posibilidad de integrar diferentes aspectos del aprendizaje. Así, para comprender a los demás podemos imaginarnos en distintos roles, a fin de apreciar solidariamente varios tipos de situaciones.
4. La *sabiduría* implica la integración de nuestros valores supremos y la capacidad de disciplina, para advertir y corregir nuestras fallas, tendencias erróneas y actitudes improductivas.

Mientras que la educación actual prioriza la primera categoría, modos vivenciales de aprendizaje como el psicodrama buscan los otros tres tipos de aprendizaje. La meta es lograr lo que yo llamo la *alfabetización psicológica* de la comunidad, lo que permitirá a sus miembros ser más activos en la resolución de las tensiones psicológicas y sociales de un mundo en veloz transformación.

Creación de rituales y celebraciones

El psicodrama fomenta en sus practicantes una mentalidad de directores y productores teatrales, y una interesante derivación de ello es la modificación de ritos de transición, para que bodas, funerales y otras ceremonias sean más creativas. El empleo de la inversión de roles para imaginar qué sienten las personas que participan en esos ritos permite dar con soluciones que susciten las reacciones ideales. Con recursos dramáticos como la maximización, la significación de una actividad puede aumentar mediante el control de la sonoridad de la voz, la realiza-

ción de invocaciones, el montaje de un escenario, etcétera (Blatner, 1985; Wall y Ferguson, 1998; Roberts, 1999).

Más todavía, el rol de maestro de ceremonias es propio de psicodramatistas experimentados. El uso de todos los instrumentos del psicodrama en rituales y celebraciones hará de éstos ocasiones más significativas e incluyentes.

Resumen

Reza así un antiguo proverbio chino: "si das un pescado a un hombre, lo alimentarás un día. Pero si le enseñas a pescar, lo alimentarás para el resto de su vida". Creo que una de las funciones más importantes del psicodrama es ofrecer un nuevo estilo de resolución de problemas, consistente en la integración de imaginación y espontaneidad y en el dominio de valiosas técnicas e instrumentos conceptuales (como el concepto de rol). Una vez que las personas se familiaricen con el proceso, esas actividades se filtrarán a su vida diaria. El empleo de la habilidad de inversión de roles no es exclusivo del psicodrama formal. Basta con imaginar escenas para utilizarla.

Si la gente aprende a enfrentar problemas en forma creativa y con una amplia variedad de habilidades, se sentirá más segura de sí misma y asumirá la responsabilidad de resolver sus problemas sociales y personales. Esa infraestructura de habilidades y conceptos es una forma de terapia permanente aplicable a asuntos comunitarios y de desarrollo espiritual, recreación, celebración, política y otras actividades.

Referencias

Assagioli, Roberto, *Psychosynthesis,* Hobbs, Dorman and Co., Nueva York, 1965.

Blatner, Adam, "Celebrations and Rituals", en *The Art of Play,* 1a. ed., ed. del autor, San Marcos, 1985.

—, "Mental 'Hookworm': Mental Hygiene and Modern Business", *Kentucky Hospitals,* vol. 9, núm. 1, 1992, pp. 18-21.

—, "Drama in Education as Mental Hygiene: A Child Psychiatrist's Perpective", *Young Theatre Journal,* núm. 9, 1995, pp. 90-96.

Goleman, Daniel, *Inteligencia Emocional,* trad. de David González y Fernando Mora, Kairos, Barcelona, 1998.

Roberts, Janine, "Beyond Words: The Power of Rituals", en Daniel J. Wiener (ed.), *Beyond Talk Therapy,* American Psychological Association, Washington, 1999.

Wall, Kathleen y Gary Ferguson, *Rites of Passage: Celebrating Life Changes,* Beyond Words Inc., Hillsboro, 1998.

Wilber, Ken, *The Eye of Spirit: An Integral Vision for a World Gone Slightly Mad,* Shambhala, Boston, 1998.

CAPÍTULO 13

Integración con otras terapias

Como afirmé en la introducción, considero que el psicodrama es un instrumento que trasciende cualquier enfoque terapéutico particular, y no una terapia en sí mismo. Así, puede ser integrado a la mayoría de los demás métodos psicoterapéuticos.

Una metateoría integradora

Creo que la terapia puede y debe ser ecléctica, pero no en forma superficial, utilizando elementos aislados de diversos abordajes. Desde hace muchos años, profesionales del campo se han ocupado de elaborar, con absoluto rigor intelectual, una teoría integradora de la psicoterapia (Norcross y Goldfried, 1992; Arkowitz, 1997; Corey y Corey, 2000).

En primer término y como lo comenté en el capítulo 5, esa teoría debe ser flexible y general. Esto es así a causa de la complejidad del fenómeno, pues la psicología es tan variada como, al menos, el campo de la práctica médica, el cual aborda cientos de causas de enfermedad operantes en numerosos niveles de organización (químico, celular, orgánico, de los sistemas, etc.). La teoría médica está normada por un marco *fisiológico* general, el cual, aunque con ciertos principios de la química y la física como base común, comprende varios niveles de la operación de los sistemas biológicos, incluida la influencia de factores psicosociales (y, recientemente, aun espirituales). Esta matriz holística aloja a cientos de subteorías, cada una de las cuales posee su propio conjunto de principios. De igual manera, en la psicología ocurren muy diferentes tipos de operaciones y no es necesario que todos ellos sean conceptualmente comprimidos en una sola teoría estrecha (Ford y Urban, 1998, p. 535). Creo, además, que esa perspectiva integradora puede utilizar la teoría aplicada de los roles como base para una terminología práctica común en las ciencias de la conducta (vea los capítulos 15 y 16) (Blatner, 1995).

Por su parte, tampoco las teorías de Moreno deberían ser el único fundamento del psicodrama. Kipper (1997) propuso no basar sólo en la teoría de Moreno el uso de métodos psicodramáticos, sino emplear asimismo otros modelos, como su propia teoría de la *simulación* (Kipper, 1982) o el modelo *existencialista-dialéctico* de Verhofstadt-Denève (1988, 1999). De igual forma, Linnea Carlson-Sabelli y Hector Sabelli (1994) desarrollaron una *teoría del proceso* (sin relación alguna con la *filosofía del proceso* de Whitehead mencionada en el capítulo sobre teología) que, en su opinión, puede contribuir a nuestra comprensión de la dinámica de desenvolvimiento del psicodrama. Remer (1997) señaló a su vez que recientes descubrimientos en las ramas de las matemáticas y las ciencias en relación con la teoría del caos, los fractales y la *dinámica no lineal* iluminan varios problemas no sólo de las ciencias físicas, sino también de las humanidades –como la historia o la antropología–, e incluso tienen posibles aplicaciones en psicoterapia.

Los modelos cambian. Durante cierto tiempo, estados como la esquizofrenia, el trastorno de conducta obsesivo-compulsiva y el autismo fueron concebidos como de naturaleza psicológica y tratados en consecuencia, pero ahora la mayoría de los psiquiatras consideran que entre sus principales causas están factores biológicos y neurofisiológicos (Dolnick, 1998), además de lo cual a menudo responden excelentemente a nuevos medicamentos. Aun así, esos problemas también implican variados y complejos ajustes psicosociales, de manera que en su tratamiento suelen ser útiles ciertos tipos de psicoterapia. Lamentablemente sigue habiendo profesionales (psicodramatistas entre ellos) que no están al tanto de recientes evidencias científicas, y que por ende aún se aferran a la "conserva" psicodinámica de hace varias décadas, incluso en relación con los estados referidos.

Conciliación con el psicoanálisis

Aunque la influencia del psicoanálisis ha declinado en Estados Unidos (Hale, 1996), no ocurre lo mismo en Europa y América del Sur; asimismo, muchos psicoramatistas trabajan principalmente en un marco analítico, mientras que, numerosos psicoanalistas usan técnicas psicodramáticas modificadas. Moreno (1959, p. 97) propuso en su momento una posible conciliación entre ambos puntos de vista.

En la práctica, la mayoría de los psicodramatistas (incluido yo) utilizan abundantes conceptos psicodinámicos, pero no se restringen a esta teoría. También muchas ideas psicodinámicas son relativamente compatibles con la teoría aplicada de los roles, excepto por el hecho de que ésta concede mayor importancia a las influencias de las demandas de roles del presente. No obstante, las persistentes influencias de la experiencia pasada son asimismo activamente consideradas.

El propio psicoanálisis ha evolucionado y ahora da cabida a incontables revisiones y subcorrientes; la psicología de las pulsiones, la psicología del yo, la teo-

ría de las relaciones objetales, la psicología de sí mismo y la intersubjetividad son algunas de las más ampliamente reconocidas. Más allá de estas confusas fronteras, otros enfoques psicodinámicos –las ideas de Adler, Jung, Rank, Reich, entre otras –emplean ciertos conceptos analíticos, aunque rechazan otros. Los métodos psicodramáticos pueden ser aplicados con muchos de estos abordajes teóricos. La única incompatibilidad, a mi parecer, es el clásico requisito que confina al analizando al diván, aunque éste ya sólo es usado por una reducida minoría de profesionales.

A medida que los abordajes psicodinámicos (para usar el término general) traspasaron el ámbito bipersonal para incluir también a grupos y familias, incorporaron otras técnicas psicodramáticas, como el empleo de coterapeutas como yo auxiliares (Aronson, 1990). Blanck y Blanck (1979) indicaron que el terapeuta debe ser un catalizador, en el sentido de que su presencia es imprescindible pese a no participar en la acción; el uso de auxiliares facilita el cumplimiento de esa meta.

Desafortunadamente, la insistencia de Moreno en sus diferencias con el psicoanálisis dio como resultado el descuido de ciertas áreas. Para remediar este problema; por ejemplo, hoy los psicodramatistas prestan creciente atención a las transferencias (Buckley, 1989; Hamer, 1990).

El psicodrama puede complementar ciertas ideas psicoanalíticas. Por ejemplo, la corriente llamada psicología del *self* concede cada vez mayor importancia a la relación empática del analista con el analizando. Técnicas como la del doble pueden ser modificadas para ayudar en este proceso. De acuerdo con esta misma rama psicoanalítica, la motivación primaria es la necesidad de experimentarse a sí mismo como coherente y valorado. Con este fin, así, la actividad física del paciente, más allá del solo acto de hablar, puede contribuir al sentido de sí mismo como la *sede de control* o como el agente creativo en una interacción (Swink y Buchanan, 1984). Esto puede ser reforzado con la práctica de roles en la elaboración de varios *insights.*

Para la subcorriente de las relaciones objetales, la motivación primaria es el establecimiento de un sentido de estabilidad con los objetos del deseo, lo cual es hasta cierto punto comparable con la visión de Moreno acerca de la naturaleza de la inserción social, como expondré en el capítulo 18. El concepto de *átomo social* de Moreno también podría ser traducido como el agregado de las relaciones de objeto de un individuo. Psicodramatistas como Holmes (1992), Olsson (1989) y Powell (1986) han señalado específicamente la posibilidad de realizar psicodramas con base en la teoría de las relaciones objetales.

En el marco de este enfoque, personas –del pasado y del presente– son experimentadas como imágenes mentales continuamente recreadas, a la manera de las figuras de un sueño o, mejor aún, de dramas interiores. Un destacado psicoanalista lo explicó así:

> La vida psíquica es vista ahora no como un aparato de control sobre pulsiones instintivas impersonales, sino como un drama complejo y eminentemente personal en su naturaleza esencial. Este drama personal de aspectos del yo y objetales en constante interacción constituye la compleja estructura del individuo psíquico [Guntrip, 1957, p. 59].

Además, el cliente o protagonista desempeña un rol, e interactúa con otros individuos en esas ilusiones internas. De este modo, la terapia implica la exteriorización de esas fantasías para permitir la expresión de los diálogos interiores, proceso que el psicodrama puede facilitar mediante la escenificación de la interacción dramática total (Watkins, 1986, pp. 22-28).

El psicodrama es especialmente útil en el esclarecimiento de la interacción dinámica llamada *identificación proyectiva*, la cual supone al menos dos partes. Esta interacción es muy similar a los "juegos" descritos por Eric Berne en su sistema de análisis transaccional, mientras que en términos de la teoría aplicada de los roles podría ser llamada *reciprocidad de roles*. De acuerdo con la identificación proyectiva, una persona acepta en forma inconsciente, o al menos se ve fuertemente tentada a hacerlo, una actitud o sentimiento que otra le comunica (Cashdan, 1988). El psicodrama puede explicitar y resolver mejor esas maniobras con el empleo de técnicas como la inversión de roles o la consumación de actos (es decir, haciendo que el auxiliar se comporte como complemento perfecto de la actitud implicada).

En la última década avanzó enormemente en el nivel organizativo la reintegración del psicodrama y otros abordajes psicodinámicos y psicoanalíticos. Psicodramatistas como David Kipper, Sandra Garfield, Merri Goldberg y Jim Sacks presentaron ponencias en congresos de la American Group Psychotherapy Association (AGPA, la principal organización estadounidense de terapia grupal de orientación psicoanalítica), en cuyas revistas han aparecido asimismo artículos sobre el tema. Garfield organizó además un grupo de interés especial en la American Society for Group Psychotherapy and Psychodrama (ASGPP) para explorar esta interfaz y, junto con ella, también otros psicodramatistas presentaron ponencias en esta asociación sobre aspectos del psicoanálisis y el psicodrama.

Integración con otros abordajes

La *terapia cognitiva* incita a las personas a evaluar sus supuestos de manera más sistemática y racional. Desarrollada por Aaron Beck en la década de 1960, esta perspectiva ha obtenido creciente reconocimiento, debido en parte a que puede ser explicada en términos muy racionales (Beck y Weishaar, 1995). Asimismo, varios terapeutas cognitivos emplean una vasta gama de técnicas, incluido el *role playing*.

La *terapia conductual,* que surgió también en diversas versiones, en la década de 1960, integró pronto a su repertorio básico las técnicas de acción del ensayo, la modelación y la retroalimentación, así como la dramatización (Wilson, 1995, p. 210). A su vez, este enfoque ofrece sustento teórico adicional al entrenamiento de roles, la asesoría y otros mecanismos psicodramáticos. Es interesante hacer notar que las terapias cognitiva y conductual fueron combinadas por Donald Meichenbaum y otros especialistas (Linehan, 1987) en la *terapia conductual cognitiva.*

Terapia gestáltica. Fritz Perls emigró de Sudáfrica a Estados Unidos en 1947 y asistió a varias sesiones de Moreno, de las que extrajo técnicas de *role taking,* en particular la de la silla vacía, que más tarde complementaría con sus propias ideas existencialistas y psicodinámicas (Perls, 1973). El intercambio de técnicas y principios entre ambas disciplinas continúa hasta la fecha y sus métodos son muy compatibles. (Por cierto, la contribución de Laura Perls a principios de la década de 1950 no debe ser subestimada.) Paradójicamente, la terapia gestáltica alcanzó tanta popularidad en los años setenta que libros que aluden a métodos de acción los llaman *técnicas gestálticas,* ignorando que su verdadera fuente es el psicodrama.

Las *terapias de imaginación,* como las propuestas por Leuner, Sheikh, Ahsen, Shorr y otros (Zahourek, 1998), contienen elementos que complementan el psicodrama y podrían ser enriquecidas a su vez con la inclusión de técnicas psicodramáticas, como los apartes, la descripción de roles y la inversión de roles. Estos enfoques también tienden puentes entre las terapias cognitivas, las terapias expresivas y las hipnoterapias (Shorr, 1994). Los procesos de visualización asociados con el entrenamiento de la biorretroalimentación podrían incluir de igual forma recursos psicodramáticos, como las técnicas de realidad suplementaria de proyección futura o la reconstrucción del pasado. Además, algunas técnicas psicodramáticas están diseñadas para evocar imágenes y trabajar con ellas como parte del proceso (Hug, 1997).

Las *artes creativas en terapia* están naturalmente aliadas con aplicaciones del psicodrama (McNiff, 1981). Sistemas de pintura, música, danza y movimiento, poesía y drama han empleado métodos psicodramáticos en calidad de caldeamiento o como actividad posterior para una integración más completa (Barragar-Dunne, 1997; Blatner, 1987; Feder y Feder, 1981; Robbins, 1980; Peterson y Files, 1989). Textos de estos campos confirman también la lógica del psicodrama.

La *terapia de juego,* aunque tradicionalmente dirigida sólo a niños, tiene aplicaciones adaptadas para adolescentes y adultos, sobre todo con restricciones de articulación verbal (Tooley, 1973). Los métodos psicodramáticos enriquecen asimismo el repertorio de los terapeutas de juego.

Las *terapias corporales* pueden ampliar y complementar los elementos de acción física del psicodrama. Técnicas derivadas del análisis bioenergético pueden ser modificadas y utilizadas para intensificar la abreacción y trasladar a la

conciencia complejos emocionales relacionados con áreas corporales de tensión. Abordajes afines también son susceptibles de integración (Marrone, 1990).

El *proceso del movimiento de Pesso-Boyden* fue desarrollado por maestros de danza en la década de 1960 e incluye un proceso de dramatización *psicomotriz* que guarda cierta semejanza con el psicodrama y la escultura familiar (Pesso, 1969; Pesso y Crandall, 1991; Geller, 1978; Marrone, 1990). Su base también podría hacer y recibir aportaciones del psicodrama.

La *hipnoterapia* fue combinada con el psicodrama desde los inicios de su desarrollo. Ciertamente, la representación psicodramática suele generar en el protagonista y otros participantes un nivel de trance de suave a moderado. Algunas de las técnicas más recientes de este campo en rápido crecimiento (así como del enfoque afín de programación neurolingüística) incluyen principios psicodramáticos, como hacer que partes de uno mismo dialoguen entre ellas y, según una propuesta reciente, con un sí mismo sintetizador.

La *terapia adleriana* (psicología individual) fue considerada por Rudolf Dreikurs como complemento natural del psicodrama. Éste dispuso que uno de sus colaboradores, Adaline Starr (1973), asistiera a la academia de Moreno y desarrollara esta línea de colaboración. Desde entonces, el psicodrama ha sido parte regular del programa de estudios del Alfred Adler Institute de Chicago y ha sido adaptado como forma integrada por Shoobs, O'Connell y otros.

La *terapia junguiana* (psicología analítica) también ofrece oportunidades para la integración de métodos psicodramáticos. Watkins (1986) describió un extenso uso de diálogos imaginales para trabajar con imágenes arquetípicas, a sólo un paso de la actuación. La modificación y prolongación por James Hillman del pensamiento de Jung, de lo que derivó lo que él mismo llama la *psicología arquetípica*, también podría beneficiarse del uso de técnicas de acción. Éstas darían mayor vividez a la imaginación, considerada por Hillman (1983) la esencia de la espiritualidad y el verdadero objetivo de su enfoque terapéutico.

La *terapia familiar* ha utilizado una amplia variedad de enfoques activos y directivos. Es un contexto natural para la aplicación de técnicas psicodramáticas, especialmente el aparte, tras bastidores, la inversión de roles y el doble (Blatner, 1994; Hayden-Seman, 1998; Perrott, 1986). A su vez, el trabajo en terapia familiar ha aportado varias ideas que pueden dar sustento al psicodrama (Farmer, 1996). La escultura familiar, derivación de la sociometría de acción, es una adaptación particularmente notable, de la que me ocuparé en el capítulo 18.

La *terapia grupal* ha usado más frecuentemente técnicas de acción en las últimas décadas, y podría adoptar con facilidad otros métodos psicodramáticos (Nicholas, 1984; Cabral, 1987; Kottler, 1994, p. 273; Corey y Corey, 2000). Moreno percibió la sinergia entre estas dos disciplinas. Deseo insistir en la necesidad de que los psicodramatistas conozcan la bibliografía general de la psicoterapia de grupo, la cual detalla numerosas dinámicas y estrategias que aún no han sido plenamente articuladas en la bibliografía psicodramática. Asimismo, los

fundamentos teóricos de la psicoterapia grupal apuntalan, desde luego, la lógica del psicodrama.

Potencial de integración con el psicodrama es discernible también en muchas otras terapias, como el análisis transaccional de Eric Berne (Jacobs, 1977), la terapia realista de William Glasser (Greenberg y Bassin, 1976), entre otros. La *terapia feminista* es especialmente compatible con el psicodrama (Worell y Remer, 1992). En su *Handbook of Innovative Psychotherapies,* Corsini (2000) menciona varios abordajes con elementos de acción o *role playing.*

Otras disciplinas

El psicodrama ofrece ideas que pueden ser útiles en muchos campos más allá de la psicoterapia y, a su vez, su propia teoría es ricamente fertilizada por la investigación y el desarrollo en esos campos.

El *desarrollo infantil* ha hecho grandes progresos, de modo que los psicodramatistas no deben basar su comprensión de este terreno en especulaciones de Moreno. No obstante, las ideas de éste sobre la espontaneidad, *role taking,* tele y otras dinámicas psicosociales podrían enriquecer a este campo.

Los *estudios de comunicación,* la *lingüística,* la *semántica,* la *comunicación no verbal,* la *semiótica,* la *psicología social,* la *antropología* y campos afines han desarrollado ideas valiosas para los psicodramatistas y otros líderes de grupos. Los *estudios transculturales* han explorado a su vez la naturaleza del drama en la curación, celebraciones y rituales, y pueden contribuir a revisiones y mejoras en el psicodrama.

El campo interdisciplinario de *estudios de creatividad* –relacionado con teorías de autorrealización, "flujo" y muchas otras áreas de indagación– es asimismo digno de ser mencionado. La naturaleza del *juego* se ha convertido también en objeto de estudio de antropólogos, etólogos (estudiosos de la conducta animal comparada), investigadores del desarrollo infantil, entre otros, y tiene relación de igual forma con el porqué y cómo de la utilidad del psicodrama.

Resumen

Un buen instrumento puede ser útil en muchos contextos, y los métodos y conceptos del psicodrama son notablemente flexibles y susceptibles de adaptación a un vasto repertorio de terapias y modelos de la psicología. Esta vía no es, sin embargo, exclusivamente unidireccional. El psicodrama, tanto en su teoría como en su práctica, puede enriquecerse e inspirarse en todos los abordajes mencionados en este capítulo.

Referencias

Arkowitz, Hal, "Integrative Theories of Psychoterapy", en P. L. Wachtel y S. B. Messer (eds.), *Theories of Psychotherapy: Origins and Evolution,* American Psychological Association, Washington, 1997.

Aronson, Marvin L., "Integratin Moreno's Psychodrama and Psychoanalytic Group Therapy", *Journal of Group Psychotherapy, Psychodrama and Sociometry,* vol. 42, núm. 4, 1990, pp. 199-203.

Barragar-Dunne, Pamela, *Double Stick Tape: Poetry, Drama, and Narrative in Therapy for Adolescents,* Drama Therapy Institute/Possibilities Press, Los Ángeles, 1997.

Beck, Aaron T. y Marjorie E. Weishaar, "Cognitive Therapy", en R. J. Corsini y D. Wedding, *Current Psychotherapies,* 5a. ed., F. E. Peacock, Itasca, 1995, pp. 229-261.

Blanck, Gertrude y Rubin Blanck, *Ego Psychology II,* Columbia University Press, Nueva York, 1979.

Blatner, Adam, "Preface", en Morris R. Morrison (ed.), *Poetry as Therapy, Human Sciences Press,* Nueva York, 1987.

—, "Psychodramatic Methods in Family Therapy", en C. E. Schaefer y M. Watson, *Family Play Therapy,* Jason Aronson, Northvale, 1994.

—, "Role Dynamics: A User-friendly 'Language' for Psychotherapy Integration", ponencia presentada en el congreso anual de la Society for the Exploration of Psychotherapy Integration (SEPI), Washington, 1995.

Buckley, Ineke, "The Hidden Agenda: Reflections on Transference in the Psychodrama Group", *Journal of the British Psychodrama Association,* vol. 4, núm. 2, 1989, pp. 51-62.

Cabral, R. J. "Role Playing as a Group Intervention", *Small Group Behavior,* núm. 18, 1987, pp. 470-482.

Carlson-Sabelli, Linnea, Hector Sabelli y Ann Hale, "Sociometry and Sociodynamics", en P. Holmes, M. Karp y M. Watson (eds.), *Psychodrama since Moreno,* Routledge, Londres y Nueva York, 1994, pp. 145-185.

Cashdan, Sheldon, *Object Relations Therapy: Using the Relationship,* W. W. Norton, Nueva York, 1988.

Corey, Gerald y Marianne Corey, *Theory and Practice of Group Counseling,* Brooks/Cole, Pacific Grove, 2000.

Corsini, Raymond J. (ed.), *Handbook of Innovative Psychotherapies,* 2a. ed., Wiley/Interscience, 2000.

Duhl, Bunny, "Sculpture and the Theater of the Mind", en *From the Inside out and other Methaphors,* ed. de autor, Boston, 1983, cap. 10, pp. 213-266.

Dolnick, Edward, *Madness on the Couch,* Simon and Schuster, Nueva York, 1998.

Farmer, Chris, *Psychodrama and Systemic Therapy,* Karnac Books/Taylor and Francis, 1996.

Feder, Elaine y Bernard Feder, *The Expressive Arts Therapies,* Prentice-Hall, Englewood Cliffs, 1981.

Ford, Donald H. y Hugh B. Urban, *Contemporary Models of Psychotherapy: A Comparative Analysis,* Wiley, Nueva York, 1998.

Geller, Jesse D., "The Body, Expressive Movement, and Physical Contact", en Jerome L. Singer y Kenneth S. Pope (eds.), *The Power of Human Imagination: New Methods in Psychotherapy,* Plenum, Nueva York, 1978.

Greenberg, Ira y Alexander Bassin, "Reality Therapy and Psychodrama", en A. Bassin, T. Bratter y R. Rachin (eds.), *The Reality Therapy Reader,* Harper and Row, Nueva York, 1976, pp. 231-240.

Guntrip, Harry, *Psychotherapy and Religion,* Harper and Brothers, Nueva York, 1957.

Hale, Ann E., *Conducting Clinical Sociometric Explorations: A Manual for Psychodramatists and Sociometrists,* ed. de autor, Roanoke, 1981, 1985.

Hamer, Neil, "Group-analytic Psychodrama", *Group Analysis,* núm. 23, 1990, pp. 245-254.

Hayden-Seman, Joyce, *Action Modality Couples Therapy,* Jason Aronson, Northvale, 1998.

Hillman, James, *Archetypal Psychology: A Brief Account,* Spring Publications, Dallas, 1983.

Holmes, Paul, *The Inner World Outside: Object Relations Theory and Psychodrama,* Routledge, Nueva York, 1992.

Hug, Ed. "Current Trends in Psychodrama: Eclectic and Analytic Dimensions", *The Arts in Psychotherapy,* vol. 24, núm. 1, 1997, pp. 31-35.

Jacobs, Allan, "Psychodrama and TA", en M. James (ed.), *Techniques in Transactional Analysis,* Addison-Wesley, Reading, cap. 14, 1977.

Johnson, David Read, *Essays on the Creative Arts Therapies,* Charles C. Thomas, Springfield, 1999.

Kipper, David A., "Behavior Simulation: A Model for the Study of the Simulation Aspect of Psychodrama", *Journal of Group Psychotherapy, Psychodrama and Sociometry,* núm. 35, 1982, pp. 1-17.

—, "Classical and Contemporary Psychodrama: A Multifaceted Action Oriented Psychotherapy", *International Journal of Action Methods,* vol. 50, núm. 3, 1997, pp. 99-107.

Kottler, Jeffrey A., *Advanced Group Leadership,* Brooks/Cole, Pacific Grove, 1994.

Linehan, Marsha, "Dialectical Behavioral Therapy: A Cognitive Behavioral Approach to Parasuicide", *Journal of Personality Disorders,* núm. 1, 1987, pp. 328-333.

McNiff, Shaun, *The Arts and Psychotherapy,* Charles C. Thomas, Springfield, 1987.

Moreno J. L. y Z. T. Moreno, *Psychodrama,* vol. 2, Beacon House, Beacon, 1959.

Nicholas, Mary W., *Change in the Context of Group Therapy,* Brunner/Mazel, Nueva York, 1984.

Norcross, John O. y Marvin R. Goldfried, *Handbook of Psychotherapy Integration,* Basic Books, Nueva York, 1992.

Olsson, Peter A., "Psychodrama and Group Therapy Approaches to Alexithymia", en D. A. Halperin (ed.), *Group Psychodynamics: New Paradigms and New Perspectives,* Year Book Medical Publishers, Chicago, 1989.

Perls, Fritz, "Shuttling, Psychodrama, and Confusion", en *The Gestalt Approach,* Science and Behavior Books, Palo Alto, 1973.

Perrot, Louis A., "Using Psychodramatic Techniques in Structural Family Therapy", *Contemporary Family Therapy,* vol. 8, núm. 4, 1986, pp. 279-290.

Pesso, Albert, *Movement in Psychotherapy,* New York University Press, Nueva York, 1969.

— y J. Crandall (eds.), *Moving Psychotherapy,* Brookline, Cambridge, 1991.

Peterson, Jean y Leigh Files, "The Marriage of Art Therapy and Psychodrama", en H. Wadeson, J. Durkin y D. Perach (eds.), *Advances in Art Therapy,* Wiley, Nueva York, 1989.

Powell, Andrew, "Object Relations in the Psychodramatic Group", *Group Analysis,* núm. 19, 1986, pp. 125-138.

Remer, Rory, "Chaos Theory and the Hollander Psychodrama Curve: Trusting the Process", *International Journal of Action Methods,* vol. 50, núm. 2, 1997, pp. 51-70.

Robbins, Arthur, *Expressive therapy,* Human Sciences Press, Nueva York, 1980.

Shorr, Joseph E., *Psychotherapy Through Imagery,* Fithian Press, Santa Bárbara, 1994.

Starr, Adaline, "Sociometry of the Family", en Harold H. Mosak (ed.), *Alfred Adler: His Influence on Psychology Today,* Noyes Press, Park Ridge, 1973, pp. 95-105.

Swink, David F. y Dale R. Buchanan, "The Effects of Sociodramatic Goal-oriented Role Play and Non-goal-oriented Role Play on Locus of Control", *Journal of Clinical Psychology,* vol. 40, núm. 5, 1984, pp. 1178-1183.

Tooley, Kay, "Playing it Right", *Journal of the American Academy of Child Psychiatry,* vol. 12, núm. 4, 1973, pp. 615-631.

Verhofstadt-Denève, Leni, "The Phenomenal-dialectic Personality Model: A Frame of Reference for the Psychodramatist", *Journal of Group Psychotherapy, Psychodrama and Sociometry,* vol. 41, núm. 1, 1988, pp. 3-20.

—, *Theory and Practice of Action and Drama Techniques: Developmental Psychotherapy from an Existential-dialectical Viewpoint,* Jessica Kingsley-Taylor and Francis, Londres/Filadelfia, 1999.

Watkins, Mary, *Invisible Guests: The Development of Imaginal Dialogue,* Erlbaum/The Analytic Press, Hillsdale, 1986.

Wilson, G. Terence, "Behavior Therapy", en R. J. Corsini y D. Wedding, *Current Psychotherapies,* 5a. ed., F. E. Peacock, Itasca, 1995, pp. 197-228.

Worell, J. y P. Remer, *Feminist Perspectives in Therapy: An Empowerment Model for Women,* Wiley, Nueva York, 1992.

Zahourek, Rothlyn, "Imagery", *Alternative Health Practitioner,* vol. 4, núm. 3, 1998, pp. 203-231.

J. L. Moreno, *circa* 1971.

CAPÍTULO 14

Factores terapéuticos

El psicodrama da resultado no sólo a causa de los factores terapéuticos señalados por Moreno y expuestos en los capítulos anteriores, sino también porque participa de elementos curativos más generales que pueden ser descritos en términos psicodinámicos. En este capítulo indicaremos que los métodos psicodramáticos pueden ser eficaces para tres propósitos: 1) facilitar los factores terapéuticos de la terapia grupal, 2) promover diversas dimensiones de la "fuerza del yo" y 3) contribuir a las fases de la terapia. Casi todos estos puntos permiten explicar asimismo la efectividad del psicodrama en contextos no clínicos.

Factores terapéuticos de la psicoterapia grupal

Moreno fue uno de los pioneros de la psicoterapia grupal y dedicó buena parte de sus últimos años a promover todo tipo de tratamientos grupales, así como el psicodrama. Corsini y Rosenberg (1955) estuvieron entre los primeros estudiosos que intentaron identificar los factores que explican la curación en la terapia grupal. Bloch y Crouch (1985) resumieron recientemente proyectos similares posteriores. Kellermann (1984) aplicó esa idea al psicodrama. Quizá la lista más conocida de factores terapéuticos de la psicoterapia de grupo sea la que Yalom (1975) incluyó en su ya clásico libro de texto sobre la psicoterapia grupal. La sintetizaré en seguida, a partir de la versión de la cuarta edición del libro de Yalom (1995, pp. 1-105), y añadiré algunas observaciones acerca del empleo de métodos psicodramáticos como catalizadores complementarios.

- *Infundir esperanza* es un tema fundamental para todo tipo de terapias (Ehrenwald, 1976). Puede ocurrir mediante el contacto con quienes ya se han beneficiado del proceso o con un terapeuta que tenga fe en el potencial del método para generar una transformación creativa o un cambio positivo, o por medio de la preservación de la expectativa de ayuda.
- La *universalidad* se refiere al descubrimiento de que los demás comparten las preocupaciones de un individuo, lo cual constituye una poderosa fuen-

te de apoyo. Uno de los factores más significativos de la "enfermedad" psicosocial es la desmoralización, la cual se deriva en parte de la sensación de alienación, la creencia de que las deficiencias y problemas personales son únicos y vergonzosos. Los métodos psicodramáticos ayudan a los miembros del grupo a darse cuenta de la vastedad de los sentimientos comunes implicados en la condición humana, lo cual favorece la eficacia de la terapia.

- *Altruismo,* origen de la actitud de interés en los demás y de las habilidades correspondientes, es un importante elemento en la curación, a causa de que la mencionada sensación de alienación también echa raíces en la tendencia al egocentrismo. Pese a las afirmaciones, en artículos aparecidos en la última década, de que los grupos pueden fomentar el narcisismo, lo cierto suele ser lo contrario, porque la terapia de grupo alienta a los miembros de éste a abandonar sus hábitos egocéntricos y a considerar en profundidad las necesidades y sentimientos de los demás. El psicodrama emplea la inversión de roles como método específico para alcanzar esa meta. Este método operativo desarrolla lo que Alfred Adler juzgó *la* actitud más importante de todas: la *Gemeinschaftsgefühl* (*sensibilidad social* o *sentido de comunidad*). Adler pensaba que ésta era la mejor opción a las luchas de poder personal, las que, en su opinión, son la base de buena parte de la psicopatología.
- *El esclarecimiento mediante la información* remedia un elemento común de las disfunciones psicológicas: el desconocimiento de datos sobre la psicología y de habilidades de resolución de problemas (vea el capítulo 12).
- La *experiencia emocional correctiva* es producto del incumplimiento de expectativas de juicio, culpabilización u otras actitudes y creencias basadas en la experiencia pasada, pues, por el contrario, los miembros del grupo reciben apoyo, lo que les ayuda a "reprogramar" su conformación psicológica. El psicodrama y las técnicas sociométricas contribuyen a este proceso al hacer aún más explícitos los elementos no verbalizados de las interacciones y al favorecer, mediante el teatro espontáneo, la toma de conciencia de los miembros del grupo acerca de su lugar en éste. Quizá la fuente más eficaz de la experiencia correctiva sea la que se desprende de que el protagonista imagine haber recibido de alguien una respuesta más grata en el pasado, para co-crear después, por medio de la realidad suplementaria, una escena en la que "experimente" un trato positivo. Esto confirma la validez de sentimientos desterrados y potencia al protagonista para hacer valer sus deseos.
- El *desarrollo de técnicas de socialización* ocurre en el curso de la terapia grupal verbal convencional, aunque la adición de métodos psicodramáticos aporta la riqueza del aprendizaje vivencial (vea el capítulo 12).
- El *moldeamiento,* la adopción de conductas más sanas de otros miembros del grupo, es un elemento importante, prolongación del factor anterior.

Bandura (1971) destacó este elemento en su enfoque de terapia conductual, y la dramatización profundiza este proceso.

- El *aprendizaje interpersonal* es otra variante de muchos de los factores ya referidos.
- La *cohesión grupal* es una poderosa experiencia que implica los sentimientos de aceptación y pertenencia. El descubrimiento por los individuos de que son aceptados sin la condición de suprimir sus ideas o sentimientos para ajustarse al grupo también constituye un notable factor curativo. La valoración de la creatividad en el psicodrama permite que ideas o conductas no convencionales sean vistas como un tipo de expresión artística, lo que fomenta la integración entre el empeño de individualidad y la presión de las normas grupales.
- La *catarsis,* la liberación emocional que acompaña a la expansión e integración del yo, es un importante factor terapéutico en la psicoterapia de grupo. El psicodrama se distingue por la utilización de este recurso, como expliqué en el capítulo 11.
- Los *problemas existenciales* son confrontados en la terapia de grupo al compartir ciertas realidades inmutables de la vida; la injusticia, la imposibilidad de escapar al dolor y otras dimensiones imponen un profundo cambio hacia la aceptación (no la resignación) y la responsabilidad. La ya mencionada dinámica de la cohesión grupal puede servir para atenuar el mensaje, gracias a la presencia de los demás. Pese a la verdad existencial de que, como rezaba un antiguo himno espiritual, "irás siempre solo por el mundo", otros pueden ir a tu lado, al menos durante un tiempo. Compartir *con* los demás nuestros sentimientos más profundos puede hacer mucho para reducir nuestra sensación de extrema soledad y contribuir al proceso de curación.

Fortalecimiento del yo

Otro punto de vista para apreciar la eficacia del psicodrama es considerar la utilidad de sus diversas técnicas para fortalecer el yo del protagonista. S. R. Slavson (1955) apuntó que –junto con la relación, la catarsis, el *insight,* la evaluación de la realidad y la sublimación– el fortalecimiento del yo es una de las dinámicas comunes a todas las psicoterapias. En una importante crítica constructiva al psicoanálisis, Yankelovitch y Barrett (1970) afirmaron que una deficiencia de éste es que carece de métodos para el fortalecimiento directo del yo. Kubie (1966) ofreció un indicio del tipo de fortaleza indispensable al hacer notar que un importante indicador de salud mental es la flexibilidad mental personal, cualidad similar a lo que Moreno entendía por espontaneidad. Finalmente, Marsha Linehan (1987) señaló, como parte de su método de terapia conductual dialéc-

tica, la necesidad de enseñar a los clientes una amplia variedad de habilidades de fortalecimiento del yo.

Con base en la escala de Bellak de las 12 categorías de las funciones del yo (Bellak, Hurvich y Gediman, 1973), veamos las contribuciones que el psicodrama puede hacer al fortalecimiento de esas dimensiones.

- La *prueba de realidad* es intensificada con el psicodrama, porque en la dramatización los protagonistas deben confrontar sus percepciones con la realidad del consenso social y con las limitaciones de representaciones concretas. Pese a la libertad del contexto dramático, la naturaleza concreta de la representación física de una escena contrarresta las distorsiones introducidas por las maniobras de evasión, las cuales tienden a desvirtuar la terapia verbal. El cambio físico de roles permite la distinción explícita de estímulos internos y externos; la plena expresión de sueños y fantasías contribuye en forma complementaria a su diferenciación consciente.
- El *juicio* es ejercitado a través de la dramatización de situaciones hasta sus conclusiones lógicas. Esto interfiere con tendencias a la negación. La tentación de correr riesgos puede ser colmada de manera simbólica en un contexto relativamente seguro, lo que permite diferenciar entre riesgos con mayores o menores consecuencias. Por medio de la inversión de roles, los protagonistas pueden advertir respuestas sociales inapropiadas y aprender a discriminar entre sus intenciones, por buenas que sean, y el impacto de conductas específicas juzgadas desde el punto de vista de otra persona. Un tema adicional es la diferenciación entre deseos y expectativas realistas, para lo cual es útil brindar la oportunidad de satisfacer en la fantasía el "hambre de actos", a fin de identificar después las limitaciones de las probables opciones disponibles.
- El *sentido de realidad,* el sentimiento subjetivo, sirve como indicador de cierto grado de posesión, voluntad y responsabilidad personales. Es lo contrario del estado producido por los sutiles o significativos mecanismos de defensa de la negación, la despersonalización y la irrealización. En lugar de permitir el rechazo de la experiencia, el psicodrama es particularmente eficaz para integrarla, ya que implica acción física e imaginación, sensación e intuición, emoción y razón, dinámica intrapsíquica e interpersonal, etcétera. Al decidir cómo proceder a la dramatización de una escena, es crecientemente difícil responder de acuerdo con las (supuestas) expectativas de los demás, de manera que las tendencias al "como si" son gradualmente remplazadas por componentes de identidad más auténticos y sostenidos. Por medio, también en este caso, de la inversión de roles, los protagonistas pueden diferenciar entre sus cualidades, opiniones y preferencias y las de personas significativas para ellos.
- La *regulación y el control de pulsiones, afectos e impulsos* puede ser favorecida mediante la expresión simbólica en el ámbito contenido del drama.

Formas inmaduras de descarga emocional pueden ser sucedidas por la dramatización de reacciones maduras en un proceso de entrenamiento de roles. Es posible desarrollar y ejercitar asimismo gran variedad de canales de sublimación, mientras que el ofrecimiento de modos saludables de gratificación facilita la renuncia a antiguos patrones de pensamiento y conducta escasamente adaptativos.

Con el uso de una extensa gama de escenas y situaciones, los protagonistas pueden encontrar en sí mismos un vasto repertorio de emociones y conductas; en el curso de la educación de la espontaneidad, éstas son modificadas en función de la evaluación de la realidad y la toma de decisiones. En lugar de patrones habituales de reacción cargados de inhibiciones extremas o estallidos emocionales, la persona se familiariza con el disfrutable dominio de un enorme espectro de estrategias de solución.

- Las *relaciones objetales* son susceptibles de ser exploradas mediante representaciones psicodramáticas, lo que da pie al desarrollo de habilidades en formas gradualmente complejas. Los auxiliares ejecutan roles de las reacciones habituales del protagonista, para después reevaluarlas y depurarlas. Por medio de la inversión de roles, los protagonistas trascienden sus inmaduras tendencias al egocentrismo y admiten que los demás poseen puntos de vista propios. La inversión de roles también promueve un cambio desde tendencias inmaduras a la "clasificación" de los demás según sean experimentados como totalmente buenos o totalmente malos hacia una capacidad más madura de "constancia de objetos", la conciencia de que, pese a la combinación en los demás de cualidades deseables e indeseables, es posible relacionarse con ellos. Posteriormente, la inversión de roles y la asesoría pueden culminar, en pasos graduales, en la capacidad de empatía.

La frustración al saber que las necesidades de los demás podrían entrar en conflicto con las propias es compensada por el descubrimiento de que aquéllos también son capaces de perdón, inclusividad, magnanimidad y otras cualidades positivas. La inversión de roles conduce al desarrollo de una confianza más realista y madura, lo cual evita los errores de la idealización y la devaluación. Además, esta habilidad se convierte en un recurso valioso para descubrir y enmendar distorsiones transferenciales (Kellermann, 1996).

- Los *procesos de pensamiento* son ejercitados en un ambiente dinámico que demanda un significativo grado de concentración, memoria y atención, al menos en dramatizaciones complejas. Los métodos psicodramáticos fomentan las capacidades de pensamiento de los protagonistas mediante el ejercicio del cambio entre niveles abstractos y concretos de significado o entre modos de acción "de juego" y "serios". Tales actividades los ayudan a comunicarse más claramente, aunque también a aprender a usar el lenguaje en forma metafórica. Estas técnicas pueden ser modificadas y sim-

plificadas, desde luego, para su ajuste a las habilidades de quienes padecen graves dificultades en el área del funcionamiento cognitivo. Así, aunque el psicodrama *clásico* quizá no sea apropiado para pacientes con discapacidades de desarrollo, dementes, con delirios o psicóticos, técnicas de acción estructuradas suelen ser más útiles que métodos puramente verbales y no directivos (Yalom, 1983).

- La *regresión adaptativa al servicio del yo* (RASY), término ideado por Bellak, es la capacidad para usar el juego, la fantasía, la intuición, el humor, la imaginación artística y otros componentes del reino subconsciente del *proceso primario* como vehículos para una vida creativa (Bellak *et al.*, 1973). El psicodrama emplea activamente esta función del yo, cuya fluidez y destreza aumentan con el uso. La espontaneidad, tal como Moreno la definió, pone en equilibrio impulsos e inspiraciones intuitivas con los poderes de la razón, la sensibilidad y expresividad estéticas con la efectividad y el proceso primario con el secundario.
- El *funcionamiento defensivo* es un área de desarrollo del yo con la que es posible trabajar sistemáticamente mediante la introducción y demostración explícita de la eficacia de defensas maduras como la sublimación, supresión, compensación, afirmación y reevaluación. El modelamiento por otros de la resolución de problemas fomenta la tolerancia de grados de ansiedad de suaves a moderados. La seguridad del escenario y el grupo permite una clara y expresa demostración de la dinámica implicada. La formación reactiva, anulación, respuestas contrafóbicas, aislamiento, desplazamiento, proyección y otras defensas simbólicas pueden ser dramatizadas y neutralizadas con el uso del doble, la concretación y el cambio de aspectos de escenas. El reenmarcamiento de mecanismos de defensa como hábitos de pensamiento facilita su remplazo por defensas y adaptaciones maduras, las que a su vez pueden ser practicadas, alentadas y reforzadas.
- Las *barreras contra estímulos* son fortalecidas en el psicodrama con técnicas de distanciamiento, amortiguación (*buffering* en psicología) y moderación (Blanck y Blanck, 1979). Las habilidades para la realización de indispensables pausas con el uso de técnicas de caldeamiento pueden ser adaptadas a las necesidades individuales. Los miembros del grupo aprenden medios para imponerse límites en forma consciente y recíproca, afirmarse, buscar un momento de tranquilidad y no permitir presiones ni hostigamientos.
- Las *funciones de autonomía* son ejercitadas mediante el incremento de la seguridad en la conducta espontánea. Cuanto más improvisen los pacientes, descubrirán mayor creatividad en sí mismos. El grupo tiende a apoyar y aprobar los aspectos positivos de la expresión individual, de modo que los pacientes desarrollarán habilidades y seguridad en sus propios recursos. Apoyado por el ámbito relativamente protegido del grupo, el sutil abandono de cohibición y autocontrol inducido por la escenificación psicodramática incita creciente confianza en la espontaneidad.

- La *función sintetizadora e integradora* es quizá la dimensión de mayor desarrollo en una perspectiva psicopedagógica como el psicodrama. La técnica del ego múltiple ayuda a los pacientes a experimentar y aclarar las diferentes partes de su personalidad. El fomento del encuentro interno hace surgir un "sí mismo seleccionador" de rango superior, el cual –en el rol de juez, hermano mayor, guía espiritual u otro personaje sabio y útil– busca acuerdos con nuevas opciones a conflictos interiores.
- La *maestría y aptitud* es una importante dimensión que puede ser favorecida por la práctica conductual de la dramatización y el psicodrama. El grado de dificultad de las situaciones puede aumentar paulatinamente y, gracias al reforzamiento del estímulo grupal, los pacientes comenzarán a experimentar una serie de éxitos.

Junto con las funciones del yo, Bellak y colaboradores (1973) aludieron asimismo a algunos aspectos del superyó y del funcionamiento de las pulsiones, los que también pueden ser trabajados constructivamente en psicodrama. Por ejemplo, las distorsiones del superyó –esto es, la opresión de una conciencia excesivamente severa, rígida o laxa– pueden ser más fácilmente abordadas al ser contrastadas con un yo ideal –conjuntos de aspiraciones y modelos– libremente elegido. La técnica de proyección futura permite esclarecer metas y probar aspiraciones y valores en al menos una simulación parcial de posibles opciones. Los métodos psicodramáticos para la evocación de gratificaciones simbólicas también contribuyen a modificar pulsiones agresivas o libidinales (es decir, sexuales) excesivas o sobreinhibidas. La expresión de sí mismo en un entorno protegido permite redirigir sentimientos y objetivos inmaduros hacia canales socialmente aceptables.

Facilitamiento de las fases de la psicoterapia

Si bien es posible que otros tipos de trabajo de grupo aporten detalles diferentes, los métodos psicodramáticos pueden catalizar varias funciones en la terapia (Blatner, 1985). El proceso psicoterapéutico sigue una secuencia lógica, la cual, aunque en absoluto rígida, brinda al profesional una estructura racional:

1. Introducción y apoyo
2. Contrato inicial e historia clínica
3. Focalización de un problema, profundización y revisión de actitudes
4. Formulación y renovación del contrato
5. Manejo de fricciones en la relación terapéutica
6. Reintegración

1. *Introducción y apoyo.* La puesta en marcha de la terapia puede beneficiarse de la aplicación de los principios del *caldeamiento,* para combatir la habitual per-

cepción de los pacientes de que su presentación debe ser excesivamente formal. El *caldeamiento* da lugar a una aproximación gradual al problema. Si el cliente se siente intimidado, la *inversión de roles* con el terapeuta u otros participantes atenuará sus fantasías de que habrá de ser juzgado y contrarrestará asimismo la impresión de *asistencia social* o expectativas poco realistas y hasta mágicas. Para prestar apoyo durante esta vulnerable fase, el terapeuta puede aplicar una versión modificada del doble (que yo llamo *empatía activa*) a fin de hacer saber al cliente que está dispuesto a considerar la situación desde su punto de vista y, más aún, a ser corregido si sus impresiones son incorrectas.

2. *Contrato inicial* e *historia clínica* pueden tener como complemento la representación de pequeñas *viñetas,* minidramatizaciones para precisar una descripción. Las quejas iniciales de los clientes suelen ser vagas o muy abstractas. Yo digo: "no entenderé lo que usted quiere decir hasta que pueda visualizar la escena". Este método cuasidramático ofrece mayor especificidad, revela los elementos no verbales del significado de la interacción presentada y confirma al cliente que el terapeuta entiende su predicamento. También el *sociograma* (al que me referiré en el capítulo 17) puede ser útil en la presentación del caso.

3. *Focalización de un problema, profundización y revisión de actitudes* conducen a la terapia hacia la "mitad del juego". Cabe señalar que a lo largo de esta etapa ocurre un proceso de diagnóstico permanente. A veces no basta con describir un episodio conductual para reactivar todas las partes del patrón implicado. La dramatización del episodio ayuda al cliente a tomar conciencia de todos los aspectos de la experiencia y a comprenderlos (Ford y Urban, 1998, p. 651). Las técnicas del *doble, inversión de roles, concretización, espejo* y *maximización* suelen formar parte de la exploración de los significados subyacentes de las conductas y actitudes que salen a la superficie. En este proceso, acompañado en ocasiones de la *catarsis,* también es posible hacer uso de la *realidad suplementaria* para la escenificación de sueños o fantasías.

Una vez obtenidos ciertos *insights,* el protagonista puede considerar opciones mediante la *redramatización de una escena en forma diferente,* en tanto que el *entrenamiento de roles* es de utilidad para la integración de nuevas actitudes.

4. *Formulación y renovación del contrato.* A menudo es útil despojar de misterio al proceso terapéutico y comentar los significados generales del problema. La *teoría aplicada de los roles* (que expondré en los capítulos 15 y 16) proporciona una terminología relativamente neutra para consolidar la alianza del tratamiento (Blatner, 1993).

5. *Manejo de fricciones en la relación terapéutica.* Es inevitable que surjan fricciones, y trabajar lo que, para mi gusto, ha sido equivocadamente llamado *resistencias* y *transferencias* que brinda abundantes *insights.* Técnicas como las del *espejo* e *inversión de roles* suelen ser útiles para ello. Si el cliente considera que el terapeuta ha cometido un error, puede *redramatizar* la escena para indicar qué pensaría y haría un "buen" terapeuta.

6. La *reintegración* puede ser reforzada con la dramatización de una *escena correctiva* en la que, mediante la técnica del *auxiliar reformado,* el protagonista reviva una situación traumática "convertida" en positiva por la realidad suplementaria. Otra manera de promover la integración es que el cliente redramatice la escena en forma más asertiva de sí mismo, para lo cual podría ser necesario recurrir al *entrenamiento de roles* con asesoría directa, quizá el *modelaje* por otros miembros del grupo y la estimulación y apoyo de respuestas más eficaces. Así, el psicodrama sirve como laboratorio para la experimentación de conductas opcionales, un espacio seguro en el que los clientes pueden ensayar mayor variedad de reacciones.

Los problemas por abordar en la psicoterapia suelen ser complejos, pues contienen diversos asuntos relacionados entre sí. Luego de tratar una faceta de la vida, a menudo surge una situación adicional. En consecuencia, la terapia bien puede implicar la repetición, o repeticiones, de la secuencia aquí descrita. Esto puede prolongarse varios meses o años, con pausas para consolidar habilidades. Las cuestiones de finalización, continuación y otros aspectos de la terapia también deben ser consideradas. Lo importante, con todo, es que, dada la complejidad del proceso, éste ofrece abundantes oportunidades para la eficaz aplicación de métodos psicodramáticos.

Resumen

En definitiva, los factores terapéuticos de la terapia grupal, los componentes del fortalecimiento del yo y las fases de la psicoterapia pueden ser promovidos con el uso de métodos psicodramáticos.

Referencias

Bandura, Albert, *Social Learning Theory,* General Learning Press, Nueva York, 1971.

Bellak, L., H. Hurvich y H. K. Gediman, *Ego Functions in Schizophrenics, Neurotics, and Normals: A Systematic Study of Conceptual, Diagnostic, and Therapeutic Aspects,* Wiley, Nueva York, 1973.

Blanck, Gertrude y Rubin Blanck, *Ego Psychology II,* Columbia University Press, Nueva York, 1979.

Blatner, Adam, "The Eclectic Context of Psychodrama", en *Foundations of Psychodrama,* 1a. ed., ed. de autor, San Marcos, cap. 5, 1985. (Nota del autor: este capítulo no apareció en la 3a. edición del mismo libro, Springer, 1988.)

—, "The Art of Case Presentation", *Resident and Staff Physician,* vol. 39, núm. 2, 1993, pp. 97-103.

Bloch, Sidney y Eric Crouch, *Therapeutic Factors in Group Psychotherapy,* Oxford University Press, Oxford, 1985.

Corsini, Raymond J. y B. Rosenberg, "Mechanisms of Group Psychotherapy: Processes and Dynamics", *Journal of Abnormal and Social Psychology,* núm. 51, 1955, pp. 406-411.

Ehrenwald, Jan, *The Evolution of Psychotherapy,* Jason Aronson, Nueva York, 1976.

Ford, Donald H. y Hugh B. Urban, *Contemporary Models of Psychotherapy: A Comparative Analysis,* Wiley, Nueva York, 1998.

Kellermann, Peter F., "Participants' Perceptions of Therapeutic Factors in Psychodrama", *Journal of Group Psychotherapy, Psychodrama, and Sociometry,* vol. 38, núm. 3, 1985, pp. 123-132.

—, "Interpersonal Conflict Management in Group Psychotherapy: An Integrative perspective", Group Analysis, núm. 29, 1996, pp. 257-275.

Kubie, Lawrence S., *El Proceso Creativo: Su Distorsión Neurótica,* Pax, México, 1966.

Linehan, Marsha, "Dialectical Behavioral Therapy: A Cognitive Behavioral Approach to Parasuicide", *Journal of Personality Disorders,* núm. 1, 1987, pp. 328-333.

Moreno J. L. y Z. T. Moreno, *Psychodrama,* vol. 2, Beacon House, Beacon, 1959.

Slavson, S. R., "Group Psychotherapies", en J. McCary (ed.), *Six Approaches to Psychotherapy,* The Dryden Press, Nueva York, 1955.

Yalom, Irvin D., *Inpatient Group Psychotherapy,* Basic Books, Nueva York, 1983.

—, *The Theory and Practice of Group Psychotherapy,* Basic Books/Harper Collins, Nueva York, 1a. ed., 1975.

Yalom, Irvin, *The Theory and Practice of Group Psychotherapy,* 4a. ed., Basic Books, Nueva York, 1995.

Yankelovitch, Daniel y William Barrett, *Ego and Instinct,* Random House, Nueva York, 1970.

CAPÍTULO 15

Teoría aplicada de los roles I: consideraciones generales

El psicodrama utiliza el lenguaje del teatro, lo que significa hablar de las situaciones en términos de los roles que la gente desempeña, cómo los desempeña, cuáles son los componentes o definiciones de los roles y muchas otras consideraciones afines. Moreno fue uno de los iniciadores de la teoría de los roles sociales, a la que dotó de cierta profundidad a fin de que fuera posible usarla en la resolución de problemas, motivo por el cual yo llamo a esta perspectiva *teoría aplicada de los roles*. Considero que ésta es una valiosa contribución a la psicología, incluso si es aplicada sin asociación con los métodos psicodramáticos.

Antecedentes históricos

La teoría de los roles sociales es una contribución específicamente estadounidense a la psicología social. Surgió en particular entre las décadas de 1930 y 1950, a partir sobre todo de los estudios de Ralph Linton (1936), Talcott Parsons (1937), Theodore M. Newcomb (1942) y Theodore Sarbin (1943), así como de muchos otros especialistas en las décadas posteriores. En la evolución de la teoría de los roles también fueron importantes las aportaciones filosóficas de George Herbert Mead, profesor de la University of Chicago en la segunda y tercera décadas del siglo pasado, aunque destaca en especial la influencia ejercida por su obra póstuma *Espíritu, persona y sociedad* (1934).

Moreno se interesó en el concepto de rol desde 1923. "Comenzando por el mundo social, la función del rol consiste en penetrar el subconsciente para darle orden y forma", escribió entre sus reflexiones sobre el amplio alcance de un teatro de repercusión social. Conservaría ese mismo lenguaje en la década de 1930, durante la cual precisó sus conceptos acerca de la sociometría, el psicodrama y su psicología de orientación social.

Existen dos importantes diferencias entre la teoría sociológica de los roles y la de Moreno. Para comenzar, la primera tiende a ser un ejercicio académico descriptivo, mientras que Moreno puso el acento en las aplicaciones prácticas, el

empleo del análisis con las personas involucradas y para los propósitos de reevaluación y mejora de su vida.

La segunda diferencia es que Moreno advirtió que los roles podían ser desempeñados en forma más o menos creativa, lo que, como explicaré más adelante, implica la idea de lo que llamo *metarroles*, los cuales permiten a los individuos ser más reflexivos y mostrar mayor disposición a la consideración de opciones. Este giro es lo que da gran utilidad a su perspectiva.

La teoría sociológica de los roles ha sido tema de numerosos libros, algunos de los cuales aparecen al final de este capítulo como complemento de las referencias. Quizá el mejor y más reciente compendio de esa bibliografía sea el de Biddle (1979). Conocidas figuras del ámbito social y la psiquiatría han usado el concepto de rol como importante elemento en la presentación de un enfoque multidimensional y clínico de la psicología (Perlman, 1968; Ackerman, 1951; Spiegel, 1971). Las ideas de Moreno han sido desarrolladas por varios profesionales (Blatner, 1991; Clayton, 1994; Lawlor, 1947; Yablonsky, 1953). Otras contribuciones recientes a la teoría de los roles han procedido de la dramaterapia, específicamente de los textos de uno de los principales representantes de ese campo, Robert Landy (1990). Asimismo, hoy es posible hallar comentarios sobre roles en la antropología, la historia y la sociología asistencial, de la educación y de la policía.

Roles y metarroles

"El mundo entero es un teatro y todos los hombres y mujeres simplemente comediantes" (W. Shakespeare, *A vuestro gusto,* acto 2, escena 7). ¡Pero nada nos obliga a ser "simplemente comediantes"! Podemos convertirnos en autores y directores. Incluso los actores profesionales cultivan cierto grado de "distancia de roles", pues, aunque ejecutan a conciencia sus papeles, mantienen cierta medida de autobservación, la capacidad de "alejarse" de su actuación para mejorarla (Landy, 1983). Ésta es una forma de doble conciencia. Los niños también poseen esa capacidad, sustancial para los juegos de simulación (Blatner y Blatner, 1997, pp. 11-15). El psicodrama persigue el fomento de tal habilidad, a fin de aplicar la autorreflexión no sólo por arte o entretenimiento, sino también para que todos vivamos una vida más eficaz.

Aunque Moreno nunca hizo específicamente la distinción que apuntaré en seguida, está implícita en su enfoque. Además de los roles que desempeñamos, hay otro nivel de *role playing:* el *metanivel,* el cual describe la función de reflexionar en, comentar acerca de, negociar conscientemente y modificar los roles que desempeñamos y sus componentes (Bateson, 1981). En términos dramatúrgicos, nuestra teoría psicológica debe prestar atención a los roles de autor, director, audiencia, crítico y productor tanto como al de actor (Wiener, 1999).

La mayor parte de la teoría de los roles sociales se concentra en el actor, pero el desempeño de cualquier rol lleva aparejado un grupo de preguntas adicionales:

- ¿Qué roles serán desempeñados? (autor)
- ¿Cómo podría ser desempeñado este rol? (director)
- ¿Qué es preciso proporcionar para que este rol sea desempeñado más exitosamente? (productor)
- ¿Cómo perciben los demás esta actuación? (audiencia)
- ¿Cuán eficazmente es desempeñado este rol, de acuerdo con varios criterios? (crítico)

Estos metarroles equivalen a lo que el psicoanálisis llama *yo observador* y la teoría cognitiva *funciones metacognitivas.* El término *sensibilidad hacia lo psicológico* se refiere a la capacidad para ejercer cierto grado de autobservación, o cambio a la posición de metarrol. El lenguaje de los roles simplemente hace más concretos esos procesos de reflexión en sí mismo, lo que indica maneras para ejercerlos en forma más consciente. El asunto es que la psicoterapia, el desarrollo personal y el cambio social creativo requieren un proceso explícito de reevaluación, el cual es promovido más eficazmente por una psicología que concibe a los individuos como agentes de cambio.

Este capítulo es un intento por sistematizar y desarrollar las ideas de Moreno sobre la teoría de los roles. (En la anterior edición de este libro y en un artículo publicado en 1991 usé el término *dinámica de roles,* pero después recapacité; para evitar la innecesaria adición de terminología, ahora empleo el de *teoría aplicada de los roles.*)

Un lenguaje comprensible

La característica más significativa de la teoría aplicada de los roles es que aporta un lenguaje práctico para todo tipo de intervenciones psicosociales, una "lengua franca" para la exposición de problemas de muchas disciplinas: psicología, trabajo social, psquiatría, enfermería, antropología, asesoría, terapia familiar, consultoría de organizaciones, orientación personal, entre otros. Considero que la teoría aplicada de los roles es un importante componente de la enseñanza formal de la psicología práctica, gracias a la relativa familiaridad con su terminología.

Como lo expuse en los capítulos 5 y 13, no creo que una sola de las corrientes teóricas psicológicas o sociales sea suficiente, ni que deberíamos desear que así fuera. De este modo, no estoy proponiendo que la teoría aplicada de los roles sea una "teoría psicológica" en el sentido de que brinde una explicación rigurosa y exhaustiva. Por el contrario, es un marco general laxo dentro del cual pueden ser más eficazmente integradas muchas otras teorías componentes.

Al funcionar como marco integrador general, la teoría aplicada de los roles ofrece gran cantidad de instrumentos, entre los cuales está la posibilidad de tra-

ducir e integrar muchas de las mejores ideas surgidas de otras teorías (Blatner, 1989). En mi opinión, esto es comparable con el avance ocurrido en el terreno de la computación cuando el uso de códigos para realizar cualquier operación fue remplazado por el sistema de iconos (primero en el sistema Apple y después en Windows), en el que pequeñas figuras indican operaciones complejas y una maniobra de "apuntar y hacer clic" puede lograr lo que anteriormente suponía gran cantidad de escritura de código por programadores calificados. Esta simplificación de la tecnología la volvió "amigable" para que la gente –incluso los niños– aprendiera a operar las máquinas. De igual forma, un lenguaje relativamente más simple y familiar para la psicología puede permitir a una mucho más amplia gama de personas pensar a la manera de los "expertos", lo que popularizaría la tarea y reduciría las diferencias de poder en consultas y terapias. Un cambio de este tipo promovería a su vez una actitud más cooperativa.

La teoría aplicada de los roles ofrece un lenguaje y enfoque familiares. La mayoría de las personas entienden casi instintivamente estas ideas. La gente sabe acerca de los roles que desempeñan los actores y ve producciones dramáticas en el cine y la televisión, historias que a veces tratan sobre la propia industria del espectáculo. En ellas aparecen escenas en las que los directores filman, gritan "¡Corte!" o discuten con estrellas de la pantalla. Estas cintas muestran a actores y productores haciendo y desempeñando dramas. La mayoría de las personas han intervenido incluso, en uno u otro momento, en la producción y actuación en escenas cómicas, espectáculos públicos o representaciones escolares. Como resultado de ello, suelen aceptar de inmediato la sugerencia de concebir las interacciones sociales como escenas de una obra de teatro o un programa de televisión.

Así, la idea de los roles es muy familiar para toda clase de individuos, lo mismo que la de un elenco de personajes y la diferenciación entre un actor y el rol que éste ejecuta. Igualmente familiar es la idea de analizar interacciones mediante el hecho de advertir quiénes son los actores que participan en ellas, definir sus roles y los componentes de éstos y considerar cuán correcta o incorrectamente son desempeñados.

Una metáfora eficaz

Además de su función como lenguaje capaz de traducir e integrar muchas de las mejores ideas aportadas por otras teorías, la teoría aplicada de los roles ofrece gran cantidad de conceptos específicos adicionales. Buen número de ellos son prolongaciones o asociaciones con la idea básica de que, en más de un sentido, la vida es como un juego, afirmación que entraña una metáfora dramatúrgica. La teoría aplicada de los roles y el concepto de rol operan con esta metáfora como marco de referencia.

Una metáfora es una palabra o frase conocida que sirve para describir algo menos conocido; por ejemplo, "bola roja" es una metáfora del Sol, "lirio del

lago" del reflejo de la Luna o "tazón de cerezas" de la vida. Muchos procesos, en especial el reino de la mente –el cual incluye el arte, la espiritualidad y los fenómenos socioculturales–, usan metáforas. En psicología, la mente es tratada a veces como una máquina que es posible reparar, y otras como un complejo sistema social que, en el mejor de los casos, puede ser ajustado de una u otra forma. La vida misma podría ser considerada una lucha o un acto de equilibrio, un "cuento narrado por un idiota, sin significado" o una escuela espiritual (LeGuin, 1985; Lakoff y Johnson, 1980). En el caso de la teoría aplicada de los roles, su base es la "metáfora dramatúrgica", expresada en el famoso verso shakespeariano, ya citado, "el mundo entero es un teatro" (Berger, 1990; Hare, 1985).

La propia palabra *rol* procede del teatro. En la antigüedad, los actores leían sus parlamentos en rollos, *rotula* en latín, origen asimismo de palabras como *rotación*. El significado pasó de la pieza física de pergamino a la idea del papel por desempeñar (Moreno, 1961).

El concepto de rol es eficaz por ser evocador, es decir, porque trae a la mente la parafernalia de elementos implicados en el drama, la producción teatral y las complejas interacciones que ahí ocurren. Por ejemplo, al pensar sobre diversos problemas psicológicos en términos de los roles desempeñados, surgen algunas de las siguientes asociaciones:

- En tanto que cultores de un arte, la gente espera que autores y actores teatrales sean creativos. Espera que un actor aporte originalidad y talento a su rol. Otto Rank, uno de los primeros psicoanalistas y anteriormente artista, halló particularmente útil la metáfora de la vida como una obra de arte. Apartándose de Freud, no redujo su enfoque a cavar en el pasado e interpretarlo (Freud usó muchas veces la metáfora de la arqueología en relación con el psicoanálisis). Creía que la vida era una obra de arte en marcha, y fomentó la creatividad de sus clientes. Así pues, si, de acuerdo con la teoría aplicada de los roles, todos somos actores, debemos ser muy creativos en nuestra "profesión".
- Como corolario de la importancia de la creatividad en la metáfora dramatúrgica de la teoría de los roles, frente al desempeño de éstos hay una expectativa de sorpresa y novedad. El terapeuta ignora qué ocurrirá después, lo cual reduce la percepción de diferencia de poder entre cliente y terapeuta y desplaza a éste a un rol de asesoría. A los clientes les agrada ser percibidos como seres creativos, porque eso supone esperar lo mejor de ellos y apoyar sus aspiraciones.
- La calidad de un actor capaz de ejecutar distintos roles es considerada superior a la del actor, que siempre se repite a sí mismo. Esto implica el valor de disponer de un amplio repertorio de roles; cuanto mayor es éste, más apto y creativo es el intérprete.

- El teatro es interactivo; así, en la teoría aplicada de los roles cobra vida la idea de que gran parte de la psicología es interpersonal, no sólo producto del individuo.
- Psicoanalistas y miembros de otras corrientes de la psicología ya han adoptado el punto de vista de que incluso la dinámica individual puede ser entendida como un drama interactivo entre las representaciones mentales de roles internos, los recuerdos y respuestas imaginarias de padres, parejas, "ellos" (la audiencia imaginaria o los "otros" que juzgan), el "niño interior", etcétera.
- Una de las consecuencias de ello es que la teoría aplicada de los roles postula un "modelo plural de la mente", según el cual la personalidad está compuesta por muchas partes variablemente en conflicto o alianza entre sí, separadas o integradas (vea el siguiente capítulo).
- Los dramas evolucionan principalmente a través del diálogo y la acción, lo que permite dejar de lado la intelectualización de la mera narrativa o conversación. El diálogo evoca inmediatez y sentido directo, de mayor vividez. De igual manera, una de las formas de trabajar con las mencionadas relaciones internas es representando diálogos entre las diversas partes de uno mismo.
- Los roles también representan aspectos de la personalidad, más compleja, lo que facilita la consideración de éstos. En la mayoría de las interacciones, por lo demás, suelen predominar uno o dos roles, quizá coloreados por otros. El análisis, una por una, de cada interacción de roles permite formar gradualmente una imagen del gran complejo total.
- En el teatro, los roles evolucionan y pueden ser renegociados. Tevya, el protagonista de *El violinista en el tejado,* exitosa producción musical de la década de 1960, modifica su rol de "papá" para dejar de ser tiránico y aceptar que sus hijas, en un mundo en transformación, seleccionen con mayor libertad a su pareja. La metáfora dramática sugiere que las reglas que damos por sentadas son más flexibles de lo que creemos.
- La audiencia puede identificarse con cualquiera de los roles, cambiar de identidad. Un actor puede interpretar a un héroe en una obra y a un villano en la siguiente. En teoría, así, cualquier persona puede adoptar cualquier rol, lo que la prepara al desafío de la inversión de roles, la renuncia a su egocéntrico punto de vista para imaginar qué sentiría si fuera otra persona, su antagonista inclusive. Éste es el comienzo de la empatía y la madurez emocional.
- Las situaciones de las piezas teatrales son presentadas para ser vistas por la audiencia. En consecuencia, las ideas abstractas adquieren cierto grado de concreción. Uno de los problemas más comunes de la psicología es la tendencia a pensar en términos de abstracciones, palabras vagas y generalizaciones, lo cual delata confusión. El reto de describir un sentimiento o una

queja con vividez suficiente para que el escucha pueda imaginar qué ocurre es un paso importante en la psicoterapia u orientación.

- Los roles son *gestalts* socioconductuales, conjuntos acabados de imágenes y acciones, los cuales son aceptados por la mente con mayor facilidad que casi cualquier concepto abstracto, en especial diagnósticos psicológicos o formulaciones dinámicas.
- Incluso conceptos abstractos como democracia, lealtad o perfección pueden ser imaginados como una persona, un personaje de historieta que represente cierta cualidad. Esta operación mental, llamada *personificación*, es un recurso dramático muy común. (Los psicodramas que implican la exploración de actitudes frente a una idea abstracta o fenómenos generales reciben el nombre de *axiodramas.*)
- Dado que, por efecto de los medios de comunicación masiva, el teatro se ha difundido enormemente en la cultura mundial, la idea de rol ha crecido hasta contener la de una función desempeñada en un sistema. Así, hoy existen estudios sobre el rol del cereal en la industria de los pegamentos, el de la radiación solar en la formación de cometas o el de la agricultura en la historia. En psicología hablamos no sólo de diferentes roles en una familia, sino también de que una sola persona encarna muchos roles. Uno podría preguntarse en relación con un grupo quién desempeña el rol de chivo expiatorio, quién es el pacificador, si cada cual está apegado a su rol, etcétera.
- Los dramas abren la puerta a un espacio ficticio e invitan a utilizar la imaginación. Sólo resta un paso entre esto y el sistemático empleo de la imaginación para explorar situaciones desde puntos de vista habitualmente ausentes en la conversación ordinaria. (Abundé en este tema en el capítulo sobre la *realidad suplementaria.*)
- Los actores pueden ejecutar un rol bien o mal, lo que propone la idea de habilidad y de atención a la presentación de una postura. Excesivamente preocupadas por definir sus inquietudes o necesidades, muchas personas no se dan cuenta de que distorsionan sus relaciones al no prestar cuidado al modo en que dan a conocer sus sentimientos. La metáfora dramatúrgica alienta a reflexionar en el proceso, no sólo en el contenido; en la comunicación no verbal tanto como en la elección de las palabras por decir.
- Los dramas pueden abordar asuntos en y entre muchos niveles de la organización humana. El individuo, el grupo, la cultura: todos estos planos operan en forma interactiva. De este modo, la teoría aplicada de los roles es excepcionalmente apta para el tratamiento de materias lo mismo de psicología social que de dinámica familiar o dramas internos de un individuo.
- Los dramas también pueden incluir muchos marcos de referencia: comedia, tragedia, temas sagrados o profanos, sexo o guerra, ideas intelectuales o tensiones políticas.

- Los roles pueden corresponder al futuro o al presente tanto como al pasado, lo que vuelve más exhaustivo este enfoque. Mediante la dramatización, el futuro puede ser considerado, ensayado, explorado en la imaginación y la acción. El pasado puede ser recordado con mayor claridad, e incluso reparado, rehecho, en forma psicológicamente válida.
- A menudo los personajes de obras teatrales presentan complejidades y paradojas que trascienden etiquetas simples; sus roles no son fácilmente reducibles a "malo", "enfermo", "tonto", "triste". La teoría aplicada de los roles proporciona un lenguaje más neutro que, comparado con la terminología de otros abordajes psicológicos, no agobia a la gente con un argot de profunda carga emocional. Hablar de los roles desempeñados en un problema protege la autoestima aun si la persona implicada juzga necesario corregir esa parte de su repertorio de roles.
- No obstante, hasta ahora no me he topado con ningún tema de psicología psicodinámica que no pueda ser más fácilmente comprendido mediante su expresión en términos de la teoría aplicada de los roles, de tal forma que los asuntos en cuestión sean como roles que interactúan en un drama. Mecanismos de defensa y conceptos como *autoobjetivación*, *identificación proyectiva* y otros pueden ser traducidos a un lenguaje más accesible. Es indudable que esto demanda mayor capacidad de los profesionales en diferentes disciplinas o campos teóricos para poder comunicarse más claramente.
- Los roles son complejos cuyos componentes y subcomponentes pueden ser analizados. Por consiguiente, la teoría aplicada de los roles da cabida a un cuidadoso proceso de reevaluación intelectual en el espíritu de la psicoterapia psicodinámica.
- El análisis depende de la definición de los componentes, lo que indica que tal definición podría variar, y esto a su vez da paso a la redefinición y la renegociación. Este aspecto de la teoría aplicada de los roles expone al proceso reflexivo a una evaluación política, en concordancia con el pensamiento feminista y el constructivista.
- El teatro incluye a menudo la dimensión de los pensamientos ocultos, expresados en apartes o "voz en *off*", recursos que permiten a la audiencia conocer las ideas de un personaje sin que supuestamente los demás roles las escuchen. La gente recibe de este modo la noción de que le es posible compartir lo que piensa con una persona específica, ya sea su orientador o terapeuta, sin necesidad de hacerlo abiertamente ante los demás.
- Una idea afín es que los dramas tocan a menudo el tema del autoengaño, sea que un personaje se forje ilusiones que sabe falsas o sobreestime o subestime una situación. A partir de la metáfora dramatúrgica, los clientes pueden ser alentados a considerar si éste podría ser su caso en una situación particular.

- Como ya señalé, la diferenciación entre actor y rol –distancia de roles– y, más aún, entre aquél y los metarroles de director, autor o crítico interno fomenta, junto con los elementos referidos, la capacidad de reflexión y de sensibilidad hacia lo psicológico, la habilidad para hacer buen uso de un proceso terapéutico o administrativo de revisión.
- Prolongación de la distancia de roles, el proceso de desidentificación forma parte de muchos procesos de meditación. Assagioli, iniciador de la psicoterapia llamada *psicosíntesis,* señala que las personas aprenden a decirse: "tengo este pensamiento, pero no soy ese pensamiento". Esta práctica deriva en mayor conciencia de uno mismo y la flexibilidad de roles.
- Aunque el lenguaje de la teoría de los roles puede ser útil para la orientación o la terapia sin el uso asociado de métodos de acción, es más eficaz en presencia de la dramatización y el psicodrama, pues entre el uno y los otros existe una complementariedad natural.
- Por último, el concepto de rol se vincula con numerosos términos: equilibramiento de los roles personales, aprendizaje de ellos, renuncia a ellos. En diferentes circunstancias un individuo puede ser principiante o experto, o abandonar sus rasgos característicos.

Éstas son algunas de las razones de que la teoría aplicada de los roles, en cuanto que reflejo de la metáfora dramatúrgica, sea especialmente evocativa y heurística, es decir, generadora de muchas hipótesis e ideas asociadas.

Algunas dificultades de la teoría de los roles

Como lo pregunté en relación con el psicodrama: si este sistema es tan bueno, ¿por qué no todos lo usan? Hay varios motivos para que esto sea así, y aunque ninguno de ellos es particularmente válido, indican sin embargo el estado de la situación actual.

En primer lugar, el intento de que las ciencias de la conducta alcancen igual condición que ciencias empíricas como la química o la física las sujeta a criterios de validez cuestionable, como el ideal de precisión. Dada la posibilidad de usarlo en muchos contextos y niveles de la organización humana, el concepto de roles es huidizo y se resiste a la definición precisa (Neiman y Hughes, 1951). En la práctica, esto no representa ningún problema pero en el mundo académico de investigaciones y subvenciones aún persisten, desafortunada e inapropiadamente, ciertas tradiciones a favor de definiciones inequívocas. (Comenté ya estos argumentos en el capítulo 5, sobre los fundamentos filosóficos del psicodrama.)

La segunda razón tiene que ver con la extendida reserva cultural contra la ficción, la imaginación y la respetabilidad del teatro, en la creencia, en este último caso, de que los actores y la actuación comportan falsedad, no autenticidad. Estas resistencias –a las que me referí prolijamente en los capítulos 10-12 de mi

libro *The Art of Play* (Blatner y Blatner, 1997)– también son esgrimidas contra la condición lúdica imaginativa.

Considerando el valor de la teoría aplicada de los roles y los irracionales prejuicios subyacentes en las objeciones en su contra, reafirmo mi propuesta de que los profesionales de las ciencias de la conducta, la administración, la educación y otros campos, los cuales deben describir fenómenos psicológicos y trabajar con ellos, usen este magnífico instrumento como su lenguaje común.

Dimensiones de la dramatización

Los individuos suelen desempeñar de 10 a 20 roles importantes, muchos roles menores y cientos de roles transitorios. Moreno (1960) usó una taxonomía con tres principales categorías de roles:

- Roles psicosomáticos: comer, dormir, excretar, postura o expresión facial habitual, territorialidad, cómo comportarse cuando uno se siente enfermo o agónico; cada cultura impone normas en estas funciones básicas.
- Roles sociales: la mayoría de los roles tratados en textos de teoría de los roles.
- Roles psicodramáticos: los roles que hacen uso del contexto dramático o imaginativo, aquellos en los que la experiencia de una persona rebasa las restricciones de la realidad física ordinaria. (Vea el capítulo sobre la *realidad suplementaria.*) (Puesto que muchos de estos roles existen en la mente, quizá deberíamos llamar *roles psicológicos* a esta categoría. Pero si bien pueden ser expresados mediante técnicas de acción, su dinámica real ocurre fuera de todo proceso terapéutico.)

Aunque la clasificación de Moreno es puramente preliminar y precisa de prolongaciones y depuraciones, posee la virtud de su primera y tercera categorías, puesto que muchas personas desestiman la perenne presencia de los roles en la vida. Moreno puso de manifiesto complejos que tienden a ser dados por hecho, como comer, o marginados a causa de su supuesta subjetividad, como la fantasía del *role playing* de la infancia. Para él, tanto lo aparentemente mundano como lo fantástico son partes sumamente importantes de la vida humana.

Landy (1993) propuso otro sistema de clasificación, acorde con diferentes tramas del teatro clásico. Yo planteé a mi vez una extensión un tanto excesiva del sistema de Moreno, al que añadí nuevas categorías (Blatner, 1985).

Curiosamente, la naturaleza de múltiples niveles de la teoría aplicada de los roles –roles que implican dimensiones intrapsíquicas, interpersonales, de grupos grandes y reducidos, subculturales y culturales– dificulta, si no es que imposibilita, una definición clara de los roles o de su taxonomía. A causa, sin embargo, de que la interfaz entre esos niveles y la combinación de varios marcos de referencia (otras posiciones de roles) difiere en cada situación, me permito cuestio-

nar la necesidad, o valor, de una taxonomía *estricta* de los roles. Lo procedente es, por el contrario, disponer de un marco *laxo* que sirva como aviso de los diferentes aspectos y tipos de roles que podrían ser considerados en el curso de un análisis de roles.

La categoría de roles psicodramáticos (psicológicos) también incluye nuestros recuerdos, así como nuestras previsiones, esperanzas y temores del futuro. La idea de la existencia de un sí mismo pasado "verdadero" es filosóficamente discutible, puesto que nunca cesamos de recomponer en la mente el relato de nuestra biografía, olvidamos la mayoría de las experiencias y seleccionamos y reseleccionamos lo que nos parece más adecuado frente a motivaciones e imágenes presentes de nosotros mismos. Éste es un proceso de construcción permanente. Uno de los primeros teóricos de los roles en recibir la influencia de Moreno, Theodore Sarbin, se ocupó extensamente de este tema y planteó la idea de que el relato de historias –la narrativa– es un enfoque valioso para la psicología (Sarbin, 1986).

Moreno señaló también que el *role playing* podía exhibir diferentes grados de creatividad. En un principio, uno se comporta, por vía de imitación o del cumplimiento de reglas obvias, de acuerdo con los superficiales modelos establecidos. Llamó a esto *adopción de roles* (*role taking*). Más familiarizados o en poder de mayor maestría, posteriormente incorporamos a los roles elementos de estilo personal, quizá alguna novedad y reducidos grados de innovación. "Jugamos" con nuestros roles, lo que Moreno llamó precisamente *juego de roles* (*role playing*).

Quienes, suficientemente seguros del dominio de sus roles, introducen en ellos innovaciones más radicales, al grado incluso de atreverse a redefinirlos, ejercen lo que Moreno llamó *creación de roles.*

Sarbin (1954) indicó que el *role playing* podía implicar diferentes grados de participación, uno de cuyos extremos estaría representado por una persona sumamente cauta, casi ausente. La falta de participación puede tener como causa la relativa nimiedad del rol o su superficialidad en la mente del individuo. Esto ocurre en ocasiones entre personas adeptas a disciplinas espirituales, la meditación y la desidentificación, quienes, pese a desempeñar los roles comunes de la vida, los experimentan desde una perspectiva distante.

En el otro extremo están los roles que suponen inmersión en el marco de referencia dado. La muerte vudú es un ejemplo de ello, tan arraigada en el sistema de creencias del grupo que el propio sistema psicosomático se ve inmiscuido, al grado mismo de su cesación. Un modo menos excesivo pero aun así elocuente de participación extrema es el de quienes olvidan que "la vida es sólo un juego" e interpretan sus roles sin darse la oportunidad de retroceder para percibir el panorama general.

La mayoría de los roles de la mayoría de las personas se ubica entre esos dos extremos. La psicoterapia busca fomentar un mayor grado de desidentificación, lo mejor para reconsiderar cómo están estructurados y son desempeñados los roles.

Resumen

La teoría de los roles ofrece un lenguaje general comprensible para reflexionar en la psicología en muchos niveles y desde muy diferentes marcos de referencia. Lo considero el mejor instrumento de que disponemos para integrar las mejores ideas de las diferentes teorías y métodos de los campos de la psicoterapia y otras áreas, como la sociología aplicada, la administración y muchas otras actividades en favor de las personas.

No obstante, no debemos subestimar la utilidad de las demás teorías. Por eso creo que el lenguaje de la teoría de los roles es metateórico. Hemos de reconocer e integrar, no competir con y menospreciar, los descubrimientos y complejidades de la mente elucidados por quienes operan en otros campos. Una teoría única no podría abarcar ni describir adecuadamente todo. La teoría aplicada de los roles, sin embargo, puede facilitar un mayor grado de síntesis. En el siguiente capítulo expondré algunos más de sus principios.

Referencias

Ackerman, Nathan W., "Social Role and Total Personality", *American Journal of Orthopsychiatry,* núm. 21, 1951, pp. 1-7.

—, "Social Role and Personality", en *The Psychodynamics of Family Life, Basic Books,* Nueva York, 1958, pp. 52-67.

Bateson, Gregory, *Espíritu y Naturaleza,* Amorrortu, Buenos Aires, 1981.

Berger, Peter, "Society as Drama", en D. Brissett y C. Edgley (eds.), *Life as Theater: A Dramaturgical Sourcebook,* 2a. ed., Aldine de Gruyter, Nueva York, 1990.

Biddle, Bruce J., *Role Theory –Expectations, Identities, and Behaviors,* Academic Press, Nueva York, 1979. (Nota del autor: quizá éste sea el mejor y más reciente estudio académico sobre la teoría de los roles sociales; incluye abundantes referencias sobre el tema.)

Blatner, Adam, *Role Development,* ed. de autor, San Marcos, 1985.

—, "Letter to the Editor: 'Integrating the Psychotherapies'", *American Journal of Psychiatry,* vol. 146, núm. 9, 1989. p. 1234.

— "Role Dynamics: An Integrative Theory of Psychology", *Journal of Group Psychotherapy, Psychodrama and Sociometry,* vol. 44, núm. 1, 1991, pp. 33-40.

— y Alle Blatner, *The Art of Play: Helping Adults Reclaim Imagination and Spontaneity,* 2a. ed., Brunner/Mazel-Taylor and Francis, 1977.

Clayton, M., "Role Theory and Its Application in Clinical Practice", en P. Holmes, M. Karp y M. Watson (eds.), *Psychodrama Since Moreno,* Routledge, Nueva York, 1994.

Hare, A. Paul, *Social Interaction as Drama: Applications from Conflict Resolution,* Sage Publications, Beverly Hills, 1985.

Lakoff, George y Mark Johnson, *Metaphors We Live by,* University of Chicago Press, Chicago, 1980.

Landy, Robert, "The use of Distancing in Drama Therapy", *The Arts in Psychotherapy,* núm. 10, 1983, pp. 175-185.

—, "The Concept of Role in Drama Therapy", *The Arts in Psychotherapy*, núm. 17, 1990, pp. 223-230.
—, *Persona and Performance: The Meaning of Role in Drama, Therapy, and Everyday Life*, Guildford, Nueva York, 1993.
Lawlor, G. W., "The Role Therapy", *Sociatry*, vol. 1 núm. 1, 1947, pp. 51-55.
Linton, Ralph, *Estudio del hombre,* trad. de Daniel F. Rubín de la Borbolla, Fondo de Cultura Económica, México, 1986 (1a. ed. en inglés, 1936).
Mead, George Herbert, *Espíritu, persona y sociedad, desde el punto de vista del conductismo social,* trad. Florial Mazia, Paidós, Barcelona, 1982 (1a. ed. en inglés, 1934).
Moreno J. L., *Das Stegreiftheatre,* Gustav Kiepenheuer Verlag, Potsdam, 1923.
—, *The Sociometry Reader,* The Free Press, Glencoe, 1960.
—, "The Role Concept, a Bridge Between Psychiatry and Sociology", *American Journal of Psychiatry*, núm. 118, 1961, pp. 518-523.
Neiman, L. V. y J. Hughes, "The Problem of Concept of Role", Social Forces, núm. 30, 1951, pp. 141-149.
Newcomb, Theodore M., "Community Roles in Attitude Formation", *American Sociological Review*, núm. 7, 1942, pp. 621-630.
Parsons, Talcott, *La estructura de la acción social,* trad. de J. J. Caballero, Guadarrama, Madrid, 1968 (1a. ed. en inglés, 1937).
Perlman, Helen Harris, *Persona: Social Role and Personality*, University of Chicago Press, Chicago, 1968.
Sarbin, Theodore R., "The Concept of Role-taking", *Sociometry*, vol. 6, núm. 3, 1943, pp. 273-285.
—, "Role Theory", en G. Lindzey (ed.), *Handbook of Social Psychology*, vol. 1, Addison-Wesley, Cambridge, 1954.
— y V. L. Allen, "Role Theory", en G. Lindzey y E. Aronson (eds.) *Handbook of Social Psychology*, 2a. ed., vol. 1, Addison-Wesley, Reading, 1968, pp. 488-567.
Sarbin, T. (ed.), *Narrative Psychology*, Praeger, Nueva York, 1986.
Spiegel, John P., "Social Roles, part 2", en *Transactions: The Interplay Between Individual, Family, and Society*, Science House, Nueva York, 1971.
Wiener, Daniel, comunicación personal sobre los roles orientadores internos, 1999.
Yablonsky, Lewis, "An Operational Theory of Roles", *Sociometry*, vol. 16, núm. 4, 1953, pp. 349-354.

Referencias generales adicionales sobre la teoría de los roles

Banton, Michael, *Roles: An Introduction to Study of Social Relations,* Basic Books, Nueva York, 1965.
Bertrand, A. L., *Social Organization: A General Systems and Role Theory Perspective,* F. A. Davis Co., Filadelfia, 1972.
Biddle, B. J. y Edwin J. Thomas (eds.), *Role Theory: Concepts and Research,* John Wiley and Sons, Nueva York, 1966. (Nota del autor: este libro es una antología general sobre el tema; contiene abundantes referencias.)
Blatner, Adam, "Role Dynamics", en J. K. Zeig y M. Munion (eds.), *What is Psychotherapy?,* Jossey-Bass, San Francisco, 1990.
Deutsch, Morton y Robert M. Krauss, "Role Theory", en *Theories in Social Psychology*, Basic Books, Nueva York, 1965, cap. 6, pp. 173-211.

Hardy, Margaret E. y Mary E. Conway, *Role Theory: Perspectives for Health Professionals*, 2a. ed., Appleton and Lange-Century-Crofts, Norwalk, 1988.
Horowitz, M. J., T. Eells, J. Singer y P. Salovey, "Role Relationship Models for Case Formulation", *Archives of General Psychiatry*, vol. 52, núm. 8, 1995, pp. 625-632.
Nye, Ivan F. (ed.), *Role-structure and analysis of the Family*, Sage Publications, Beverly Hills, 1976.
Stryker, Sheldon y Anne Statham, "Symbolic Interaction and Role Theory", en G. Lindzey y E. Aronson (eds.), *The Handbook of Social Psychology*, 3a. ed., Random House, Nueva York, 1985, cap. 6, pp. 311-378.
Wilshire, Bruce, *Role Playing and Identity: The Limits of Theatre as Metaphor*, Indiana University Press, Bloomington, 1982.
Zurcher, Louis A., *Social Roles: Conformity, Conflict and Creativity*, Sage Publications, Beverly Hills, 1983.

CAPÍTULO 16

Teoría aplicada de los roles II: conceptos dinámicos

Aunque la teoría aplicada de los roles no es suficiente como teoría autónoma (pues en realidad sirve para integrar y complementar otras teorías), ofrece valiosas ideas que contribuyen a la comprensión general de la dinámica intrapsíquica e interpersonal.

Circunstancias de los roles contra determinismo psíquico

La situación presente y el futuro previsto suelen ser tan importantes, si no más, que la consideración de las influencias de la más temprana infancia. La teoría aplicada de los roles constituye a este respecto un correctivo de tendencias de la psicología dinámica, derivadas en particular del psicoanálisis, a considerar que la principal causa de la mayoría de las conductas disfuncionales se halla en patrones de reacciones desarrollados en la infancia. (La teoría de los roles es congruente en este sentido con los propósitos de la psicoterapia existencialista.)

El análisis de las situaciones presentes implica numerosos factores, en especial el medio ambiente, aunque también el temperamento, habilidades e intereses del individuo. Constituye un instrumento conceptual sumamente útil y flexible, puesto que el examen de problemas en términos de conflictos, tensiones, presiones, sobrecarga, incongruencias, etcétera, de roles proporciona abundante información. Entre las preguntas que es posible plantear al abordar una situación están las siguientes:

- ¿Las personas implicadas en los diversos roles realmente han aprendido a desempeñarlos adecuadamente? ¿Hay elementos que habrían debido o podido ser educados pero no lo fueron?
- En relación con la persona implicada en el rol, la persona contratante o supervisora del rol o las demás personas, frustradas por un inadecuado desempeño del rol, ¿existen necesarias áreas de aptitud que ellas no han advertido?

- ¿Hay expectativas de cambio en los roles que no han sido explícitamente notificadas a quienes los ejercen o éstos no han sido debidamente capacitados para conseguir esos cambios?
- ¿Ha habido una pérdida de moral, estímulo y significación u otros cambios que podrían afectar la actitud?
- ¿Cuáles son las ocasionalmente subconscientes creencias y expectativas que determinan la manera en que las personas definen sus roles, entre las cuales podrían estar no sólo residuos de la infancia temprana, sino también influyentes dimensiones religiosas, políticas y económicas, entre otras, de la definición de roles? (Gillett, 1992.)
- La sobrecarga de roles es un problema común: la insidiosa tendencia a acumular gradualmente demandas adicionales hasta el punto de que cualquiera se sentiría demasiado presionado en el desempeño de roles (Bellak, 1975; Swenson, 1998).

Una prueba para ponderar la relativa influencia de tensiones realistas de roles en el presente contra predisposiciones o susceptibilidades excesivas surgidas de experiencias pasadas consiste sencillamente en imaginarse a uno mismo en el predicamento de la otra persona. Dadas las simples pero realistas presiones de los roles más importantes, pregúntese: "¿yo me sentiría igualmente inquieto o trastornado?" Si al parecer aquella persona está exagerando, antes de asumir que es "neurótica" intente articular todas las cuestiones implicadas en la situación.

Si ese proceso de diagnóstico no es suficiente, conviene considerar los efectos de actitudes y expectativas trasladadas desde la experiencia pasada. Esto ocurre, sin duda, y no es infrecuente. Pero es mejor no presuponer esa fuente previa de interferencia sin antes verificar los aspectos realistas del aquí y ahora. Esto impide patologizar a las personas, tratarlas como si hubiera algo malo en ellas, y eleva al máximo la probabilidad de una alianza más positiva en la tarea de resolución de problemas.

Profundidad de los roles

En relación con todo rol dado existen varios niveles de apertura, lo que un individuo admite franca o explícitamente. En primer lugar están aquellas cosas que puede decir a cualquier persona. En segundo, el nivel de lo que puede admitir en confianza ante amigos íntimos o un terapeuta, pero no frente a las demás personas. Este segundo nivel implica discreción y secretos.

Los pensamientos del tercer nivel, el "preconsciente", arriban a la conciencia, pero son expulsados de ella por ser un tanto desagradables. Como expliqué en el capítulo 10, el traslado de este nivel a la conciencia explícita permite tratarlo en forma constructiva. Éste es el principal foco de atención de la mayor parte de la psicoterapia y el psicodrama exploratorio.

En un nivel aún más "profundo" (para emplear una metáfora espacial) está el "inconsciente", los sentimientos e ideas que no pueden ser admitidos por uno mismo. Dado suficiente apoyo y aliento y sometidos a una amplia variedad de técnicas –desde la asociación libre psicoanalítica hasta ejercicios corporales para incitar afectos directos–, imágenes y sentimientos pueden ser desplazados del inconsciente al preconsciente y luego compartidos con personas de confianza.

Jung señaló otra categoría de posibles cogniciones: las percepciones vagas que aún no han adquirido forma o energía suficientes para ser registradas en la conciencia. Esas percepciones no han sido reprimidas o excluidas, sino que el individuo aún no advierte su especificidad o significación. Por ejemplo, un cliente podría decir: "claro que toleraba eso, pero no tenía ninguna importancia para mí". Como ha dicho Bateson, la información es "una diferencia que hace la diferencia", de modo que, a falta de un contraste significativo, bien podría ocurrir que esas percepciones no cuajaran. En otras palabras, la insatisfacción requiere cierto grado de conciencia de una opción "mejor".

La última categoría es la de las ideas que nunca han sido consideradas, como, hace apenas un centenar de años, la de que las mujeres participaran en política. Estas ideas ejercen después una importante función en el proceso de cambio, cuando el reto es la apertura a opciones creativas.

Estas categorías no son tajantes; así, algunas experiencias podrían implicar estados mixtos o intermedios. Al analizar un rol o subrol, sin embargo, conviene evaluar las actitudes esenciales de posible expresión en el segundo y tercer niveles, el de confianza y del preconsciente. Las técnicas del doble, diálogo interno y otras tienen como propósito este movimiento dinámico. Casi siempre es necesario esclarecer sentimientos e ideas en esos niveles para poder resolver problemas o conflictos.

Otras dimensiones de los roles

El aprendizaje de los roles puede verse contaminado por la ansiedad, intensificado y distorsionado por motivaciones inconscientes y encubierto por manipulaciones evasivas. Un ejemplo de ello es la norma cultural tácita de no admitir sentimientos de insuficiencia que generen percepciones erróneas.

Los roles pueden ser impuestos, adoptados en forma voluntaria (lo que de cualquier modo implica la negociación de más de uno), arrebatados, abandonados, perdidos y procesados de muchas otras maneras.

La mayoría de las personas atraviesan en todo momento por una transición de roles en una dimensión u otra: la edad, el ciclo de todas las habilidades (adquisición, dominio y alteración del juego), inicio y terminación de relaciones, etcétera. Algunas transiciones son fáciles de enfrentar, mientras que otras ejercen aguda tensión. El trauma puede ser definido como un cambio de roles que provoca una desorientación y perturbación profundas e intensas.

Incluso las transiciones moderadas de roles –las cuales también pueden ser de índole cultural, económica o multifacética– contienen casi siempre elementos ambiguos que generan conflictos psicosociales:

- ¿Qué componentes del rol es preciso retener y a cuáles es preciso renunciar?
- ¿Qué apoyos son necesarios para iniciar o desarrollar un nuevo rol?
- ¿Existe conciencia del cambio de rol, o la transición es objeto de resistencia mediante un estado de negación?

Imaginemos una pareja de recién casados que emprenden negociaciones de cómo celebrar días festivos, diferencias en sus estilos de práctica religiosa, cómo tratar a los cuñados y suegros, etcétera. ¿Con quién podrían hablar de estos temas? ¿Qué infraestructura de conocimiento necesitan, incluso para comunicarse significativamente entre sí? Muchos jóvenes ignoran la existencia de estos problemas, a causa de que nuestra cultura idealiza el amor y fomenta el supuesto tácito de que las buenas intenciones aseguran mágicamente la comprensión y armonía en todos los aspectos. Este ejemplo ilustra el principio de que los cambios de roles suelen demandar ajustes básicos y una revisión consciente, deliberada y hábil del problema, lo que sin embargo rara vez ocurre.

Un problema afín muy frecuente en las organizaciones es que, aun si cubre los requisitos formales, bien podría suceder que una persona carezca de aptitudes para desempeñar los componentes reales de su rol. Pese a ello, es común atribuir aptitud a un individuo una vez situado en un rol, incluso si no ha demostrado poseerla. El semihumorístico *principio de Peter*, de acuerdo con el cual las personas son ascendidas a los puestos en los que está garantizado su máximo nivel de ineptitud, recoge mi observación de que el personal de la mayoría de las organizaciones opera en un nivel marginal de destreza y de que impera una colusión colectiva para pasar por alto casos de incompetencia.

A su vez, numerosos supervisores no están debidamente capacitados para diagnosticar y resolver tales problemas en forma constructiva. (El análisis de roles, el cual explicaré en el siguiente capítulo, ofrece una metodología particularmente útil a este respecto.) Sin un constante proceso de aclaración, la aptitud marginal (y a menudo submarginal) causará graves dificultades en las organizaciones. En ausencia de análisis, esas dificultades serán atribuidas a otras causas o (en calidad de chivos expiatorios) personas, lo que producirá elevados niveles de conflicto interpersonal o grupal.

Un modelo plural de la mente

> El individuo posee tantos yoes sociales como los grupos y estratos sociales con los que está vinculado. Esos yoes son tan distintos entre sí como los grupos y estratos sociales de los que surgen (Sorokin, 1947, p. 345).

Uno de los principales beneficios de la teoría aplicada de los roles es que brinda un modelo integrado y plural de la mente. Ambas cualidades pueden ser examinadas en forma explícita.

En relación con la naturaleza plural de la mente, un conocido autor, Robert Fulghum (1993, pp. 8-10) escribió:

> El comité de mi cabeza, compuesto por un anciano sabio, un mecánico, demonios, un loco, un científico, un comediante, un músico, un bailarín, un atleta, un mago, un profesor, un Romeo, un censor, un agente de policía, un bombero... y quizá un muñeco de ventrílocuo como director... los estados desunidos de mí mismo... y el ayuntamiento están siempre en sesión permanente.

La idea de la multiplicidad de la mente ha sido difundida desde muchos ámbitos al público en general, así como a los campos de la psicoterapia (Behars, 1982; Samuels, 1989; Schwartz, 1995; Hardy, 1987; Rowan, 1990; Rowan y Cooper, 1999; Vargiu, 1974). La teoría de los roles vuelve más comprensible y accesible este modelo para intervenciones terapéuticas: basta con poner a dialogar a los diferentes roles en forma personificada. El cliente podría escribir esos diálogos en un diario, aunque, desde luego, representarlos en un psicodrama es un método más eficaz.

Una de las ventajas del modelo plural de la mente es que estimula el desarrollo de un amplio repertorio de roles. Asimismo, desafía la residual actitud cultural que valora la coherencia y una identidad unificada. Esta popular imagen de la precisa definición del carácter inhibe el disfrute de intereses y modos de expresión contrastantes. Incluso en la antigua Grecia, la formación integral de una persona suponía equilibrar la recia sensibilidad de la educación física con la delicada de la educación musical.

La psicología arquetípica de James Hillman, psicólogo postjunguiano, valora el respeto a –e incluso el estímulo de– la expresión de las contrastantes pasiones y flujos pulsionales de la psique. Hillman advirtió contra la tendencia a sobrestimar el arquetipo del *self,* la función integradora que, de llegar demasiado lejos, puede anular la riqueza de las partes contrastantes de la personalidad.

También en este caso la metáfora dramática ofrece una solución: la coordinación de los personajes no debe interferir en la búsqueda de una expresión equilibrada; incluso en sus tragedias, Shakespeare solía introducir pasajes cómicos e irónicos del bufón. El *self* como obra de arte se beneficia de una vasta variedad de formas, e incluso la moderación no debe llegar al extremo.

Junto con la teoría aplicada de los roles, el modelo plural de la mente posee una aplicación práctica en la resolución de la común queja de confusión. La estrategia consiste en reenmarcar la confusión como un conflicto entre dos o más partes, las que se interrumpen y descalifican entre sí al punto de que el cliente no puede saber de qué hablan. Mediante la imposición de un nuevo rol, el de mediador –el cual da primero la palabra a una parte y, tras escuchar su versión, la cede después a la otra para escuchar la suya–, es posible identificar los roles

subyacentes en conflicto. El nombramiento de los roles es seguido por un proceso similar a la técnica del doble, para ayudar a cada rol a expresarse. Los roles subyacentes no suelen ser muy aptos para una articulación clara, de manera que precisan de este cortés proceso de apertura.

Integración de la mente

La idea de la pluralidad de la mente no es nueva: Freud la imaginó compuesta por tres partes, las cuales fueron rebautizadas por Eric Berne; sin embargo, la determinación del número de sus partes no es prerrogativa de ninguna teoría en particular. En cierto sentido, la naturaleza del concepto de "arquetipo" de Jung es semejante a la de los roles, pese a que aquél es más sutil y primordial. Aun así, el solo hecho de concebir a la mente como una confederación de partes entraña el problema de la ausencia de indicaciones acerca de quién está a cargo. Puesto que uno de los elementos esenciales de la salud emocional es la capacidad para asumir responsabilidades, ¿dónde se encuentra el "yo"? (Frick, 1993.)

Alfred Adler llamó *psicología individual* a esta perspectiva, para subrayar en parte la atención a la función individual –es decir, no dividida– de la mente. La teoría aplicada de los roles incluye ambas dimensiones: la de la naturaleza plural de la mente en términos de los numerosos roles que desempeña y la de sus funciones integradoras, los metarroles. Este doble funcionamiento fue comentado en el capítulo anterior. En términos dramáticos, los metarroles corresponden a los roles de autor, director, productor y crítico. Si la mente fuera una gran organización, aquéllos ocuparían los puestos administrativos y ejecutivos.

En más de un sentido, así, todos somos "múltiples" en cierto nivel, lo que no significa que padezcamos un *desorden de personalidad múltiple.* Recurriendo a un juego de palabras, he propuesto que, por el contrario, estamos sujetos a un "*orden* de personalidad múltiple", aunque el grado de orden depende de la aptitud de las funciones administrativas (Blatner, 1991). En otras palabras, en sí misma la existencia de diferentes partes de la mente no causa ningún problema; pero si los metarroles no cumplen sus tareas de coordinación, podrían surgir varios tipos de disfunciones psicológicas.

El supuesto trastorno de personalidad múltiple (TPM, rebautizado como *trastorno de identidad disociativa* en el más reciente *Diagnostic and Statistical Manual of Mental Disorders* [DSM-4] de la American Psychiatric Association) podría revelar entonces no sólo una mediocre administración de la mente por los metarroles, sino también la total abdicación del esfuerzo de integrar los diversos aspectos de aquélla, los que en consecuencia tienden a adquirir autonomía. El tratamiento contemporáneo del TPM implica un proceso de desarrollo de habilidades de integración que, a mi parecer, el concepto de roles y metarroles puede facilitar. Estos últimos podrían comunicar con mayor elocuencia la necesidad de un yo sano en el que el suministro de un sentido de seguridad se equilibre con una

audaz expansión de las fronteras: el fomento de la conversación y negociación entre los diversos roles y la consciente elaboración de acuerdos eficaces.

Adopción de roles o *role taking:* una habilidad clave

En cierto nivel, los seres humanos adoptamos roles en forma natural. A través de la simple imitación, siendo bebés comenzamos a recoger esas gestalts de actitud y conducta. Cuando, más tarde, procedemos a encarnar un nuevo rol, los elementos de éste tienden a ser un tanto superficiales en un principio. Nuestras palabras y acciones responden por lo general a las expectativas culturales.

Moreno marcó la diferencia entre *role taking* y *role playing,* no en el sentido del método exploratorio, sino sólo como término descriptivo. Quiso remarcar con ello que, cuando uno se familiariza o se siente seguro con un rol, aparece la tendencia a explorar sus fronteras, ¡a jugar con él! Uno intenta entonces ciertas variantes, la incorporación del estilo personal y algunas experimentaciones con las posibilidades del rol. El sociólogo Ralph Turner (1962) hizo notar asimismo que la representación de roles es un dinámico y continuo proceso de creación, no sólo de adecuación de la conducta a expectativas preexistentes.

Moreno llegó aún más lejos, pues señaló la posibilidad de que el *role taking* dé lugar a la *creatividad de roles,* caso en el que el rol es modificado al punto incluso de la impugnación de las expectativas generales o las normas sociales. Las mujeres que afirmaron su derecho a ser madres y a desarrollarse profesionalmente no hicieron otra cosa que redefinir su papel.

Otros dos tipos de creatividad de roles son también dignos de nota. Uno de ellos implica la consciente ejecución de un rol para absorber algunas de sus características, lo que equivale parcialmente al enfoque terapéutico de la teoría de la *construcción personal* de George Kelly.

El otro tipo de actividad creativa supone la consciente adopción del rol de otra persona con intención de comprenderla, aunque también es posible ejercitar esta actividad para comunicar empatía, con propósitos terapéuticos o sociales. Mientras que la adopción ordinaria de roles es un tanto superficial, los *role taking* empáticos exigen una habilidad conscientemente cultivada (vea el capítulo 12).

En lo personal, descubrí que el *role taking* era la guía más eficaz para comprender a mis clientes o ayudar a colegas en sus consultas. *Role taking* es un instrumento útil para consolidar esa habilidad no sólo en el profesional, sino también en los clientes, a los que resulta muy valioso enseñarla para que puedan comprender mejor a otras personas. Ignorar cómo prescindir del hábito de pensar que los demás son iguales a uno genera cierto grado de disfunción psicológica. La adquisición de la habilidad para ser más imaginativo y abrirse a la consideración del predicamento de otra persona promueve la madurez y ayuda a vencer el egocentrismo. Asimismo, contribuye a que los clientes tengan un con-

tacto más estrecho con sus necesidades emocionales y aprendan a expresarlas como roles en un drama, para evitar la tendencia a explicar o intelectualizar sus sentimientos.

El rol como "lente"

Una ventaja complementaria de la teoría aplicada de los roles es que permite ejercitar en la práctica el proceso de *role taking*. Los individuos son un complejo conjunto de elementos. Podemos concebirlos como un inmenso conglomerado de roles, de modo que es casi imposible abarcar en la mente la plenitud del ser de una persona. En cambio, la idea de imaginar un rol de otro individuo es mucho más factible. Si, por ejemplo, yo le pidiera a usted hablarme sobre su madre, quizá no sabría por dónde empezar. Si, por el contrario, le pidiera referirme sólo un aspecto de uno de los roles de su madre, como la relación de ésta con el dinero o sus actitudes ante el trabajo doméstico, su memoria e imaginación dispondrían de un asidero para ser más precisas. Así, al intentar comprender a una persona, concéntrese en un componente específico de sus roles, y caldéese gradualmente para imaginar en qué consiste ese rol.

Indicios adicionales, entre ellos el de cómo habla o actúa con los demás la persona de referencia, también pueden ser de utilidad. Imagine una escena de ese tipo y "escuche" las voces presentes en ella. No imponga conscientemente sus expectativas; sea receptivo a lo que "ocurre".

Además, no pretenda comprenderlo todo. Vuelva a la cuestión implícita y pregúntese sobre los roles que, en apariencia, están más directamente vinculados con ella. Esta afirmación contrasta con ciertas tendencias de la psicología a usar tests generales o sesiones de entrevistas, lo que yo llamo "excursiones de pesca". Éstas son ocasionalmente productivas, pero a menudo se reducen a una absoluta pérdida de tiempo por resultar engañosas y confundir al cliente, quien lógicamente se preguntará a dónde quiere llegar el entrevistador.

Así pues, uno de los principios de la orientación es reubicar la investigación en el problema pactado, procedimiento para la verificación del proceso exploratorio. ¿Lo buscado haría alguna diferencia en la conducta del cliente o del orientador? Esto supone reconocer el riesgo de sobrecarga de información y "esmog de datos". Antes privaba la idea de que la extensa presentación del caso o la simple asociación libre eran de gran utilidad, pues toda información era benéfica. Pero esto sucedió en una época en que la norma era la terapia de largo plazo, en beneficio, entre otras cosas, del bolsillo del terapeuta. Las motivaciones políticas y supuestos intelectuales de ese sesgo deben ser cuestionados. Hoy necesitamos terapias y métodos de resolución de problemas susceptibles de ser reencauzados.

Debo advertir que las habilidades aquí descritas exigen mucha práctica. Su sola lectura no permitirá dominarlas, pues las palabras son incapaces de recoger los matices y dimensiones de juicio que su ejercicio implica. Mi propósito es

señalar sencillamente que vale la pena ejercitar y dominar tales habilidades como parte del desarrollo del rol de orientador, lo mismo en una clínica que en una empresa.

Mutualidad en *role taking*

Dijo el dramaturgo irlandés George Bernard Shaw: "*no* trates a los demás como quieres que te traten: quizá no tengan los mismos gustos". Pese a este *dictum,* la adopción imaginaria de roles, preguntarse qué sentiría usted si se hallara en la situación de otra persona, sigue siendo mejor que no ejercer esa actividad en absoluto. Shaw tenía razón, pero… ¡usted podría estar equivocado! ¿Cómo reducir la probabilidad de imponer a los demás ideas equivocadas sobre ellos mismos?

La mutualidad implica la integración de la humildad a las relaciones humanas. Uno puede ser vulnerable con dignidad, admitiendo desde el principio del proceso que los errores son inevitables cuando una persona intenta comprender a otra. El truco es prever un permanente proceso de corrección.

Una vez más, la teoría aplicada de los roles proporciona un modelo. Yo digo a mis clientes: "Deseo conocer sus antecedentes. Después de escucharlo, me pondré en sus zapatos y hablaré como si fuera usted. Acertaré en parte, pero también me equivocaré. Puesto que mi deber consiste en ponerlo en sintonía consigo mismo, necesito que me ayude con su retroalimentación a ser cada vez más preciso".

Este proceso, al que llamo *empatía activa*, es sencillamente la combinación del *role taking* con una mutualidad interactiva para que la persona con la que uno desea empatizar se sienta en libertad de hacer correcciones. Esta variante del *role taking* es intrínseca a la técnica del doble del psicodrama, lo mismo que a ciertos aspectos de la inversión de roles y del yo auxiliar, y en una terapia ordinaria se relaciona con lo que Carl Rogers llamó "trabajar con el sistema del *self* del cliente". El objetivo es emplear las palabras que el cliente probablemente diría, en lugar de caer en la tentación de imponer terminología psicológica, argot profesional u otras generalidades intelectualizadas.

Esto es muy diferente de las habituales "interpretaciones" en terapia o grupos, una intelectualizada manera de decir que el terapeuta está autorizado a emitir opiniones de lo que piensa o siente una persona. Pese a la tendencia a encubrir tales intervenciones bajo el disfraz de una ayuda bienintencionada, los individuos suelen experimentarlas como indiscretas, medianamente agresivas e intimidatorias.

El propósito es ayudar a las personas a acrecentar su imaginación y la conciencia de sí mismas sólo un paso más allá de su estado mental ordinario; esto es todo lo que uno puede hacer: apenas un pequeño paso por vez. Una "interpretación" o "confrontación" más radical tiende a resultar en confusión o bloqueo, por más tranquila que pueda parecer la conducta externa.

El terapeuta no pierde autoridad por usar confiadamente esta técnica. Por el contrario, suscitar la curiosidad del paciente es para éste muy novedoso y reconfortante. Esto estimula su interés e incita al terapeuta a comprobar si puede empatizar con aquél mediante palabras formuladas de tal manera que se sienta comprendido. Paradójicamente, este sutil elemento lúdico comunica genuina solidaridad con la aflicción del paciente, al tiempo que permite comprender la dinámica implícita y formular nuevas estrategias.

A los clientes dependientes, deferentes o excesivamente conciliadores a menudo necesito hacerles aprender y practicar (repetidamente) el rol de corregir a una autoridad. Les recuerdo que funjo como actor, que ellos son el autor o director y que mi única meta es decir bien mi parlamento, representar al personaje como ellos saben que es. Esta versión del *entrenamiento de roles* tiene poderosas implicaciones para reducir la intimidación de la relación convencional terapeuta-cliente.

Valga aquí una breve digresión: uno de los componentes, no precisamente insignificante, de la transferencia en psicoterapia es resultado de que rara vez, si acaso, los clientes tratan con un orientador que les permita guiarlo y corregirlo. Aunque quizá esto jamás sea conscientemente registrado como problema, en la mayoría de las relaciones de orientación deriva en desconfianza interpersonal y vulnerabilidad. Tal vez después de muchos años de interpretar la transferencia en una relación clásicamente psicoanalítica, por fin esta dinámica pueda volverse explícita, lo que sin embargo no da respuesta a la pregunta de cómo enfrentar el problema.

Peor aún, las interpretaciones convencionales sobre esas inhibiciones o reacciones transferenciales suelen ser erradas. Si la visión del problema aquí propuesta es correcta, según la cual muchas relaciones de roles de ayuda son conflictivas, interpretar aquellas inhibiciones como distorsiones de la relación inicial padre-hijo no hará sino confundir al cliente y agudizar su desconfianza.

La solución estriba en que el orientador se muestre inequívocamente dispuesto a ser corregido, operar en forma recíproca e iniciar y guiar decididamente este proceso interactivo. Todas las ideas del mundo por parte del cliente serán insuficientes para asegurar que esto ocurra; tanto terapeuta como cliente deben participar en esta nueva y sana modalidad, la cual evita distorsiones artificiales y malas interpretaciones.

Ya dije que el *role taking* es un interesante desafío creativo para el terapeuta. En este mutuo proceso de exploración, también el cliente puede intervenir en la elaboración de comprensiones más significativas, participando mediante su retroalimentación correctiva; así, ambas partes se convierten en artistas cooperativos interesados en una más plena expresión de la experiencia interior. Este atractivo elemento es aplicable asimismo, con un tono lúdico, a las exploraciones grupales, caso en el que también el líder debe mostrarse abierto y tentativo.

En el siguiente capítulo describiré otras aplicaciones prácticas de la teoría de los roles.

Referencias

Beahrs, John O., *Unity and Multiplicity: Multi-level Consciousness of Self,* Brunner/Mazel, Nueva York, 1982.

Bellak, Leopold, *Overload: The New Human Condition,* Human Sciences Press, Nueva York, 1975.

Frick, W. B., "Subpersonalities: Who Conducts the Orchestra?", *Journal of Humanistic Psychology,* vol. 33, num. 2, 1993, pp. 122-128.

Gillett, Richard, *Change your Mind, Change your World: A Practical Guide,* Simon and Schuster/Fireside, Nueva York, 1992.

Hardy, Jean, "Subpersonalities and the Possibility of Synthesis", en *A Psychology with a Soul: Psychosynthesis in Evolutionary Context,* Routledge and Kegan Paul, Londres y Nueva York, 1987.

Moreno J. L., *Who Shall Survive? A New Approach to the Problem of Human Interrelations,* Nervous and Mental Disease Publishing, Washington, 1934.

Rowan, J., *Subpersonalities: The People Inside us,* Routledge, Londres, 1990.

Rowan John y Mick Cooper (eds.), *The Plural Self: Multiplicity in Everyday Life,* Sage, Londres, 1990.

Samuels, Andrew, *The Plural Psyche,* Routledge, Nueva York, 1989.

Sarbin, T. R., "The Concept of Role-taking", *Sociometry,* vol. 6, núm. 3, 1943, pp. 273-285.

Schwartz, Richard C., *Internal Family Systems Therapy,* Guilford, Nueva York, 1995.

Sorokin, Pitirim A., *Sociedad, cultura y personalidad,* trad. de Aníbal del Campo, Aguilar, Madrid, 1966 (1a. ed. en inglés, 1947).

Swenson, Richard A., *The Overload Syndrome: Learning to Live Within your Limits,* NavPress, Colorado Springs, 1998.

Turner, Ralph H., "Role Taking: Process Versus Conformity", en A. Rose (ed.), *Human Behavior and Social Processes,* Houghton Mifflin, Boston, 1962, pp. 20-40.

Vargiu, James G., "Subpersonalities", *Psychosynthesis Workbook,* vol. 1, núm. 1, 1974, pp. 9-47.

Watanabe, S., "Cast of Characters Work: Systematically Exploring the Naturally Organized Personality", *Contemporary Family Therapy,* núm. 8, 1986, pp. 75-83.

Watkins, John G. y Helen H. Watkins, "Ego State Therapy", en R. J. Corsini (ed.), *Handbook of Innovative Therapies,* Wiley-Interscience, Nueva York, 1981, pp. 252-270.

CAPÍTULO 17

Teoría aplicada de los roles III: técnicas específicas

En este capítulo presentaré varias aplicaciones prácticas de la teoría de los roles de Moreno: nombramiento de roles, análisis de roles, diagramación de roles y el "átomo social". Cabe insistir en que estas aplicaciones son útiles aun si su uso no lleva aparejada la realización de escenificaciones psicodramáticas, aunque, desde luego, el enlace de unas y otras es fuente de sinergia.

Nombramiento de roles

> *Dar nombre a algo es una manera de invocar su existencia, de hacer posible que las personas vean un patrón donde antes no veían nada* [Rheingold, 1988, p. 3].

El solo hecho de asignar un nombre a los roles implicados en una situación compleja es un importante elemento de resolución de problemas. Esto entraña además un tenue elemento de alivio, puesto que la asignación de nombres es un primer paso para convertir las sensaciones de ambivalencia o confusión interna en componentes abordables, tras lo cual es posible definir y analizar los roles. Siguiendo el ejemplo de Max y Lynette Clayton (1982, 1993), psicodramatistas y sociómetras australianos y neozelandeses se han mostrado particularmente activos e innovadores en el desarrollo del nombramiento y análisis de roles, elementos con los que después trabajan psicodramáticamente.

Los nombres por asignar a los roles no deben ser nombres propios, como "Juan" o "María" (a menos que el cliente sufra un trastorno disociativo y en realidad experimente las diferentes partes de sí mismo como individuos específicos con un nombre de persona particular). En general, un rol debe recibir por nombre el de su función.

Max y Lynette Clayton depuraron esta técnica con la adición de un adjetivo a cada sustantivo para dar más sustancia a la descripción de roles. Esto implica un proceso de negociación con el protagonista, con la participación del grupo (proceso que no debe ser objeto de premura: es de la mayor importancia). Los

roles identificados suelen ser anotados en un pizarrón o cuaderno como parte del proceso de diagramación (el cual describiré más adelante).

Es importante que el proceso de nombramiento implique un intercambio. Ni el director ni los miembros del grupo deben presuponer que saben qué palabras usar. Es preciso permitir que el protagonista elija los nombres que considere más convenientes. Si tiende a mostrarse especialmente deferente, el director deberá recordarle que nadie puede saber mejor que él cuáles son las palabras más útiles. Los nombres dados a los roles están inevitablemente cargados de connotaciones emocionales; éste es nada menos que el objeto de estudio de la semántica. Al ayudar a un protagonista a identificar su lado lúdico, por ejemplo, podría surgir una delicada pero real diferencia en el matiz otorgado a la palabra "gracioso" en lugar de "simple", o en la posibilidad de que elija entre "el payaso del grupo", "bromista" o incluso "travieso". A veces el proceso de ayudar a la gente a determinar sus preferencias respecto del nombre de un rol la libera de las diferencias sociales impuestas entre el "*self* real" y el "*self* falso". En el caso de algunos clientes, es realmente valioso dedicar el tiempo necesario a alentar y permitir esta reapertura de los frágiles sentidos de la intuición y el deseo personal, con objeto de que no se restrinjan a lo que les enseñaron que "debían" preferir.

Asimismo, los adjetivos añadidos a los nombres de los roles precisan de cierto grado de negociación para que sean lo más evocadores y específicos posible. Las generalizaciones excesivas pueden restar eficacia al proceso. Así, podría ser necesario dividir el rol de "buen padre" en sus componentes para descubrir cuáles de ellos explican la "bondad" de la descripción. Las negociaciones en torno a la selección del adjetivo suelen producir fructíferas conversaciones, y a veces incluso progresos terapéuticos. En un mundo en cambio permanente como el nuestro, por ejemplo, ¿qué significa ser un "adulto exitoso", una "persona espiritualmente madura", un "verdadero hombre" o un "verdadero artista"? La asignación de nombre a los componentes y las negociaciones sobre sus elementos y normas de logros contribuyen enormemente a la terapia o desarrollo consciente.

Diagramación de roles

Una vez asignado un nombre a los roles del protagonista, es recomendable listarlos en un pizarrón o cuaderno. La posterior reflexión acerca de los roles puede servir como medio para ubicar y reorientar al protagonista entre una escena y otra. Conforme avance el psicodrama o trabajo terapéutico, podrían ser elaborados nuevos diagramas que describan cambios de relaciones entre los roles.

Moreno usó por primera vez diagramas de roles en la década de 1930, como parte de la sociometría. La idea es simple: las dimensiones percibidas e intuitivamente experimentadas de las relaciones pueden ser representadas en un espacio bidimensional, ya sea en una hoja, transparencias y proyectores, pizarrones o pizarrones blancos con marcadores. A medida que son asignados nombres a los

roles y éstos divididos en sus componentes, es posible representarlos también como diagramas, círculos u otras figuras en relación entre sí. Estos diagramas pueden ser modificados después, por efecto de la consideración de otras dimensiones de una relación o aspecto de la vida: pasado y futuro, lo temido y lo esperado, etcétera. En familias o grupos, cada persona puede trazar su propia versión, las que posteriormente podrían ser comparadas.

Otro medio para representar diferentes roles es el uso de objetos. Williams (1995) utiliza imanes de varios tipos, los cuales manipula sobre una enorme hoja de metal de color claro. Así, la selección de las figuras con las cuales representar las diversas partes del *self* o a las personas que integran una red social se convierte en un test proyectivo menor, a la manera de la elección de figuras en la terapia del cajón de arena. Con base en una intuición similar, otros especialistas han propuesto el uso de piezas de ajedrez o monedas, puesto que pueden suscitar asociaciones respecto de qué persona en un campo social adopta aparentemente cuál rol. (Esto tiene semejanza, por supuesto, con la manera en que los niños eligen títeres o juguetes con los cuales representar, directa o indirectamente, a miembros de su familia o compañeros de su escuela.)

En la terapia familiar es utilizada la técnica del *genograma* para describir las relaciones formales de parentesco. Derivado inicialmente de la genética médica y la antropología, el genograma es útil para sacar a la luz asuntos que de otro modo podrían permanecer ocultos, entre ellos sutiles y multigeneracionales tradiciones familiares (Schützenberger, 1998). También es posible usar otros diagramas; lo importante es representar en la forma más objetiva posible estados y dinámicas psicológicos o relacionales.

Análisis de roles

Analizar significa dividir algo complicado en las partes que lo componen. Los individuos pueden ser analizados en términos de los diversos roles que desempeñan, roles que a su vez, como se desprende de las explicaciones anteriores, pueden ser definidos y divididos en sus respectivos componentes, los que es posible analizar aún más detalladamente de ser necesario (Moreno, 1953, p. 293; Hale, 1975). Los roles de parejas maritales u otras relaciones diádicas, de familias y grupos también pueden ser analizados de esta manera.

Los clientes tienden a considerar que este proceso es más adecuado que la mayoría de los procedimientos de diagnóstico, ya que tiene sentido estimar su repertorio de roles y sus relaciones con los demás. Asimismo, esto permite abordar los asuntos realmente importantes, mientras que otras evaluaciones diagnósticas podrían pasar por alto muchas áreas. Las siguientes preguntas son especialmente útiles:

- ¿Algunas dimensiones de la personalidad son objeto de supresión? De ser así, ¿ello provoca problemas?
- Si algunos roles revelan una motivación excesiva o distorsionada, ¿es posible identificar la necesidad esencial?
- ¿Roles que expresan una faceta de la personalidad podrían estar sobradamente desarrollados debido en parte al descuido de otros?
- ¿Hay dimensiones importantes de desarrollo personal que están siendo reprimidas o negadas mientras que otras acciones manifiestan esfuerzos por compensar o disfrazar esas necesidades?

La definición del elemento "cuánto" es tan importante como la del "qué". Una mujer podría afirmar: "opto por el valor de la hija diligente que visita a su padre enfermo". La pregunta por formular es entonces: "¿cuán frecuentes serían las visitas y cuánto duraría cada una?" Estos elementos agudizan la conciencia, evitan que la gente incurra en trivialidades y generalidades e imponen la madura realidad de establecer normas específicas para uno mismo. En ausencia de ellos, no cesarían de acumularse dudas sobre expectativas vagas.

Las relaciones pueden ser asimismo analizadas. También en este caso es útil diagramar los diversos componentes y subcomponentes (Hale, 1975). En un matrimonio, por ejemplo, el componente de roles del trabajo doméstico podría requerir cierto análisis acerca de temas como quién se encarga de cuál labor, cómo son tomadas las decisiones sobre la distribución de esos roles y quién cumple las normas de suficiencia en su tarea. El análisis de roles en familias puede revelar patrones de triangulación, tales como situaciones en que los padres se alían en ciertos roles pero compiten en otros o se alían con un hijo en contra del cónyuge. Ese análisis puede explicar dificultades de disciplina y otras disfunciones.

Otro beneficio del análisis de roles es que puede reencuadrar la conducta como limitada a cierto rol en lugar de ser representativa de la personalidad entera. En este caso es conveniente evitar juicios globales, usualmente negativos. Algunos jóvenes, por ejemplo, dan indicios de profunda depresión en el ámbito familiar, y se exponen a ser diagnosticados en ese sentido a menos que su conducta con compañeros ajenos a la familia también pueda ser evaluada. Es posible que, cuando están con sus padres, sean excesivamente culpados, sean obligados a tomar partido a favor de uno de ellos o éstos los involucren en sus penalidades o los fuercen a reaccionar de cualquier otra manera a la dinámica de la familia.

El análisis de roles puede ser aplicado terapéuticamente en la detección de cualidades que después puedan servir en el trabajo con roles débiles. Un adolescente, por ejemplo, podría ser excesivamente tímido con personas del sexo opuesto, pero mostrarse más seguro en ciertos intereses vocacionales. El creativo reenmarcamiento de algunos de esos exitosos componentes de roles podría contribuir a que el individuo asumiera algunos riesgos y desarrollara los roles más

vulnerables. Puesto que los roles cambian y son renegociados y redefinidos constantemente, su análisis puede ser útil en numerosos momentos de la psicoterapia.

El diagrama de red social

La diagramación también es un elemento de la sociometría, de la que nos ocuparemos en los capítulos siguientes. El "átomo social" es un tipo de diagrama de amplio uso (Moreno, 1947). La idea básica es que los clientes describan a personas significativas para ellos, se coloquen en el centro del diagrama y representen a los demás como pequeños círculos u otras figuras a distancias variables. El diagrama resultante puede ser enriquecido con diversas adiciones (Buchanan, 1984; Edwards, 1996).

Esta técnica –que prefiero llamar *diagrama de red social*– puede ser usada para efectos de diagnóstico junto con las técnicas ya mencionadas de nombramiento de roles, diagramación y análisis de roles. En talleres o sesiones prolongadas, este ejercicio puede servir como caldeamiento. Por este medio, las personas toman clara conciencia de la matriz de relaciones en la que están insertas. Asuntos como fricción con ambivalencia hacia o distanciamiento de ciertas figuras clave en su vida se convierten en importantes temas de conversación.

En la figura 17-1 aparece un diagrama de red social común. En esta red pueden ser destacados varios elementos, similares a los que surgen en un sociograma (vea la p. 204, cap. 19). Además:

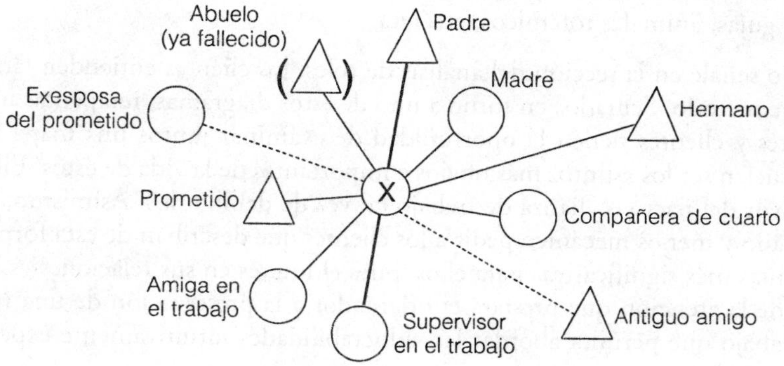

Figura 17-1. Diagrama de red social.

- Es posible incluir mascotas; para distinguirlas podrían ser dibujadas pequeñas orejas en su figura, o personas fallecidas pero emocionalmente "pre-

sentes", indicadas entre paréntesis. En ocasiones es posible incluir un pequeño grupo de amigos u otros grupos.

- La distancia entre la figura central y las demás variará de acuerdo con la "cercanía" percibida.
- Además de indicar sentimientos positivos y negativos con una línea continua y una punteada, respectivamente, la ambivalencia podría ser representada con una línea ondulada y la indiferencia o neutralidad con una línea de puntos muy espaciados.
- Aparte de mostrar los sentimientos que la figura central (correspondiente a quien elabora el diagrama) experimenta hacia los demás, en el extremo exterior de cada línea también sería posible indicar qué *piensa* la persona que la otra siente por ella.
- Hay tantas variantes como propósitos se persigan.

Un diagrama de red social puede ser modificado y adaptado en relación con una amplia gama de situaciones (Treadwell, Collins y Stein, 1992). Usualmente, el diagrama representa a las personas significativas para un individuo en ese momento, pero otras variantes podrían incluir

- El futuro: ¿quién sería incluido en el diagrama de una vida *ideal*? El plazo considerado podría ser de 1 año, 10 años u otros.
- El pasado: la infancia, adolescencia u otra época.
- La red colectiva: diversos grupos, clubes u organizaciones.
- Red de realidad suplementaria: héroes, favorecedores, Dios, Jesús, otros entes espirituales, ángeles, demonios atormentadores, fantasmas, ancestros, guías, animales totémicos, etcétera.

Como señalé en la sección del análisis de roles, los clientes entienden fácilmente este método. Sentados en torno a uno de estos diagramas, terapeutas u orientadores y clientes tienen la oportunidad de examinar juntos un "mapa" de los que suelen ser los asuntos más obvios e importantes de la vida de éstos. Ello obra en favor del pacto o alianza de trabajo en vez de debilitarlos. Asimismo, es más humano y menos mecánico pedir a los clientes que describan de esta forma a las personas más significativas para ellos, pues el interés en sus relaciones es indicativo de la atención que prestará el orientador a la preservación de una relación de trabajo que permita abordar las vulnerabilidades intuitivamente experimentadas por los clientes.

Otro valor de este diagrama es que, mientras que al principio es posible ignorar algunas de las relaciones de roles no problemáticas, en una etapa posterior puede ser útil destacar algunas de esas áreas positivas y entablar conversaciones sobre relaciones sustentadoras que sirvan de estímulo. El análisis de lo que explica el éxito en esos roles puede conducir a la transferencia de algunos componentes de roles para contribuir a enfrentar las relaciones problemáticas.

El valor del término *átomo social* es cuestionable. Sorokin (1958) apuntó que su comparación con el átomo físico es limitada. La intención de Moreno fue inducir la idea de que las personas están insertas en un proceso social. Una noción similar fue expresada por el psicoanalista infantil Winnicott, quien señaló que el bebé como tal no existe, pues el desarrollo sólo ocurre en la matriz de las relaciones. Creo asimismo que es recomendable no introducir terminología estrambótica, la cual dificulta explicar el psicodrama a quienes no lo conocen pero están predispuestos a favor de sus conceptos, motivo por el que prefiero el término *diagrama de red social.*

Creación de roles

> *Más imaginación suele redundar en mayor audacia, porque el temor, la vergüenza o el odio por nosotros mismos es lo que nos aprisiona y paraliza. El despertar de la imaginación lo es también del corazón* [Fox, 1991].

En el contexto de la teoría aplicada de los roles, el objetivo no es trabajar con el propio repertorio de roles establecido, sino imaginar y experimentar conscientemente con nuevos componentes de roles o roles totalmente nuevos. (Esto coincide con la *terapia de roles fijos* de George Kelly.) Ello complementa el reencuadre de ciertos roles o la modificación del grado en que nos identificamos con una u otra parte de nuestra personalidad (Moreno, 1934, p. 326).

La creación, nombramiento y desarrollo de numerosos roles pueden ofrecer orientación cognitiva a los procesos de la terapia o el desarrollo personal, lo cual contribuye a un mejor establecimiento del aprendizaje, sea cual fuere. El propósito no es aceptar el repertorio presente de roles. La explícita e intencional asunción de roles no resta autenticidad a la operación. Por el contrario, la creación de roles tiende un puente entre la realidad suplementaria y la vida ordinaria.

La más importante categoría de los roles por desarrollar es la de los metarroles, las funciones que modulan y coordinan el desempeño de los demás roles. Los metarroles contienen componentes de buen padre, director general, mediador, amigo sustentador y solucionador creativo de problemas, entre otros. La alianza de trabajo entre el terapeuta y los metarroles es quizá la principal en la terapia, y conviene hacerla en forma explícita, en reconocimiento de que aquéllos son los líderes del elenco de personajes.

Por un lado, los metarroles ya están presentes, desde luego, pero, por el otro, muchas personas difícilmente los experimentan. En este caso son comparables con personajes complacientes que ignoran cómo hacer su trabajo. La terapia implica en buena parte la potenciación de los metarroles. Al nombrarlos y tratarlos como personas, son trasladados a una región más vívida de la conciencia.

Entre las variantes de los metarroles también se encuentran la audiencia y el crítico o, en una empresa, el programa de aseguramiento de la calidad, los indi-

viduos que inspeccionan y evalúan el desempeño. Las personas deben aprender a ejercer la esencial función ejecutiva de evaluarse, diagnosticar lo que quizá no funciona y el motivo de que sea así.

Aparte de administrar y coordinar, otro metarrol clave es dirigir, desarrollar un sueño, un conjunto de metas realistas. Muchas personas viven a la deriva, temerosas de fijarse metas. Este metarrol no tiene por qué ser rígido o dominante; en ocasiones, ir a la deriva y "dejarse llevar por la corriente" es lo más adaptativo. Pero, en general, alguna función de dirección es óptimamente adaptativa. El fortalecimiento de este metarrol es un punto importante en la terapia u orientación personal. En términos dramatúrgicos, éste es el autor. En términos espirituales, es el mejor punto de contacto entre el administrador y la inspiración.

DeBono (1985) describió seis funciones en la resolución de problemas como sombreros de distintos colores, cada uno de los cuales plantea una pregunta distinta. Sombrero negro: ¿qué cosas malas podrían ocurrir? Sombrero amarillo: ¿qué cosas buenas? Sombrero rojo: ¿qué pienso de ello? Sombrero azul: sólo los hechos, un análisis desapasionado. Sombrero verde: ¿qué opciones creativas existen? Sombrero blanco: ¿cómo marcha el proceso grupal? ¿Todos son escuchados? ¿Cuál es la justa medida? Éstos son seis subroles ejecutivos o de liderazgo que deben ser llevados a primer plano.

Un rol que es divertido desarrollar es el de la audiencia entusiasta, los fanáticos. No son críticos; ¡adoran a los ejecutantes! Imagine un grupo animador, un séquito; forme su propio club de *fans.* Otras terapias hablan de *afirmaciones*, y la creación de este rol permite a los clientes imaginar que otros dicen cosas maravillosas de ellos. Este rol también puede ser cultivado a causa de que el mero halago tiende a ser ineficaz. Al crear un club de admiradores, emitir juicios realistas pero al mismo tiempo extraordinariamente positivos constituye un interesante desafío.

Además de crearlos, los roles deben ser trabajados, depurados, desarrollados y, a veces, radicalmente modificados. Asimismo, la evaluación del metarrol de director debe contemplar no sólo las funciones que le son propias, sino también las de otros roles. ¿Algunos de ellos son deficientes y precisan de ajustes? ¿Otros están demasiado desarrollados? Imaginar la interacción ideal entre esas funciones revela la virtud del equilibrio.

Muchas personas resienten la presencia de un superyó excesivamente estricto, o conciencia autocrítica. Les gustaría librarse de él, pero no pueden hacerlo. Lo "contrataron" desde que tenían de 4 a 6 años edad para disciplinar a los rebeldes sentimientos, y tiende a comportarse como una mezcla de los modelos que han tenido en la vida y una caricatura exagerada de un policía o instructor militar inflexible. Dado que su mente opera con dicotomías simplistas, los niños crean estos roles internos polarizados. La maduración implica la modulación de modos de cognición extremadamente generalizados, como el infantil "o esto o esto otro".

Una manera de enfrentar al policía o fiscal interior es crear un "abogado defensor" interno que pueda hacer uso de todos los trucos y recursos de la ley acerca de los que leemos en libros o vemos en películas para oponerse a la severidad y afán culpabilizador del superyó. (En el método de terapia racional-emotiva de Ellis, el terapeuta adopta este rol, para refutar activamente el sistema de creencias del cliente.)

Otro recurso consiste en imaginar que el fiscal interior acude a una academia para conocer las más recientes ideas sobre el servicio eficaz al público. Las personas suelen afirmar que les encantaría "librarse" de esa fuente de negatividad, pero las cosas no operan así. Si el *self* pudiera controlar al subconsciente, no existiría la terapia. Los roles internos no pueden ser "despedidos". Pero es posible trabajar con ellos, "reeducarlos" o adoptar nuevos roles y ampliar el repertorio propio. Los nuevos y sabios roles administrativos intentarán demostrar la inutilidad de los antiguos patrones de roles internos "pendencieros", a causa de lo cual serán desarrolladas nuevas y más equilibradas maneras de imponer disciplina.

Un invocable rol implícito que ha cobrado enorme fama en las últimas décadas es "el niño interior". A menudo es útil intercalar una entrevista con este rol con algunas conversaciones con roles más adultos, para constatar la presencia de varios abordajes. Asimismo, yo suelo recordar a las personas que junto al vulnerable, inocente y menesteroso niño interior está el insaciablemente exigente, engreído, egoísta y malicioso "rapazuelo interior" (Wolinsky, 1993). Esto provoca carcajadas, pero también abre la puerta al conocimiento de esta faceta de nuestra personalidad, no aceptable socialmente pero de cualquier manera universal.

Como el de administrador interno, otro rol importante por crear también está implícito en la mente pero se beneficia de igual forma de ser nombrado y consagrado a un buen uso: el "*self* superior" o "espíritu". El desarrollo de este rol es de gran utilidad en la psicoterapia, pues sirve para ubicar al cliente en una fuente de inspiración, guía, satisfacción y pertenencia (o "vinculación"), frecuentemente perdida o diluida en nuestra cultura. Para algunas personas, este rol está a menudo relacionado, o incluso identificado, con algún intermediario espiritual, como Jesús, o directamente asociado con el concepto propio acerca de Dios. Sin embargo, este rol opera a partir del potencial de la dimensión creativa del subconsciente, y la técnica se reduce a mostrar apertura y receptividad a las ideas intuitivas e imaginales de ese tipo que emergen en la conciencia. No es necesario aceptar acríticamente todo lo que surge en la mente, pero el buen juicio puede ser prudentemente equilibrado con cierta medida de renuncia al control del yo.

La creación de un rol de la capacidad mental que nos une íntimamente con el espíritu es una de las tareas más exquisitas que podamos emprender. Esto no es superficial ni artificial, sino un replanteamiento, una repercepción de cualidades innatas que de otra manera sólo parecerían inútilmente presentes. Es como descubrir que un guijarro en el patio trasero es en realidad un diamante.

No todos los roles creados deben ser necesariamente serios o profundos. Algunas personas deben desarrollar dimensiones de diversión, arte, sensibilidad social, etcétera. La idea es saber que uno puede elegir un repertorio de roles verdaderamente diversificado y satisfactoriamente equilibrado.

Resumen

La teoría aplicada de los roles brinda no sólo conceptos, sino también instrumentos de uso práctico en una extensa variedad de situaciones. Nombrar, analizar, diagramar y crear roles son algunas de las operaciones de la ejecución de este enfoque. La teoría de los roles también está asociada con la sociometría, tema que trataré en el siguiente capítulo.

Referencias

Buchanan, Dale R., "Moreno's Social Atom: A Diagnostic and Treatment Tool for Exploring Interpersonal Relationships", *The Arts in Psychotherapy,* núm. 11, 1984, pp. 155-164.

Clayton, Lynette, "The Use of the Cultural Atom to Record Personality Change in Individual Psychotherapy", *Journal of Group Psychotherapy, Psychodrama and Sociometry,* vol. 35, núm. 3, 1982, pp. 111-117.

Clayton, Max, *Living Pictures of the Self: Applications of Role Theory in Professional Practice and Daily Living,* ICA Centre, Caulfield, 1993.

DeBono, Edward, *Six Thinking Hats,* Penguin, Londres, 1985.

Edwards, Jay, "Examining the Clinical Utility of the Moreno Social Atom Projective Test", *Journal of Group Psychotherapy, Psychodrama and Sociometry,* vol. 49, núm. 2, 1996, pp. 51-75.

Hale, Ann E., "The Role Diagram Expanded", *Group Psychotherapy and Psychodrama,* núm. 28, 1975, pp. 77-104.

Moreno, J. L., *Who shall Survive? A New Approach to the Problem of Human Interrelations,* Nervous and Mental Disease Publishing, Washington, 1934.

—, "Organization of the Social Atom", *Sociometry,* vol. 10, núm. 4, 1947, pp. 287-293. (Nota del autor: este artículo fue originalmente publicado como estudio monográfico en 1936.)

—, *Who shall Survive?,* Beacon Press, Nueva York, 1953.

Schützenberger, Anne Ancelin, *The Ancestor Syndrome,* Routledge, Londres, 1998.

Sorokin, Pitirim A., "A Critique of 'Social Atom' Terminology", en J. S. Roucek (ed.) *Contemporary Sociology,* Philosophical Library, Nueva York, 1958.

Treadwell, Thomas, Lisa Collins y Stephen Stein, "The Moreno Social Atom Test (revised)", *Journal of Group Psychotherapy, Psychodrama and Sociometry,* vol. 45, núm. 3, 1992, pp. 122-124.

Williams, Antony, *Visual and Active Supervision,* W. W. Norton, Nueva York, 1995.

Wolinsky, Stephen, *The Dark Side of the Inner Child: The Next Step,* Bramble Books, Norfolk, 1993.

CAPÍTULO 18

Sociometría I: consideraciones generales

La sociometría es tanto un enfoque general de ciertos aspectos de la dinámica de grupos como un método específico para la evaluación de los patrones de atracción y rechazo entre los miembros de un grupo. Los grupos suelen poseer una estructura formal, la cual implica líderes designados y roles asignados, e incluso cadenas de autoridad. Pero también poseen una estructura informal, determinada por las preferencias personales, lo que Moreno llamó *tele* (concepto que explicaré más adelante); la sociometría mide justamente estos patrones (Moreno, 1933, p. 31).

Moreno pensaba que esta dinámica informal microsociológica era increíblemente importante por sus efectos en la moral y la eficacia de grupos sociales más grandes. Las preferencias son un fenómeno psicosocial que participa de la espontaneidad, e idear maneras de reconocer esas preferencias télicas también tiene utilidad para el ambicioso proyecto de crear una sociedad más sana, auténtica y espontánea en lo interpersonal.

Así, la sociometría es parte importante de la filosofía de Moreno y de la psicología social en general. Moreno (1934, p. 10) distinguió en principio entre la teoría general y el método específico, y llamó a la primera *socionomía* mientras que el segundo se restringía a los procedimientos propiamente dichos, de orientación matemática. Años después, sin embargo, el término *sociometría* habría de recoger lo mismo el amplio sentido que el estrecho. En este capítulo expondré la perspectiva general, en tanto que en el siguiente describiré los métodos sociométricos.

Relaciones interpersonales

Moreno (1953b, p. lx) afirmó haber sido el primero en emplear el término *relaciones interpersonales* en psiquiatría, varios años antes que Harry Stack Sullivan, a quien suele ser atribuido. Tal término apareció en efecto en el subtítulo de su primera revista especializada, *Sociometry: A Journal of Interpersonal Relations,* así

como en uno de sus primeros artículos (Moreno, 1937). Su concepción del modo en que individuos y grupos interactúan en campos de mutua influencia está inscrita en lo que ahora llamaríamos *sistemas*. La dinámica de grupos no se reducía para él a transferencias proyectadas por individuos, sino que también comprendía patrones reflejados en un nivel más sutil y complejo. Algunas de las dimensiones o factores con efectos en esta esfera son:

distribución de roles
conflictos de roles
partes del *self*
resolución de conflictos
confluencia de intereses
accesibilidad
establecimiento de límites
grados de compromiso
habilidad verbal
apetito sexual
dinero y seguridad
interés político
preferencias
percepciones recíprocas
expectativas
diferencias de temperamento
comunicación no verbal
valores comunes
estilos de comunicación
compromisos contrapuestos
sensibilidad hacia lo psicológico
gradientes de poder percibidos determinados por área reconocimiento profesional
mezcla cultural

La teoría de los roles de Moreno, que expuse en los capítulos precedentes, y sus ideas sobre la tele –de la que me ocuparé en detalle más adelante, son valiosas contribuciones a nuestra comprensión de la dinámica de grupos, pero no deben ser consideradas suficientes. Autores de los campos de la psicología social, la psicoterapia grupal, la comunicación, el desarrollo de las organizaciones, etcétera, también han escrito sobre otras dimensiones de este tema, aportaciones que los psicodramatistas deben conocer (Corey y Corey, 2000; Ettin, 1992).

Ser social

Moreno fue particularmente sensible a la dimensión social, y concibió la naturaleza humana como inserta en un dinámico campo de relaciones. Podríamos afirmar con certeza que, histórica y conceptualmente, el psicodrama surgió de las ideas *sociométricas* de Moreno. Éstas rebasan el marco de las relaciones interpersonales, en el entendido de que los grupos no sólo operan como la suma de los individuos que los componen, sino también poseen una compleja dinámica propia, lo que implica una visión holística más que reduccionista. En otras palabras, pese a la hiperindividualización de la cultura occidental, las personas también pueden, para bien o para mal, experimentar y operar en un nivel colectivo.

Los humanos somos seres sociales, animales gregarios a cuyas tendencias egocéntricas se suma la posibilidad de vivir en comunidad, comunión más allá de la cual la experiencia del "nosotros" remplaza al "yo". En reconocimiento de ello, precisamos de un punto de vista que tienda puentes entre la psicología indivi-

dual y la social (o sociología) –como la teoría aplicada de los roles–, lo mismo que de métodos como la sociometría, la teoría aplicada de los roles y el psicodrama para desarrollar mayores grados de cohesión grupal y cocreatividad.

Los grupos están inscritos a su vez en gran número de instituciones culturales –políticas, económicas, artísticas, recreativas, lingüísticas, etcétera–, las cuales poseen una dinámica propia aún más compleja. Así, nuestros sistemas de psicología han de ser capaces de aprender de esas disciplinas conexas y de contribuir a sus investigaciones y actividades constructivas.

Aunque quizá sea imposible describir en su totalidad los elementos que operan en un campo, podemos, en cambio, abordar problemas específicos tomando en cuenta los fenómenos y dinámicas que nos parezcan pertinentes, sea cual sea su nivel. Por ejemplo, la actual dinámica familiar depende en parte de las normas sociales y el cambio de expectativas, en sí mismo controvertido en lo que atañe a la disciplina, el cuidado infantil, la educación sexual, entre otros aspectos. En este sentido, en los psicodramas también están presentes elementos sociodramáticos.

Una implicación de nuestro ser social es el reconocimiento de que, como lo han observado feministas y ecopsicólogos, lo personal es político. Esto equivale a decir que nuestras acciones –u omisiones, lamentablemente más frecuentes– colectivas tienen consecuencias generales que afectan al individuo. Así, los psicodramas también poseen elementos que podrían ser sublimados como acción social, es decir como sociatría.

Dinámica coinconsciente

Este interesante concepto, propuesto por Moreno, ha sido aplicado por numerosos autores que trabajan con grupos (Moreno, 1972, p. vii; Zuretti, 1994; Bannister, 1998). En psicodrama es frecuente que, una vez conseguido un estado de gran espontaneidad por medio del caldeamiento, el protagonista elija como auxiliares a personas con las que, sin saberlo de antemano, comparte ciertas cualidades, como sucesos similares en su respectiva historia. Muchos otros incidentes de vinculaciones intuitivas, misteriosas *coincidencias* (que Jung llamó *sincronicidades*), etcétera, sustentan la posibilidad de un tipo de percepción extrasensorial o dinámica de relaciones inconscientes en el funcionamiento grupal.

Más notables a este respecto son la labor del analista grupal inglés Wilfred Bion y sus teorías sobre la "mente grupal" o enfoque de "el grupo como totalidad" (Neri, 1998). Esta propuesta se asemeja en espíritu al co-inconsciente de Moreno, aunque aún existen reservas acerca de qué métodos o conclusiones pueden ser basados en esta hipótesis.

Tele

También intangible pero mucho más susceptible de ser medido es el fenómeno de la preferencia interpersonal, las atracciones o rechazos que ocurren entre personas o miembros de un grupo. Moreno consideró a esta dinámica como uno de los factores más importantes y frecuentemente menospreciados de la dinámica de grupos.

Llamó *tele* a las preferencias tanto positivas como negativas, dinámica que es el foco de atención de la medición sociométrica (Barbour, 1994; Blatner, 1994). La tele no es de ninguna manera abstracta. Piense usted en las personas que prefiere o le simpatizan: tiene con ellas una tele positiva. Su tele con las personas que le causan una sensación de incomodidad o rechazo es la tele negativa. Con personas importantes para usted pero por las que no siente ninguna preferencia en particular tiene una tele neutral. Por último, hay personas sin la menor relación con sus intereses, y frente a ellas es indiferente. Curiosamente, muy a menudo estos sentimientos son correspondidos. Todos poseemos estos cambiantes conjuntos de reacciones variables ante los demás en el campo social.

Cuidadosamente examinada, sin embargo, la tele es *dependiente de roles.* Las personas poseen diferentes conjuntos de preferencias de acuerdo con distintos tipos de necesidades. A un individuo podrían agradarle tres personas de un grupo; pero una de ellas le interesa por motivos románticos, otra porque podría serle útil en cuestiones prácticas y la tercera porque parece apta para escuchar sus problemas.

Aunque interacción humana compleja, la tele es prolongación de una dinámica presente en la naturaleza: incluso los animales primitivos exhiben preferencias, ya sea por afinidad con propósitos sexuales o por la impresión de "buen sabor". Seres más complejos se organizan en una amplia variedad de formas sociales. Sin embargo, los animales poseen instintos, los que en los seres humanos asumen un velo de emociones e imágenes, posibles por su más intrincado sistema nervioso. Esta combinación de instinto e imaginación es lo que Jung llamó *arquetipo*.

Moreno insistió en diferenciar entre tele y transferencia. En tanto que ésta implica el traslado a una relación presente de expectativas basadas en experiencias pasadas con otras personas –y por lo tanto la distorsión de la relación inmediata–, la tele supone interacciones principalmente basadas en la percepción de cualidades reales en el otro. Muchas relaciones, si no es que la mayoría de ellas, contienen sin embargo una combinación de transferencia y tele. Los psicoanalistas Greenson y Wexler indicaron en 1969 que abundantes reacciones de analizandos que los analistas habían identificado (equivocadamente) como transferencias se basaban en realidad en interpretaciones realistas de la conducta verbal o no verbal del terapeuta (es decir, eran reacciones télicas). A su vez, lo considerado preferencias télicas estaba a menudo contaminado de poco realistas fantasí-

as transferenciales. La sociometría comparte con la psicoterapia dinámica la meta de esclarecer la realidad de las interacciones interpersonales, discriminando las percepciones realistas de proyecciones, estereotipos y otras formas de pensamiento irracional.

Como ya mencioné, las preferencias se basan en criterios conscientes o inconscientes, y dilucidar éstos puede ser una de las actividades más ricas de la psicoterapia o el desarrollo personal. Consideremos algunas de las razones más comunes de elecciones positivas o negativas:

semejanzas de temperamento
diferencias de temperamento
capacidad o experiencia
diferencias exóticas
familiaridad
proximidad física
digno competidor
nivel de vitalidad
complementariedad de roles:
- líder/seguidor
- activo/pasivo
- favorecedor/favorecido
- hablante/escucha

antecedentes culturales
antecedentes regionales
estilo de vida, valores
aroma, sonido de la voz
"blanco" o "triunfo" fácil
intereses comunes
atractivo:
- físico, sexual,
- intelectual, social,
- espiritual, lúdico,
- emocional, artístico
- y reciprocidad

Este último elemento, el de la reciprocidad, es tan importante que merece ser considerado aparte. Los clientes suelen conceder enorme importancia a la exploración del motivo de que sus preferencias sean como son. Asimismo, la aplicabilidad de estos criterios cambia con el rol y el contexto. En consecuencia, la sociometría pone especial cuidado en la especificación del criterio de elección. En el análisis de una situación dada, la asignación de nombre a los asuntos específicos implicados es indispensable para comprender la interacción.

Podemos discernir dos categorías generales de criterios sobre la elección: *sociotélica,* en referencia a una meta compartida o interés común, y *psicotélica,* en referencia a cualidades personales o afinidad sin que medie ninguna razón utilitarista. Los criterios sociotélicos rigen en un grupo formado en torno a un especial interés común. Por ejemplo, el dicho de que "la política enemista a los amantes" revela que nuestros aliados no necesariamente son nuestros amigos. En contraste con ello, los criterios psicotélicos reflejan una intuitiva afinidad personal y rigen en los subgrupos o corrillos naturales cuyos miembros se reúnen a tomar café, se invitan a fiestas o juegan juntos en recesos.

El conocimiento acerca de la tele tiene otras aplicaciones prácticas. Una de ellas es la atención a sutilezas antes ignoradas, para identificar las preferencias propias y las señales no verbales ajenas en correspondencia con esos sentimientos. El desconocimiento de la tele genera a su vez la común tendencia a pasar por alto o ignorar esas corrientes interpersonales, lo que desemboca en una amplia

variedad de fricciones interpersonales más tarde erróneamente atribuidas a otras razones, lo que complica el problema.

Un valor adicional de la familiarización con la tele es que, puesto que constituye un proceso de naturaleza en gran medida intuitiva, cuanto más la practicamos, mayor sensibilidad interpersonal adquirimos: es una habilidad que podemos desarrollar.

El tercer beneficio del concepto de tele es que –como el temperamento, la comunicación no verbal y el análisis de roles, entre otros– es un instrumento general que permite plantear, negociar y resolver conflictos en forma creativa. La sociometría traslada esos asuntos a la conciencia, y el psicodrama contribuye a solucionarlos.

Una de las causas de fricciones interpersonales es la tendencia a generalizar. En presencia de una tele positiva, las personas involucradas suelen idealizarse una a otra; si la tele es negativa, se subestimarán en exceso. Idealizar significa atribuir cualidades no comprobadas, y subestimar es negar toda capacidad positiva de roles por el solo hecho de no percibir algunas de ellas. La idealización deriva en desilusión, y la devaluación en erección de barreras impermeables.

Saber que la tele es dependiente de roles y tomar conciencia de las razones de las reacciones télicas contribuye a combatir esas generalizaciones excesivas y a reconocer que una persona puede ser apreciada en algunos roles pese a no destacar en particular en otros. Esto indica asimismo que las personas deben estar en libertad de renegociar sus roles en grupos para no verse sutilmente compelidas a operar en un modo que no sea de su agrado. La exploración de estos temas puede ser útil en una terapia grupal o en una comunidad terapéutica.

Cabe insistir en que la existencia de una tele negativa no significa que una de las partes esté equivocada o sea la culpable. Una tele negativa suele causar vergüenza o culpa. Sin embargo, a veces dos excelentes personas no sólo no hacen "clic", sino que ni siquiera se soportan. Deberán aceptarlo, no ignorar su reacción y pretender ser amigables. En ausencia de "química", tales esfuerzos incrementan la fricción. Así pues, deben limitarse a mostrarse razonablemente amables y corteses. Quizá en el futuro surja otra dimensión de roles en la que encuentren más afinidad, algo que, sin embargo, es imposible forzar.

Reciprocidad*

La reciprocidad es el fenómeno en el que un sentimiento es correspondido. La investigación sociométrica ha demostrado que la tele tanto positiva como nega-

* También traducido como *mutualidad* y así utilizado en los textos de Dalmiro Bustos sobre sociometría en español. [N. del E.]

tiva suele ser recíproca. A veces esta reacción intuitiva ocurre antes de una intensa interacción entre las partes. Desde luego que el hecho de que una persona exhiba una inclinación positiva hacia otra y le muestre agrado o interés tiende a incitar a cambio sentimientos similares. También las sutiles señales conductuales de antipatía son a menudo correspondidas. Hay asimismo interacciones en las que no ocurre ningún tipo de reciprocidad: X prefiere a Y, pero Y siente indiferencia, o incluso rechazo, hacia X. Esto recibe el nombre de *tele mixta*, valiosa fuente de reconsideración de los criterios de elección en una situación.

El tema de la reciprocidad es muy útil en psicoterapia, ya que se ocupa de la complejidad de las relaciones interpersonales. Más que proceso unidireccional, o aun bidireccional, las interacciones implican una corriente de comunicaciones e interpretaciones. Así, pueden volverse disfuncionales si una de las partes

- emite mensajes confusos, ya sea que incluyan señales no verbales incongruentes o comunicaciones verbales vagas, circunstanciales o evasivas
- ofrece una respuesta insuficiente
- malinterpreta las comunicaciones de la otra
- no está dispuesta a o no sabe cómo confirmar la validez de una interpretación
- señala que el proceso de comunicación no es un tema de conversación aceptable
- comunica expectativas negativas
- es insensible a señales no verbales, e incluso a enunciados explícitos o claros

Cuando los participantes en una relación se muestran dispuestos a ofrecer o recibir atención, interés, respeto, ayuda o apoyo, surge entre ellos una sensación de *mutualidad*. Ésta aumenta cuando los participantes exhiben una disposición recíproca a empeñar igual grado de esfuerzo en favor del cumplimiento de una meta común. La conversación sobre estos temas en ámbitos terapéuticos y pedagógicos alienta el desarrollo de eficaces habilidades de comunicación. Cuando dominamos una extensa gama de técnicas maduras para atraer atención o establecer límites, es menos probable que retrocedamos al empleo de manipulaciones.

Otra razón de la utilidad del concepto de reciprocidad es que constituye un poderoso instrumento para la exploración de los fenómenos de transferencia, proyección y otras distorsiones del campo interpersonal. Al conversar con ellos sobre las ideas generales de tele, preferencias, reciprocidad, etcétera, los clientes reciben un marco general, un lenguaje simple, y junto con ello la expectativa o norma de examinar el sentido y motivaciones de las relaciones interpersonales.

Uso de la sociometría

Dada la vastedad e importancia de la dinámica de la tele en las relaciones humanas, es conveniente desarrollar métodos para la conversión de esas interacciones

en información práctica, ideal para la consciente estructuración de grupos y el trabajo constructivo con los sentimientos de todos los involucrados. La actitud de Moreno fue congruente con las tendencias generales de la psicoterapia y otros campos hacia un mayor grado de conciencia. Advirtió que siempre es preferible saber y tomar decisiones con base en información precisa que mantener ilusiones y prevenciones. Desde luego que estas últimas, en el contexto ya sea de la psicología individual o grupal, libran a corto plazo de la obligación de enfrentar verdades incómodas, pero a largo plazo no hacen sino complicar los problemas.

Como en la terapia, sin embargo, en la sociometría surgen asuntos delicados que deben ser tratados con suma cautela. En principio es necesario crear un ambiente de relaciones estables y apoyo mutuo o de *cohesión grupal*. Este contexto de apoyo infunde valor para explorar después aspectos de relaciones que podrían representar una amenaza emocional. A menudo la preparación y continuidad de una investigación sociométrica requieren mayor habilidad, tacto y esfuerzo que la ejecución del procedimiento, asunto al que volveré más adelante.

La generación y preservación de una norma grupal de motivación para conocer la dinámica del grupo es, en efecto, más importante que el método en sí. La técnica clásica de la sociometría se reduce a una técnica de retroalimentación, a la manera de una báscula en el caso del control de peso. El agente de cambio es el procedimiento sociométrico total, el cual implica la admisión de un compromiso general con la revelación del *self* y la clara retroalimentación, seguida por el ejercitamiento de habilidades para la mejora de las relaciones interpersonales y la cohesión grupal. En otras palabras, la sociometría incluye no sólo la recolección y organización de información sobre los patrones télicos de un grupo, sino también el trabajo con éste para anticipar y tratar constructivamente esa información.

Perspectivas históricas

La sociometría echa raíces en las experiencias de Moreno alrededor de la segunda década del siglo XX, como expliqué en el capítulo 2. A principios de la década de 1930, Moreno prosiguió en el desarrollo de ese método, mientras trabajaba como orientador en la Hudson School for Girls de Nueva York (Hare 1992), experimentos que sirvieron de base a su libro más elaborado, *Who Shall Survive?* (1934, 1953b).

La sociometría obtuvo reconocimiento en las décadas de 1940 y 1950 como enfoque práctico relativamente temprano de la psicología social. Moreno publicó en sus revistas elogiosos comentarios sobre ella de gran número de científicos sociales eminentes. Los precursores estudios sobre sociometría de Hellen Hall Jennings (1950, 1959) merecen especial mención. En las décadas de 1950 y 1960, este método fue principalmente utilizado en el sistema educativo (Evans, 1962; Gronlund, 1959; Northway, 1967), en tanto que Moreno aludió a otras aplicaciones en libros y revistas sobre el tema (vea la *Bibliografía general*).

La sociometría y los enfoques afines del psicodrama y la terapia grupal implican un compromiso con mayores niveles de honestidad, así como atención a las relaciones reales aquí y ahora. Estos temas están presentes asimismo en las metodologías del grupo T, uno de los antecedentes del grupo de encuentro.

En 1946, estudiantes del equipo de investigación de dinámica de grupos de Kurt Lewin, quien había recibido la influencia de Moreno, impartieron en una casa de retiros en Bethel, Maine, cursos de capacitación en liderazgo específicamente dirigidos a asuntos comunitarios como las tensiones interraciales. Pronto descubrieron que esos cursos, que incluían el *role playing*, estimulaban sesiones de retroalimentación para el "procesamiento" de lo sucedido en la reunión anterior, lo que a su vez generaba una dinámica grupal de autorreflexión, el grupo T, una breve terapia grupal para personas sanas.

Como ya indiqué, varios de los iniciadores del grupo T, Ronald Lippitt y Leland Bradford entre ellos, conocían los métodos de Moreno (Moreno, 1953a). De hecho, algunos de sus artículos fundamentales, aparecidos en la época de organización de los primeros grupos T (1946 y 1947), fueron publicados en revistas de Moreno (Lippitt, Bradford y Benne, 1947). Años después, el grupo T fue modificado y aplicado al desarrollo de organizaciones educativas y comunitarias, lo que fue conocido como *educación de la sensibilidad*; una década más tarde, este método se fusionó con el campo emergente de la psicología humanista, para convertirse en el grupo de encuentro.

En los campos de la sociología y la psicología social académicas, la sociometría fue primordialmente un instrumento de investigación durante los años cincuenta y sesenta, e incluso entonces su popularidad fue modesta. En 1956 Moreno cedió la revista *Sociometry* a la American Sociological Associaton, la que siguió publicándola durante muchos años, aunque con muy escasos textos de Moreno y sus seguidores más inmediatos. Al momento de escribir estas líneas, la sociometría había desaparecido casi por completo de los índices de la mayoría de los libros de texto de sociología y psicología social.

Pese a ser uno de los primeros métodos científicos en la sociología, la sociometría fue principalmente usada en la investigación, pero sus hallazgos fueron escasamente aplicados en los grupos estudiados. Esto era absolutamente contrario a la intención de Moreno de forjar una ciencia conductual aplicada, como la llamaríamos hoy, de utilidad para las personas examinadas (Mendelson, 1977). Moreno concibió al sociómetra como participante en el proceso; se trataba de un imperativo ético y prolongación de su filosofía existencialista. La sociometría debía ser un instrumento que la gente pudiera emplear para monitorear el estado de su funcionamiento colectivo, y con esta información tomar decisiones adecuadas sobre la realización de cambios en las normas, procedimientos y roles grupales. Aparte de describir los fenómenos de la dinámica grupal, era importante que la sociometría contribuyera a identificar y resolver los problemas técnicos implicados en el intento de remediar los *padecimientos grupales*.

Así pues, es evidente que la sociometría requería algo más que el repertorio habitual de habilidades del académico promedio. Pocos profesores de sociología o psicología social poseen experiencia en terapia grupal, indispensable síntesis disciplinaria para la aparición de "socioterapeutas" o "sociatras", como los llamó Moreno. Éste esperaba que tales nuevos profesionales desempeñaran un rol socialmente reconocido en el diagnóstico y tratamiento de conflictos en y entre grupos, vecindarios, organizaciones e incluso naciones, así como los psicoterapeutas tratan a un individuo o una familia. Ciertamente ese rol es necesario, puesto que los grandes colectivos exhiben modalidades de psicopatología y autoengaño aún más riesgosas. El rudimentario estado de nuestro conocimiento y la presencia de resistencias colectivas no deberían disuadirnos de visualizar y seguir trabajando hacia el reconocimiento de la validez y métodos de ese rol.

Situación actual

El hecho más significativo acerca de la presente situación de la sociometría en las ciencias de la conducta es que la mayoría de las personas no relacionadas con el psicodrama difícilmente han oído hablar de ella. A partir de la década de 1960, la sociometría se ha convertido en una técnica más bien extraña y sólo ocasionalmente utilizada en la psicología social. Además, los académicos que la emplean lo hacen en contextos relativamente fáciles de controlar, como patios de recreo y salones de clases de educación elemental o preescolar, para tratar los fenómenos de popularidad, habilidades sociales y formación de bandos (subgrupos) en esos grupos de edades (Bukowski y Cillessen, 1998). Así, los ámbitos académicos no han hecho casi nada para dar a este método el destino previsto por Moreno: ayudar a la gente para que pueda trabajar o jugar con las personas con las que siente mayor afinidad o para que pueda resolver las fricciones que interfieren en la cohesión grupal.

Por otra parte, la sociometría ha sido objeto de usos muy constructivos entre psicodramatistas de Australia y otros países, especialmente entre asesores de empresas y otras organizaciones.

El problema es que la sociometría es un instrumento ideal para individuos no defensivos y genuinamente interesados en conocer sus interacciones grupales. Esto demanda cierto grado de adelanto psicológico y flexibilidad emocional, lo cual es muy poco común. En otras palabras, en la mayoría de los casos la sociometría es un método no apto para un uso extendido, aunque lo mismo podríamos decir de muchos otros métodos grupales. Aun así, a veces otras tecnologías maduran y hacen posibles nuevas integraciones.

Incluso en la enseñanza del psicodrama, muchos instructores difícilmente hacen mención a la sociometría en las primeras fases de formación. Antes de que el Board of Examiners estableciera procedimientos de acreditación y de que en el examen escrito que aplica a los candidatos a psicodramatistas profesionales

incluyera numerosas preguntas sobre sociometría, ésta no era sustancialmente enseñada ni siquiera en las fases intermedias de la formación. Ahora es, en cambio, un importante elemento de la base de conocimientos de una creciente mayoría de psicodramatistas, lo que deriva en interesantes problemas secundarios.

Creo que la sociometría debe ser reconocida como un método independiente del psicodrama en la psicología social aplicada, la sociología y el trabajo con grupos. Ambos métodos son totalmente aplicables sin necesidad de recurrir al otro. Además, pese a las varias áreas históricas y filosóficas en las que coinciden, la teoría general del psicodrama converge en grado mínimo con la de la sociometría. Sería fácil argumentar asimismo que ésta tiene igual importancia para el trabajo de grupo no psicodramático. Tal posición es ciertamente controvertida; en 1999, algunas personas estuvieron de acuerdo y otras en rotundo desacuerdo con ella en la lista de servicios Grouptalk de internet (Forte y Propper, 1999).

Uno de los argumentos de quienes sostuvieron que ambos métodos son inseparables fue que resulta valioso conocer y tener en mente la dinámica sociométrica al trabajar con grupos y hacer psicodrama. Pero podríamos afirmar que también es deseable tener en mente muchos otros tipos de dinámicas. No es que yo no aprecie la sociometría, al contrario. Pero creo que es un complejo de ideas no suficientemente abordadas en las demás facetas de la psicología y la sociología. Así, considero que debe ser una forma independiente de psicología social aplicada, pese a ser todavía un campo muy joven. Aún nos falta mucho por conocer acerca de él.

Moreno escribió copiosamente sobre sociometría y propuso varias "leyes" de la sociodinámica, en realidad hipótesis hasta ahora no comprobadas y implicaciones prácticas poco claras. Algunas de ellas son relativamente obvias, al estilo de la gastada frase "el que tiene tiene", aplicada a amigos y dinero. Pero pese a los abundantes textos de Moreno y a los numerosos artículos de otros autores sobre este tema, aún prevalece la urgencia de desarrollar pautas más específicas para ayudar a los grupos a examinarse y resolver constructivamente sus problemas. En el capítulo siguiente describiré algunos de esos métodos específicos.

Referencias

Bannister, Anne, "The group", en M. Karp, P. Holmes y K. Bradshaw-Tauvon (eds.), *Handbook of Psychodrama,* Routledge, Londres, 1998, cap. 7, pp. 111-127.

Barbour, Alton, "A Reexamination of the Tele Effect", *Journal of Group Psychotherapy, Psychodrama and Sociometry,* vol. 47, núm. 3, 1994, pp. 114-125.

Blatner, Adam, "Tele: The Dynamics of Interpersonal Preference", en P. Holmes, M. Karp y M. Watson (eds.), *Psychodrama since Moreno,* Tavistock/Routledge, Londres, 1994.

Bukowski, William M. y Antonius H. Cillessen (eds.), *Sociometry,* Jossey-Bass, San Francisco, New Directions in Child Development # 80, 1998. (Nota del autor: este

libro contiene principalmente artículos académicos sobre niños; las alusiones a Moreno son muy escasas.)

Corey, Gerald y Marianne Corey, *Theory and Practice of Group Counseling,* Brooks/Cole, Pacific Grove, 2000.

Ettin, M. F., *Foundations and Applications of Group Psychotherapy: A Sphere of Influence,* Allyn and Bacon, Boston, 1992.

Evans, K. M., *Sociometry and Education,* Routledge and Kegan Paul, Londres, 1962.

Fink, Abel K., "The Democratic Essence of Psychodrama", *Group Psychotherapy,* vol. 16, núm. 3, 1963, pp. 156-160.

Forester-Miller, Holly y Jeffrey A. Kottler, *Issues and Challenges for Group Practitioners,* Love Publishing, Denver, 1995.

Forte, Azure y Herb Propper, "Dialogue: Sociometry-Psychodrama?", *Psychodrama Network News,* verano de 1999.

Gladding, Samuel T., *Group Work: A Counseling Specialty,* Merril/Macmillan, Nueva York, 1999.

Greenson, Ralph R. y Milton Wexler, "The Non-transference Relationship in the Psychoanalitic Situation", *International Journal of Psychoanalysis,* núm. 50, 1969, pp. 27-40.

Gronlund, Norman E., *Sociometry in the Classroom,* Harper and Bros, Nueva York, 1959.

Guldner, Claude y Penny Stone-Winestock, "The Use of Sociometry in Teaching at the University Level", *Journal of Group Psychotherapy, Psychodrama and Sociometry*, vol. 47, núm. 4, 1994, pp. 177-185.

Hale, Ann E., "Warm-up to a Sociometric Exploration", *Group Psychotherapy and Psychodrama,* núm. 27, 1974, pp. 157-172.

—, *Conducting Clinical Sociometric Explorations: A Manual for Psychodramatists and Sociometrists,* ed. de autor, Roanoke, 1985.

Hare, A. Paul, "Moreno's Sociometric Study at the Hudson School for Girls", *Journal of Group Psychotherapy,* Psychodrama and Sociometry, vol. 45, núm. 1, 1992, pp. 24-39.

Jennings, Helen Hall, *Leadership and Isolation,* 2a. ed., Longmans, Green, Nueva York, 1950.

—, *Sociometry in Group Relations: A Manual for Teachers,* 2a. ed., American Council on Education, Washington, 1959.

Kosemihal, N. S., "Sociometry and Cybernetics", *Group Psychotherapy,* núm. 12, 1959, pp. 102-109.

Krishna, Kumar V. y Thomas Treadwell, *Practical Sociometry for Psychodramatists,* ed. del autor, West Chester, 1985.

Lindsey, Gardner y Edgar E. Borgatta, "Sociometric Measurement", en G. Lindsey (ed.), *Handbook of Social Psychology,* Addison-Wesley, Cambridge, cap. 11, 1954.

Lippitt, Ronald, Leland P. Bradford y Kenneth D. Benne, "Sociodramatic Clarification of Leader and Group Roles as a Starting Point for Effective Group Functioning", *Sociatry,* vol. 1, núm. 1, 1947, pp. 82-91. (Nota del autor: Moreno publicó en los primeros números de sus revistas, aparecidos alrededor de la misma fecha, otros artículos de estos iniciadores del grupo T.)

Mendelson, Peter D., "Sociometry as a Life Philosophy", *Group Psychotherapy, Psychodrama, and Sociometry,* núm. 30, 1977, pp. 70-85.
Montagu, Ashley, "The Decay of Sport Values", en J. Partington, T. Orlick y S. S. Salmela (eds.), *Sport in Perspective,* Sport in Perpective, Ottawa, 1982, pp. 170-176.
Moreno, J. L., "Psychological Organization of Groups in the Community", en *Handbook of Mental Deficiency,* Association for Mental Deficiency, Boston, 1933, pp. 5-35.
—, *Who shall Survive? A New Approach to the Problem of Human Interrelations,* Nervous and Mental Disease Publishing Co., Washington, 1934. (Vea más adelante Moreno 1953b.)
—, "Interpersonal Therapy and the Psychopathology of Interpersonal Relations", *Sociometry,* vol. 1, núm. 1, 1937, pp. 9-76.
—, "Kurt Lewin and the Question of Paternity", *Group Psychotherapy*, vol. 5, núms. 1-2, 1953a, pp. 1-4.
—, *Who shall Survive? Foundations of Sociometry, Group Psychotherapy and Sociodrama,* 2a. ed., Beacon House, Beacon, 1953b. (Versión corregida y aumentada de la 1a. ed., de 1934.)
—, "Contributions of Sociometry to Research Methodology in Sociology", en A. Paul Hare, Edgar F. Borgatta y Robert F. Bales (eds.), *Small Groups: Studies in Social Interaction,* 1955, pp. 99-107.
—, *Psychodrama,* vol. 1, 4a. ed., Beacon House, Nueva York, 1972.
— y Z. T. Moreno, *Psychodrama,* vol. 2, Beacon House, Beacon, 1959.
Neri, Claudio, *Group,* Jessica Kingsley, Londres y Filadelfia, 1998.
Northway, Mary L., *A Primer of Sociometry,* 2a. ed., University of Toronto Press, Toronto, 1967.
Zuretti, Mónica, "The Co-unconscious", en P. Holmes, M. Karp y M. Watson (eds.), *Psychodrama since Moreno,* Routledge, Londres, 1994.

CAPÍTULO 19

Sociometría II: métodos

Desde el desarrollo original de la sociometría por Moreno, tanto el método clásico como algunas de sus variantes han sido significativamente depurados. Más que intentar describir los tecnicismos de este enfoque, ofreceré una muy breve visión general y comentaré algunas de las técnicas de uso más común. El lector podrá consultar otras fuentes para conocer las particularidades de este tema (Hale, 1987; Carlson-Sabelli *et al.*, 1992; Treadwell, Kumar, Stein y Prosnick, 1998).

En la sociometría clásica, los miembros de un grupo o comunidad son invitados a responder un cuestionario sobre sus preferencias respecto de compartir con ciertas personas el desempeño de diversos roles y/o situaciones específicas. En general, este test se presenta en versión impresa, y en ocasiones son elaborados formatos especiales para facilitar el proceso. Lo ideal es que las preguntas estén basadas en elecciones realistas, susceptibles de ser realizadas: "¿Con quién le gustaría integrar un equipo de trabajo? ¿Con quién le gustaría sentarse durante las comidas? ¿Con quién le gustaría compartir una habitación?" Estas preferencias podrían seguir un orden de prioridad: "¿Quién sería su primera opción? ¿Quién la segunda? ¿Quién la tercera?" Asimismo, a veces el cuestionario incluye las preguntas "¿Quién es la persona con la que menos le gustaría tratar (en cierto rol)? ¿Quién es su segunda opción de compañero al que menos preferiría?" Después las respuestas son tabuladas y los resultados compartidos con la comunidad, a veces bajo la forma de sociograma (vea la figura 19-1). Con base en las respuestas, el grupo es ayudado entonces a acordar las asignaciones más ajustadas a las preferencias indicadas, especialmente en los casos de reciprocidad. De igual importancia es el hecho de ayudar al grupo a comentar los hallazgos del estudio y a tratar los asuntos que inevitablemente surgen cuando es alcanzado este nivel de revelación interpersonal.

Como lo mencioné en el capítulo anterior y en contra del deseo expreso de Moreno, desafortunadamente la sociometría ha sido usada con mucho mayor frecuencia como instrumento de investigación, de manera que sólo en contados casos los resultados han sido compartidos con los sujetos.

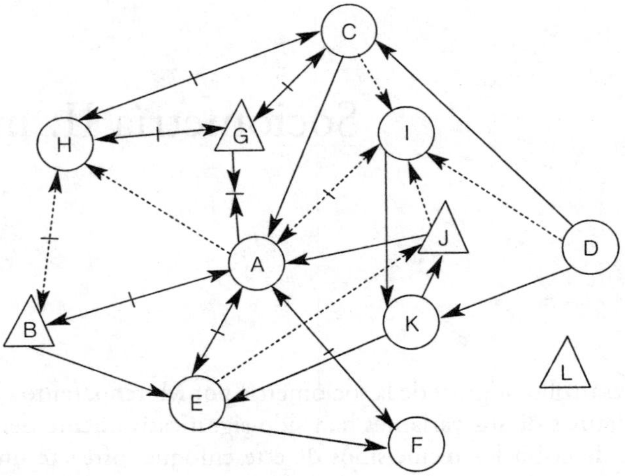

Figura 19-1

Resistencias a la sociometría

Uno de los problemas que entraña el uso de este método tal como Moreno lo previó es que el sociómetra tendría que estar notablemente calificado para resolver los problemas que surjan en el curso del empleo de la sociometría. El reto de expresar preferencias explícitas es francamente alarmante, pues saca a la luz numerosas ansiedades. Entre los temores más comunes que las personas podrían expresar están los siguientes:

"Temo que..."

- si sabes que me simpatizas más de lo que yo te simpatizo, te burles y aproveches de mí.
- si sabes que prefiero a alguien antes que a ti, te molestes y me lastimes en venganza, o me sienta culpable por haber herido tus sentimientos.
- si los demás sienten más simpatía por mí que por ti, te sientas lastimado o, peor aún, sientas celos o envidia, y me lastimes por rencor.
- si no prefiero a las personas más populares, ellas no me muestren simpatía, así que, aunque te prefiero, temo decirlo.
- aunque te prefiero a ti, prefiero un poco más a otra persona; pero si ella no me prefiere, no me gustaría que te molestara no haber sido mi primera opción, con lo que me quedaría sin ninguna de mis opciones preferidas.
- sepas que no te prefiero en absoluto y que en realidad siento repulsión por ti, pero a) temo decirte por qué; b) no sé por qué, no es claro para mí; c)

temo explorar la razón de mi antipatía, pues tengo miedo de lastimar a los demás y obtener como respuesta el resentimiento de muchos de ellos.

Así pues, la sociometría saca a la superficie muchos y muy vívidos asuntos intrapsíquicos e interpersonales; y así como hay resistencias a explorar la profundidad del espacio intrapsíquico en el psicoanálisis, también hay resistencias individuales y colectivas a explorar el campo interpersonal. En cierto sentido, esto último es peor aún. Hoy las personas están más familiarizadas con la psicología común y muchas personas admitirán tener sentimientos y complejos que hace 50 o 70 años habrían sido perturbadores. Aun así, los temas interpersonales siguen siendo tabú, y el desafío de revelar preferencias remite a una capa de sensibilidad más delicada que el nivel ordinario de defensa en la terapia grupal o grupos de desarrollo personal.

El procedimiento sociométrico asociado de revelar las *razones* de las elecciones toca otra profunda capa igualmente sensible. Las personas saben que este componente es inevitable, y que a menudo es muy desagradable. Es como si pensaran subconscientemente: "Si sigo este proceso, tendré que analizar por qué diferentes personas del grupo me agradan y desagradan, y presiento que las razones de esas preferencias implican sentimientos que me avergonzará admitir, incluso ante mí mismo".

Los criterios por los cuales las personas prefieren o no a los demás suelen ser profundamente significativos, y experimentados como emocionalmente vulnerables. Si los sueños son la "vía regia al inconsciente", como dijo Freud, entonces la sociometría sería la "propulsión a chorro" al inconsciente. Las bases de las preferencias en el trabajo, la iglesia, la pareja, los pasatiempos y el estilo de vestir tienen muchas vinculaciones con la vida inconsciente, vinculaciones que además cobran mayor significación que los sueños a causa de su obviedad como factores determinantes de la vida. Así, las personas sienten que ocuparse de esos temas podría conducirlas rápidamente a niveles de examen de sí mismas que preferirían evitar.

Otra resistencia a la sociometría procede del sentimiento formulado en la pregunta "¿por qué sacar a relucir problemas interpersonales si aparentemente no hay manera de resolverlos?" Si las personas no han aprendido la infraestructura de varias habilidades de resolución de conflictos, creerán que es mejor dejarlos en paz. Esto es enteramente racional. Si usted no pudiera realizar una operación quirúrgica sin el riesgo de quitar la vida al paciente, no la practicaría. La cirugía precisó de muchas otras tecnologías –procedimientos antisépticos, anestesia, relajantes musculares, transfusiones sanguíneas sin riesgo, etcétera– para poder convertirse en parte eficaz y aceptada de la medicina. De igual manera, para hacer sociometría, la cual revela cuestiones notoriamente delicadas, es preciso conocer varias medidas compensatorias, así como saber que el líder del grupo y otros miembros de éste también conocen tales medidas.

A todo esto hay que añadir la dinámica de la resistencia colectiva: los miembros de un grupo tienden a coludirse consciente e inconscientemente en la negación de las razones reales de varias tensiones o sutiles conductas grupales de actuación, o en la negación incluso de la presencia de una tensión significativa. En cambio, abrigan la ilusión de que los problemas desaparecerán como por arte de magia. También es negada la verdad de que los problemas eludidos tienden a complicarse si no son explícitamente abordados.

Esta combinación de la frecuencia de uso de la negación y el desconocimiento de habilidades para las relaciones interpersonales es, en mi opinión, uno de los principales factores contribuyentes a nuestro actual nivel insano de alienación social. Métodos psicodramáticos y sociométricos como la inversión de roles, el doble y el análisis de roles pueden ser constructivamente utilizados para atacar este problema. Cuando las personas aprenden a usar como instrumentos las habilidades de conciencia grupal e interpersonal, se preparan para saber quién está aislado o es rechazado en el grupo y por cuáles razones, cuáles percepciones acerca de ser apreciado o no apreciado son erróneas, qué subgrupos existen y cuáles son los diferentes roles o criterios mediante los cuales uno puede ser reconocido. La cultura actual se caracteriza por numerosos cambios sociales que requieren un alto nivel de flexibilidad psicológica y creativas habilidades de respuesta. Éstas pueden ser desarrolladas a través de educativas experiencias grupales que utilizan métodos de la sociometría y el psicodrama.

Hasta que la infraestructura de actitudes y habilidades psicosociales sea desarrollada, grupos y organizaciones se resistirán al uso de la sociometría. En consecuencia, la preparación para el proceso, el caldeamiento del grupo, puede exigir días o semanas de instrucción, ejercicios vivenciales menos amenazadores, la consolidación de la cohesión grupal y la intensificación de la motivación hasta que el hecho de saber parezca más benéfico que el de evitar.

Como parte de este caldeamiento, o como opción a él, existen varias técnicas de índole sociométrica, pero menos amenazantes, que también pueden ayudar a un grupo a enfrentar su propia dinámica. Remer (1995, p. 82), por ejemplo, sugirió la presentación de un sociograma anónimo, basado en las elecciones del grupo, para que varios miembros de éste imaginen (y dramaticen) qué sentirían al ocupar varias de las posiciones mostradas: la estrella, el individuo aislado, etcétera. Otra variante es el sociograma proyectivo, en el que los miembros del grupo intentan adivinar su posición en el diagrama, imaginando las elecciones de los demás en relación con ellos. Es importante destinar suficiente tiempo al procesamiento y elaboración de la retroalimentación, lo cual puede implicar varias sesiones.

Sospecho que el narcisismo y arrojo de Moreno le impidieron percibir los niveles de ansiedad interpersonal que abruman a la mayoría de las personas; a este respecto, sin embargo, su defecto habría podido ser paradójicamente su virtud. Eso le permitió visualizar a las personas encontrándose unas con otras con niveles de espontaneidad y libertad que otros difícilmente hubieran podido ima-

ginar, lo que sin embargo bien puede ocurrir. Fue una idea que cautivó; también otros la vislumbraron. Esa visión dio origen al movimiento del grupo de encuentro. Y en los años por venir, si acaso las presiones económicas forzaran a las personas a vivir en comunidades, esta tecnología podría formar parte de la lubricación que permita superar las fricciones que inevitablemente habrán de aparecer.

Otros métodos sociométricos

Las técnicas sociométricas de uso más común son moderadamente diferentes de la sociometría clásica en varios aspectos. Algunas implican el proceso de elegir conscientemente y permitirse a uno mismo ser elegido (o no), pero sin la sistemática diagramación y comentario del proceso de selección. Otros métodos –como el análisis de roles y el diagrama de red social, los cuales fueron descritos en el capítulo 17– suponen la representación de una dinámica claramente relacional que sólo incidentalmente incluye la dinámica télica.

Elección de compañeros

Uno de los principios más importantes de la sociometría es que las personas tienden a trabajar mejor con aquellas con quienes sienten una tele positiva, y más aún si ésta es correspondida. En la mayoría de los casos, este principio es ignorado o pasado por alto. En muchas escuelas, organizaciones y otros círculos formales, las personas son asignadas como compañeras con base en algún arbitrario criterio conveniente para los administradores, como la estatura o el orden alfabético por apellidos.

Como resultado de ello, muchos individuos anulan su sensibilidad para la toma de decisiones. En talleres y otras situaciones grupales, especialmente si la meta es la introspección y aprendizaje de la dinámica grupal, es útil cultivar esa sensibilidad. Esto consiste simplemente en practicar la actividad, para lo que es necesario disponer de experiencias estructuradas en las que uno tenga la oportunidad de elegir y comentar después con la persona elegida el motivo de la decisión.

En un taller diseñado para desarrollar habilidades de *role taking*, por ejemplo, aplico varios ejercicios diádicos, consistentes en que uno de los participantes entreviste al otro en un nuevo rol. Entre un ejercicio y otro, pido a los miembros del grupo mirar a su alrededor para elegir al compañero de la siguiente experiencia diádica. Luego de esta nueva interacción de elección, sugiero que las nuevas parejas así formadas conversen sobre la causa de su decisión y acerca de lo que sintieron al elegir y ser elegidos (o no).

Esta actividad de caldeamiento cumple varias funciones. En primer lugar, alienta la cohesión grupal al ayudar a las personas a hallar varios "aliados" con los

que hayan compartido una pequeña experiencia. En segundo, la realización de elecciones ejercita la intuitiva función télica. En tercero, los miembros del grupo se desensibilizan ligeramente respecto del temor de no ser elegidos o de lastimar a otros por elegir a alguien más. En cuarto, las personas comienzan a advertir y pensar acerca de su estilo de elección y no elección. Finalmente, la técnica caldea al grupo hasta conducirlo al muy rico y evocador tema de sentirse preferido o rechazado en la familia u otros contextos sociales.

Comentar la elección con el nuevo compañero permite obtener más retroalimentación. Algunas personas tienen problemas para encontrar a quienes correspondan su elección, y esto también da pie a la reflexión. Hay que recordar al grupo que aclarar las razones de una elección no necesariamente implica descubrir la razón real. Las razones implicadas podrían tener que ver con factores absolutamente irracionales, sutiles recuerdos, un peinado o ciertas palabras. Algunas de estas razones son notoriamente perceptivas y exactas, y otras inexactas, más bien proyecciones. Comoquiera que sea, si este ejercicio es estructurado de manera informal, los individuos empezarán a sentirse más cómodos al hablar del tema, incluso si no pueden basar su elección en elementos lógicos u objetivos.

Elección de protagonista y/o auxiliares

Sea cual fuere la forma en que sean elegidos los protagonistas, ya sea por el director o por el grupo, la tele opera en cierto grado. Resulta conveniente reparar y reflexionar en este proceso para tomar mayor conciencia de la dinámica del grupo y del patrón habitual de reacciones propias. Los miembros de un grupo pueden elegir a un protagonista por muchas razones, desde la atracción sexual o intelectual y el consecuente deseo de conocer mejor a la persona de referencia hasta la imantación por quien parece "realmente deseoso de trabajar". Los numerosos aspectos de la elección del protagonista han sido expuestos por Bradshaw-Tauvon (1998) y Blatner (1996). He aquí algunas técnicas adicionales cuasisociométricas.

Los directores suelen invitar a quienes desean ser protagonistas a hacerlo saber al grupo, quizá dando un paso al frente en el círculo de los participantes. (Es mejor que todos estén de pie; la posición sedente implica un mayor grado de caldeamiento para que alguien se anime a dar un paso al frente.) Después, quienes hayan indicado su interés habrán de explicar brevemente sobre qué les gustaría trabajar. Por último, los demás miembros del grupo deben colocarse detrás (o poner una mano sobre el hombro) del posible protagonista cuyo tema les parezca más interesante. Quienquiera que obtenga el apoyo de la mayoría será el protagonista de la dramatización subsecuente. Esto honra los intereses generales del grupo y reduce el matiz de rechazo personal de la elección.

En grupos permanentes, sin embargo, podrían emerger otras dinámicas: ciertas personas se propondrán como protagonistas más a menudo, mientras que

otras se mostrarán más reticentes. Al discernir estos patrones, es recomendable abordarlos explícitamente, lo cual forma parte del procesamiento grupal que complementa el uso de los métodos de acción.

Una vez seleccionado el protagonista e iniciada la exploración del problema, son elegidos los auxiliares, generalmente por el protagonista. El director pregunta quiénes más intervienen en una situación dada y, tras ser nombradas tales figuras, pide al protagonista elegir a los miembros del grupo que puedan desempeñar esos roles. Los detalles acerca de la elección de auxiliares han sido referidos en otros textos (Blatner, 1996; Holmes, 1998). Lo que importa destacar aquí es que las sutiles señales que ocurren en la elección suelen ser ejemplos significativos del "coinconsciente" en acción. (Vea la explicación de este fenómeno cuasitelepático en la p. 191.)

Sociometría en acción y "escultura"

Estas técnicas implican la concretación y descripción de las relaciones percibidas en un grupo (Seabourne, 1963). En cierto sentido, equivalen a una representación física de un diagrama de red social (el cual expliqué en el capítulo 17), en la que miembros del grupo actúan como auxiliares y adoptan posiciones en el escenario como si fuesen figuras esculpidas en un diorama. La distancia de los auxiliares respecto del protagonista y entre sí, su postura, gestos, etcétera, representan vívidamente la forma en la que el protagonista percibe esa red de relaciones.

Aplicada a familias, la sociometría en acción ha sido llamada *escultura familiar* (o sencillamente *escultura*) o *creación de estatuas*. Este método de trabajo con la dinámica familiar fue desarrollado a fines de la década de 1960 por David Kantor, quien había aprendido psicodrama con Paul Corynetz, uno de los estudiantes de Moreno, en la década de 1940 (Duhl, 1983). También Virginia Satir desarrolló este método a fines de los años sesenta, quizá influida por los métodos multimodales que Will Schutz usaba en grupos de encuentro.

Desde entonces han sido publicadas diferentes versiones de la sociometría en acción (Duhl, Kantor y Duhl, 1973; Constantine, 1978; Sherman y Fredman, 1986; Wegscheider-Cruse *et al.,* 1994; Duhl, 1999). Ésta puede ser aplicada no sólo a varios tipos de trabajo grupal, sino también a la enseñanza de la dinámica de grupos (Duffy, 1997). Por ejemplo, diversos miembros del grupo podrían realizar por turnos su propia escultura y comentarla. A veces las figuras también emiten parlamentos imaginarios, lo que añade otra dimensión; después, el protagonista podría entrar en escena y tener la oportunidad de responder a los diferentes roles.

En el trabajo grupal, la sociometría en acción podría ser usada para evaluar las vinculaciones ocultas en un grupo. El director invita a los miembros de éste a ponerse de pie y colocar una mano en el hombro de alguien a quien ya conoz-

can, o quizá alguien a quien les gustaría conocer mejor. Pueden ser invitados incluso a usar ambas manos para estar en contacto con dos personas, lo que genera cierto desorden por la confusión de los subgrupos, en tanto que el resultado revela aglomerados, pares mutuos y cadenas.

El espectrograma

Esta forma "lineal" de sociometría en acción está entre las técnicas más útiles para abordar una amplia variedad de temas propios de los grupos (Kole, 1967). Muchos temas no se prestan a un simple voto a favor o en contra de algo, sino que las reacciones, sentimientos o situación son mejor representadas mediante el hecho de que los miembros del grupo se pongan de pie y se coloquen a lo largo de una línea imaginaria, uno de cuyos extremos representa un lado de la cuestión y el otro el lado opuesto. Esto concreta múltiples y sutiles reacciones. Algunos ejemplos de preguntas que podrían ser representadas por un espectrograma serían los siguientes:

- ¿Cuánta experiencia ha tenido usted con el psicodrama? Mucha en un lado, poca en el otro.
- ¿Cuán satisfecho se siente con el proceso del grupo?
- ¿Cuán exitosa fue su experiencia social durante sus estudios de preparatoria? ¿En la universidad?
- ¿Cuán frecuentemente discute con su pareja?
- ¿Qué tan firme es su posición a favor o en contra del aborto?

Existen muchas variantes. El director podría disponer que los miembros del grupo hablen entre sí, negocien su posición y comparen sus respuestas. "Creo que a mí me corresponde una posición más extrema que a ti, porque..." "No, la posición más extrema me corresponde a *mí*..." O podría pedir al grupo responder sin hablar. Después de formada la línea, quienes ocupan los extremos pueden dialogar e incluso intentar intercambiar sus posiciones. Para externar los asuntos de ambivalencia, los ubicados en los extremos abandonan la línea y los ubicados en medio vuelven a colocarse utilizando un criterio modificado.

A veces un miembro del grupo propone una variante de la pregunta, a fin de que el grupo se redistribuya. O bien, puede ser planteado otro tipo de pregunta, y creado otro espectrograma perpendicular al primero, a fin de que las personas se coloquen en uno de cuatro cuadrantes.

El común denominador de estas técnicas es el principio sociométrico de ayudar a un grupo a darse retroalimentación sobre dónde se ubican sus miembros en relación con los demás respecto de sentimientos de cercanía, atracción o interés común. Esa retroalimentación ocurre a través del proceso cooperativo de decidir acerca de cuestiones significativas y expresar las respuestas en diagramas u otra forma física.

Cuestionario dirigido

Finalmente, la sociometría depende en gran medida de la elaboración de preguntas, para dirigir la atención hacia la dimensión del rol en consideración. Pueden ser formuladas preguntas no sólo acerca de preferencias directas, sino también de *sociometría perceptual*, para explorar lo que las personas perciben o intuyen, desean o temen que los demás sienten por ellas. El trabajo con sistemas familiares ofrece un cuestionamiento "circular" adicional: "¿A quién crees que elegirá X como líder?" (Williams, 1998).

Resumen

La sociometría es un campo muy rico, de manera que en los dos últimos capítulos sólo señalé algunos de sus principales aspectos, y en particular los elementos que juzgo necesario considerar y que no siempre son incluidos en otros textos.

Referencias

Barclay, James R., "Sociometry, Temperament and School Psychology", en T. R. Kratochwill, S. N. Elliott y M. Getlinger (eds.), *Advances in School Psychology*, vol. 8, Louisville Education Agency, Louisville, 1990.

Blatner, Adam, *Acting-in*, Springer, Nueva York, 1996.

Bradshaw-Tauvon, Kate, "The Protagonist", en M. Karp, P. Holmes y K. Bradshaw-Tauvon (eds.), *Handbook of Psychodrama*, Routledge, Londres, 1998, cap. 6, pp. 91-108.

Carney, T. F., "Sociometrics: Measuring your Group Life Space", en *No Limits to Growth*, ed. de autor, Winnipeg, 1976.

Carlson-Sabelli, Linnea, Hector C. Sabelli, M. Patel y K. Holm, "The Union of Opposites in Sociometry: An Empirical Application of Process Theory", *Journal of Group Psychotherapy, Psychodrama and Sociometry*, vol. 44, 1992, pp. 147-171.

Constantine, Larry L., "Family Sculpture and Relationship Mapping Techniques", *Journal of Marriage and Family Counseling*, abril de 1978, pp. 13-23.

Duffy, Trudy, "Teaching the Stages of Group Development: The Classroom Becomes a Sculpture Gallery", *Journal of Teaching in Social Work*, vol. 15, núm. 1/2, 1997, pp. 147-160.

Duhl, Bunny, "Sculpture and the Theater of the Mind", en *From the inside out and other metaphors*, ed. de autor, Boston, 1983, cap. 10, pp. 213-266.

—, "Action Metaphor: Bringing What's Inside out", en Daniel J. Wiener (ed.), *Beyond Talk Therapy*, American Psychological Association, Washington, 1999.

Duhl, Fred J., David Kantor y Bunny S. Duhl, "Learning, Space and Action in Family Therapy: A Primer of Sculpture", en D. A. Bloch (ed.), *Techniques of Family Psychotherapy: A Primer*, Grune and Stratton, Nueva York, 1973, pp. 47-63.

Hale, Ann E., "New Developments in Sociometry", *Journal of Group Psychotherapy, Psychodrama and Sociometry*, núm. 40, 1987, pp. 119-123.

Hollander, Carl E., *An Introduction to Sociogram Construction,* Snow Lion Press, Denver, 1978.

Holmes, Paul, "The Auxiliary Ego", en M. Karp, P. Holmes y K. Bradshaw-Tauvon (eds.), *Handbook of Psychodrama,* Routledge, Londres, cap. 8, 1998.

Jones, Diana, *Psychodrama at Work,* tesis, ed. de autor, Wellington, Nueva Zelanda, 1996.

Kole, D., "The Spectrogram in Psychodrama", *Group Psychotherapy,* vol. 20, núm. 1-2, 1967, pp. 53-61.

Passariello, Neil M. y Craig Newnes, "The Clinical Application of a Sociometric Test in a Therapeutic Community: A Case Study", *Journal of Group Psychotherapy, Psychodrama and Sociometry,* vol. 40, núm. 4, 1988, pp. 169-184.

Remer, Rory, "Using Strong Sociometry as an Interpersonal Feedback Tool", *Journal of Group Psychotherapy, Psychodrama and Sociometry,* vol. 48, núm. 2, 1995, pp. 69-83.

Seabourne, Barbara, "The Action Sociogram", *Group Psychotherapy,* vol. 16, núm. 3, 1963, pp. 145-155.

Seeman, M., "Near Sociometric Tests", Sociometry, vol. 9, núm. 2-3, 1946.

Sherman, Robert y Norman Fredman, "Sociometric Techniques", en *Handbook of Structured Techniques in Marriage and Family Therapy,* Brunner/Mazel, Nueva York, 1986.

Treadwell, Thomas W., V. K. Kumar, Steven A. Stein y Kevin Prosnick, "Sociometry: Tools for Research and Practice", *International Journal of Action Methods,* vol. 51, núm. 1, 1998, pp. 23-40. (Nota del autor: este artículo fue originalmente publicado en el *Journal for Specialists in Group Work,* vol. 22, núm. 1, 1997, pp. 52-65.)

Wegscheider-Cruse, Sharon, Kathy Higby, Ted Klontz y Ann Rainer, *Family Reconstruction: The Living Theater Model,* Science and Behavior Books, Los Altos, 1994.

Williams, Antony, "Psychodrama and Family Therapy –What's in a Name?", *International Journal of Action Methods,* vol. 50, núm. 4, 1998, pp. 139-165.

J. L. Moreno, 1972.

CAPÍTULO 20

Métodos afines

Algunos métodos dramáticos se derivan en gran medida del trabajo de Moreno, mientras que otros han surgido en forma independiente. En este capítulo me referiré a las modalidades dirigidas a la emancipación de la conciencia. Sus raíces comunes se hallan en los elementos dramáticos de la curación y en rituales religiosos procedentes de los más remotos tiempos de la prehistoria (Snow, 1996; J. Moreno, 1988; McNiff, 1988). Mis temas serán los siguientes:

- Juego de roles (*role playing*)
- Entrenamiento de roles (*role training*)
- Métodos de acción
- Sociodrama
- Bibliodrama
- Dramaterapia
- Drama pedagógico
- Teatro interactivo
- Teatro espontáneo o *playback theatre*
- El arte de la representación

Las fronteras entre estos métodos afines suelen ser borrosas. Asimismo, textos de personas no profesionales del psicodrama relativos a muchas de estas áreas brindan significativo sustento a la lógica fundamental del psicodrama.

Role playing y *role training*

Éstos son algunos de los desarrollos más difundidos del psicodrama, del que a menudo son empleados como sinónimos (Corsini, 1967; Etcheverry, Siporin y Toseland, 1986; Kipper, 1992). Entre los psicodramatistas, sin embargo, *role playing* se refiere a la aplicación del método en contextos no terapéuticos, en los que el reto no es tanto esclarecer los sentimientos más profundos del individuo como explorar dimensiones menos personales de un problema dado y poner a prueba una extensa variedad de respuestas (Swink, 1993).

Si la conducta ideal es conocida, el procedimiento recibe el nombre de *entrenamiento de roles* u, ocasionalmente, *ensayo conductual*. Una vez dilucidado un problema y obtenidos cierto *insight* y cambio de actitud, el desafío es desarrollar

un repertorio de conductas más eficaz. La principal técnica del entrenamiento de roles es la redramatización, la cual permite reevaluar la respuesta entre cada "nueva reacción" hasta encontrar la más satisfactoria. El protagonista puede invertir roles para experimentar cómo sería recibida su conducta. A veces otros miembros del grupo muestran cómo se comportarían, o es utilizada la técnica del espejo para que el protagonista contemple la interacción desde fuera. El entrenamiento de roles también combina la retroalimentación y apoyo del grupo y la atención a la comunicación no verbal.

El entrenamiento de roles (*role training*) es aplicable a muchos tipos de desarrollo de habilidades, como en grupos organizados para el entrenamiento de la aserción, control del enojo o resistencia a presiones de compañeros en favor de las drogas o el sexo; el desarrollo de habilidades sociales y de cuidado de sí mismos de quienes han sido crónicamente institucionalizados; la preparación para entrevistas de trabajo; el aprendizaje para el suministro de críticas constructivas, o el disciplinamiento eficaz por parte de los padres. En vez de sólo hablar sobre estas situaciones, las personas disponen de tiempo suficiente para practicar el dominio de una habilidad.

Las *simulaciones* implican formas más complejas de *role playing*, lo que a menudo supone elaborados procedimientos y tecnologías. Pilotos aviadores, astronautas, buzos y participantes en ejercicios militares a gran escala ("juegos de guerra") aplican este principio del role playing para someter a prueba estrategias y nuevas técnicas o dispositivos, para conocer el "secreto" de una rutina o nueva maniobra, etcétera. En este caso es indispensable ensayar, ya que en sistemas sumamente complejos es inevitable la presencia de variables imprevistas.

Métodos de acción

Los métodos de acción son técnicas psicodramáticas u otras técnicas estructuradas aplicadas por separado, es decir, no como parte del procedimiento psicodramático integral, sino de la terapia, la consultoría empresarial e incluso la vida cotidiana. También reciben el nombre de *dinámicas de grupo,* experiencias estructuradas* métodos vivenciales o combinaciones similares. Supongo que las posibilidades de amplio uso de estas técnicas darán como resultado a largo plazo el máximo impacto general del psicodrama en el mundo.

Muchas de estas técnicas se derivan no sólo del psicodrama, sino también de ejercicios teatrales, ejercicios dramáticos creativos, fantasía dirigida, dramaterapia y otros métodos terapéuticos activos. Pueden ser modificadas como sea necesario, integradas con otros métodos y usadas con una vasta gama de propósitos, entre ellos:

---

* Término más utilizado en México aunque no muy exacto, que describe los métodos vivenciales. [N. del E.]

educación general de la espontaneidad
caldeamiento para exploraciones posteriores
incitación de un mayor grado de conciencia de sí
fortalecimiento de la cohesión grupal
exposición de una inquietud grupal
resolución de un problema específico

Sociodrama

Este método está dirigido a la dinámica de grupos o subgrupos relacionados entre sí (Kellermann, 1998). He aquí algunos ejemplos de sociodramas:

- un taller sobre relaciones entre madres e hijas
- tratamiento de tensiones interraciales u otros tipos de prejuicios
- un encuentro entre personas en busca de comprensión frente al hecho de que sus nacionalidades sean o hayan sido enemigas
- una reunión entre miembros del cuerpo de policía y miembros de una comunidad
- exploración de un problema social o ético
- resolución de problemas en relación con el descenso de la producción en una compañía
- exploración de un problema histórico o sociopolítico en salones de clases, organismos internacionales o asambleas comunitarias

Los individuos pueden ser concebidos como agregados de roles *particulares,* mientras que la relación de grupos entre sí entraña apenas unas cuantas relaciones de roles *generales.* De cualquier modo, incluso roles relativamente simples contienen enorme riqueza. Cualquier rol dado lleva implícito un predicamento y ciertas características asociadas, así como ventajas y desventajas, todo lo cual le confiere profundidad. El predicamento de una mujer frente a la perspectiva de un embarazo no deseado o sumamente conflictivo, por ejemplo, implica situaciones tanto personales como sociales.

Los sociodramas pueden variar en lo referente a la forma de plantear los temas, la selección de los roles por explorar y la asignación de tales roles a varios individuos (Minkin, 1999). En un debate de historia en un salón de clases, por ejemplo, tanto los temas como los roles por desempeñar son usualmente determinados con anticipación por el maestro (Zeleny, 1956). En un grupo sujeto a una tensión interna, por el contrario, la identificación tanto de los asuntos que representan las tensiones del subgrupo como de los individuos que fungirán como voceros podría surgir espontáneamente del grupo, caso en el que el director se limitaría a catalizar el proceso.

El director de un grupo interesado en explorar las relaciones entre padres e hijos adolescentes, por ejemplo, podría permitir al grupo determinar un tema,

como la "política de permisos", y adoptaría después un rol más o menos activo en la asignación de nombre a los roles implicados. Usualmente los miembros del grupo contribuyen a esto en forma voluntaria, pero en algunas situaciones los nombres son asignados por el director. El hecho de que el grupo identifique los roles y componentes de roles pertinentes suele ser un paso importante en este proceso.

A veces el tema por tratar está predeterminado, forma parte de un plan de estudios o es la razón general de que un psicodramatista haya sido contratado y convocada la reunión, como en el caso de una empresa interesada en reafirmar sus políticas contra el hostigamiento sexual y que desea que los temas sean tratados vivencialmente, no en forma meramente didáctica. Por otro lado, los miembros de un grupo terapéutico podrían plantear un tema en una sesión y manifestar su deseo de proseguir la exploración en profundidad en sesiones posteriores. Otras veces el reto consiste en que el grupo identifique sus preocupaciones y descubra los asuntos subyacentes.

Es común que miembros de un grupo experimenten que el tema abordado en un sociodrama toca aspectos de su vida personal. Lo mismo podría ocurrir en un psicodrama, caso en el que los miembros del grupo pueden sentir una resonancia en términos de un rol más general o de situaciones intergrupales, como el hecho de que una mujer enfrente su sensación de rechazo en una relación particular, lo cual podría activar sentimientos sobre las normas contemporáneas de las citas románticas. Dependiendo de la situación, un sociodrama puede servir como caldeamiento para un psicodrama o viceversa. En muchos contextos, sin embargo, la combinación de ambos métodos es contraindicada.

Si las personas han decidido un tratamiento general de un tema, concentrarse en individuos o solicitar una revelación personal violaría el pacto tácito y tomaría a las personas por sorpresa. Incluso si ésta parece dispuesta a proceder en el momento, ello podría ser producto del caldeamiento, de manera que cabe la posibilidad de que después se sienta traicionada y crea haber sido sobreexpuesta. Esta advertencia es especialmente aplicable en empresas, escuelas y grupos religiosos (Stein, Ingersoll y Treadwell, 1995).

Incluso en ámbitos terapéuticos es conveniente hacer explícito el cambio entre sociodrama y psicodrama, para identificar las diferencias de foco de atención y la significación de los roles representados. En sociodramas, miembros del grupo interpretan diversos roles en el entendido de que éstos *no* representan la posición real del ejecutante. (Si más tarde los intérpretes deciden reconocer que ciertos elementos de los roles que desempeñaron coinciden con su propia vida, será decisión exclusivamente suya.) En el psicodrama, por el contrario, lo que el protagonista actúa es "cierto" en más de un sentido, así sea sólo en un nivel psicológico.

El trabajo sociodramático, como el ya mencionado empleo de los métodos de acción, puede ejercer mayor impacto social que el psicodrama terapéutico clásico. Minkin recurrió a él para desarrollar un progama teatral "intergeneracional"

(adultos y adolescentes) en Filadelfia para su uso en empresas, aunque en realidad utilizó *role playing* y simulaciones (Torrance, 1975; Mickey, 1995; Wiener, 1997) y otras modalidades (Sternberg y García, 1989).

Bibliodrama

Esta modificación del sociodrama remite al texto de la Biblia u otro texto religioso (Miller, 1998), generalmente usado para profundizar en nociones espirituales en clases de educación religiosa, retiros y otras situaciones. También otros mitos y leyendas culturales podrían ser explorados por esta vía, aunque es recomendable que los miembros del grupo estén familiarizados con las historias implicadas, como también es importante dedicar tiempo al caldeamiento de los miembros del grupo para que perciban vívidamente las situaciones de los personajes de una historia dada.

Pitzele (1998) publicó recientemente una detallada descripción del método bibliodramático, así como antes había dado ejemplos de su uso en una contemplación más personal de los relatos del Génesis (Pitzele, 1995). Este proceso consiste en el ya mencionado caldeamiento respecto del texto elegido y la posterior representación de una escena. Técnicas psicodramáticas son añadidas a estas exploraciones dramáticas.

Dramaterapia

Este campo emergió con independencia del psicodrama en ocasión del montaje por actores y directores de obras teatrales en hospitales y otros recintos clínicos. En la década de 1970, las ideas morenianas obtuvieron creciente aceptación en este campo, de manera que en la actualidad muchos de sus profesionales consideran al psicodrama componente integral de su disciplina (Emunah, 1997). A partir de la década de 1950, varios precursores experimentaron con diferentes formas de dramaterapia, principalmente en Estados Unidos e Inglaterra (país este último en el que este método es conocido como dramaterapia, en una sola palabra). El campo consiguió mayor cohesión en los años setenta, y en 1979 fue fundada en Estados Unidos la National Association for Drama Therapy (Landy, 1997).

Existen diferentes maneras de practicar la dramaterapia. Algunos grupos desempeñan roles a partir de una obra de teatro con libreto y después exploran sus reacciones en el rol. Otros escriben y producen piezas teatrales basadas en historias de su propia vida, o crean piezas compuestas. David Read Johnson emplea un proceso al que llama *transformaciones*, en el cual tanto el cliente o clientes como el líder del grupo llevan a cabo una improvisación con cambio de roles. Renée Emunah (1994) describió por su parte un proceso que pasa de activida-

des generales de espontaneidad al *role playing* de personajes distantes y finalmente al psicodrama. Otros añaden variantes y realizan integraciones con métodos adicionales que expondré más adelante.

En la dramaterapia también han sido integrados otros métodos de artes creativas: poesía, pintura, elaboración de *collages,* construcciones, vestuario, modelado, escritura creativa y danza-movimiento, combinados con la escenificación y representación. Cada uno de estos métodos aporta cierta medida de profundidad. Aunque estas prácticas entrañan cierto grado del sentido directo y espontaneidad morenianos, hay personas que se benefician más de estas actividades tradicionales con funciones terapéuticas diferentes. Los grupos que llegan hasta la etapa de creación de un espectáculo –ya sea un conjunto de piezas individuales o una producción colectiva– pueden usar la fase de preparación como una oportunidad para experimentar el compromiso, colaboración, autodisciplina y concentración sostenidos.

Hoy la mayoría de los programas de estudio de la dramaterapia incluyen el psicodrama. A su vez, los psicodramatistas podrían aprender mucho de los dramaterapeutas, y no sólo de sus técnicas, sino también de un rico *corpus* teórico de textos y otros recursos que invitan a las síntesis creativas (Johnson, 1984). Afortunadamente, profesionales de ambos campos participan de manera creciente en congresos del otro, y en ocasiones organizan congresos conjuntos.

¿Qué clientes responderían mejor a cuál método? El asunto clave parece ser la variable necesidad de distancia de roles. El psicodrama incita al protagonista a reconocer que tiene un problema, algo excesivo para muchas personas (Fox, 1996), pues demanda por lo menos cierto grado de sensibilidad hacia lo psicológico. Para quienes tienden a pensar que los problemas siempre son ajenos o a negar de cualquier otra forma la existencia de un problema, la posibilidad de explorar asuntos a distancia constituye un mejor primer paso. Cuando, por ejemplo, los niños juegan con juguetes o muñecas, el mensaje implícito es: "ésta no es *mi* familia, sino *una* familia cualquiera". En un nivel más profundo, sin embargo, la representación refleja sus proyecciones como "autores", desde luego.

El distanciamiento puede ser conseguido mediante la adopción de un rol en un drama con libreto o incluso parcialmente improvisado, situación en la que el rol amortigua la sensación de excesiva revelación personal incluso para uno mismo. En lugar de reconocer "éste soy yo y ésta es mi vida", los clientes pueden expresar menos directamente: "así es como creo que habría actuado el rey (o villano u otro rol)". También en este caso el mensaje implícito es: "esto es una locura sin importancia, no se refiere a mí". Pero aun siendo cierto esto, la representación suscita ciertos temas o resonancias emocionales.

La dramaterapia también es rica en ejercicios de caldeamiento, algunos de los cuales proceden del psicodrama, mientras que otros deberían ser objeto de estudio para los psicodramatistas (Emunah, 1994). Esta terapia aporta, por ejemplo, un proceso que debería ser añadido a muchos psicodramas: una integración o ritual de cierre más simbólico. La idea de los rituales complementa y amplía el

potencial del psicodrama más allá de su metodología clásica. El lector bien puede inferir que advierto gran valor en el continuo intercambio y aproximación entre estos dos métodos (Blatner, 1994). La dramaterapia no ha cesado en su desarrollo; los libros y artículos especializados en este campo suelen articular conceptos que enriquecen los fundamentos teóricos del psicodrama (Jennings, 1998; Langley, 1995; Casson, 1996).

Drama pedagógico

Iniciado en Estados Unidos por Winifred Ward en la década de 1920 y en Inglaterra por Peter Slade en la de 1940, este campo ha crecido en forma significativa hasta combinarse con los departamentos de teatro de las escuelas, aunque también por separado para ofrecer una manera más vivencial de aprender literatura, estudios sociales e incluso ciencias y matemáticas. El *role playing* fue integrado a este campo, y los diversos componentes se han mezclado en forma considerable (Shaftel y Shaftel, 1982).

En Inglaterra y Canadá surgió otra corriente de autores y maestros, entre ellos Peter Slade, Gavin Bolton, Richard Courtney, Dorothy Heathcote, Veronica Sherborne y Brian Way, para algunos de los cuales existen muchas coincidencias entre el drama pedagógico y la dramaterapia. Estos dos métodos persiguen un grado variable de espontaneidad e improvisación y tienden a centrarse en la experiencia de los estudiantes o clientes más que en la audiencia; es decir, están orientados al "proceso", no al "producto" (Martin-Smith, 1996). Los textos de Courtney (1990, 1995) son especialmente ricos en conceptos que también el psicodrama debería utilizar.

Quizá una de las implicaciones más importantes para el psicodrama sea la posibilidad de modificar el método con el fin de promover una amplia variedad de habilidades de enfrentamiento de retos sociales y emocionales en un mundo en constante cambio. Las habilidades de comunicación, resolución de problemas y conciencia del self son particularmente importantes (Pearson-Davis, 1989; Blatner, 1995). En un nivel más profundo y como lo mencioné en el capítulo sobre aprendizaje de habilidades, también es preciso considerar la idea de desarrollar espontaneidad e iniciativa (Neville, 1989). El campo general del "drama creativo" es especialmente indicado para el desarrollo de esas habilidades (Sternberg, 1998; Clifford y Herrmann, 1999). Referencias adicionales sobre el uso pedagógico de géneros dramáticos aparecen en las notas del capítulo "Applications in education" de nuestro libro *The Art of Play* (Blatner y Blatner, 1997).

Teatro interactivo (*interactive theatre*)

Moreno inventó su propia versión de teatro de improvisación alrededor de 1920, y lo concibió como un tipo de terapia social en el más amplio sentido de curación y promoción de la conciencia. Entre quienes produjeron por su parte una idea similar destaca Augusto Boal (1995), iniciador del "teatro del oprimido" en Brasil. Boal se ha ocupado recientemente de los problemas de la burguesía, cuyos más leves problemas neuróticos podrían ser reencuadrados como *opresión interna* (Feldhendler, 1994). Un creciente número de teatristas han mostrado interés en esta nueva modalidad, uno de cuyos subtipos ha sido llamado *teatro fórum*.

El teatro interactivo tiene muchas otras modalidades, con propósitos que van desde el mero entretenimiento y la manifestación de una postura política hasta la participación de la audiencia en debates sobre temas sociales. Los grupos de "actores para la salud mental", por ejemplo, compuestos por aficionados o profesionales, presentan viñetas instructivas con el fin de agudizar la conciencia.

Otras agrupaciones la emplean no para abordar asuntos sociales, sino sencillamente para promover la participación y cierto grado de espontaneidad (Wirth, 1994). Wiener (1994) expuso técnicas de improvisación para ampliar el repertorio personal de roles, mientras que otros autores han escrito sobre la actuación como habilidad enriquecedora de la vida (Cossa *et al.*, 1996).

Teatro espontáneo y *playback theatre**

Este crecientemente popular tipo de teatro "sin libreto" consiste en invitar a la audiencia a relatar historias de su vida que después son brevemente representadas por una pequeña compañía de actores profesionales. Es un teatro improvisado, sin más utilería que cajas y telas y, de ser posible, un ejecutante de varios instrumentos para dotar a la representación de acompañamiento musical.

El playback theatre fue iniciado alrededor de 1973 por Jonathan Fox, quien posee experiencia en otros géneros dramáticos tanto como en psicodrama. Esta variante recibió influencia de Moreno en el más general, "sociátrico", sentido. No obstante, no es psicodrama, del que debe ser claramente distinguido. Su objetivo es estético y no encierra un pacto implícito para la "elaboración" de los

---

* En español y portugués, siguiendo a Moyses Aguiar ("Teatro espontáneo y psicodrama", Agora, Brasil, 1998), el *playback* es considerado una variante del teatro espontáneo porque Fox, en su tentativa de preservar su mención, patentó el nombre de *playback theatre* y no permite que personas no autorizadas lo utilicen. Existen numerosos grupos de teatro espontáneo en Brasil y Argentina y en la EMPS también hay un grupo en México.
Todos los dramaterapeutas utilizan la denominación *teatro espontáneo* en un sentido más general. Jonathan Fox creó el playback antes de conocer las ideas de Moreno; luego tuvo influencia de él, pero no puede decirse que el teatro espontáneo sea invención de Fox porque Moreno trabajó con el *teatro de la espontaneidad* antes de crear el teatro-drama, propiamente dicho.

delicados temas que surjan. Aunque la audiencia participa a menudo, este método guarda mayor semejanza con un proceso social interactivo que con formas específicas de psicoterapia. Distinciones adicionales rebasan el alcance de esta exposición (Fox, 1992, 1994; Salas, 1994).

El teatro espontáneo ha hallado una audiencia receptiva y no ha cesado de extenderse; cuenta ya con numerosas compañías internacionales. Muchos psicodramatistas y terapeutas de drama usan este formato teatral con objetivos pedagógicos y terapéuticos específicos (Fox y Dauber, 1999).

El arte de la representación

Mi esposa, Allee, y yo elaboramos otro método –un tipo de representación sociodramática para grupos reducidos con personajes extraídos de la imaginación individual– a principios de la década de 1980, el cual describimos en nuestro libro *The Art of Play* en 1988, corregido y aumentado en 1997. En realidad este método es sólo una variante de teatro creativo para adultos, aunque también los adolescentes de mayor edad pueden disfrutar de él. Pequeños grupos de no más de cuatro personas realizan representaciones de escenas de 10-15 minutos en torno al personaje o rol imaginado por una de ellas. Todos los participantes del grupo se turnan como protagonista, director y yo auxiliar. Por otra parte, un director más preparado podría asumir ese rol, mientras que los demás miembros de un grupo un poco más grande, aunque de no más de 10 personas, exploran las posibilidades inherentes a un personaje-imagen dado.

La meta es promover los procesos de espontaneidad e imaginación, así como de recreación –por pura diversión–, lo que a su vez promueve cierto grado de cercanía con los compañeros del grupo. Así, este método también genera un sentido de comunidad e integración social. En nuestro libro (Blatner y Blatner, 1997) describimos sus muchos otros beneficios.

Métodos misceláneos

Una extensa gama de métodos dramáticos conjuntan diferentes combinaciones de elementos. El *empateatro* de Sara Schreiber, en Michigan, combina elementos de teatro espontáneo, psicodrama y teatro interactivo. Varios actores "para la salud mental" montan escenas de temas sociales y después comentan con la audiencia los sentimientos despertados. Algunos de los practicantes de este método restan importancia al drama y privilegian en cambio el proceso de narración de historias, para alentar a las personas a contar relatos en grupos.

Con base en actividades similares a la *escultura familiar*, talleres de *reconstrucción familiar* entrelazan elementos dramáticos (Nerin, 1986). Pese a sus indudables virtudes, este método precisa de depuraciones. Los formatos iniciales de

ciertos experimentos no han sido del todo exitosos, de manera que sus elementos subyacentes deberán ser esclarecidos y retrabajados.

Resumen

Los fundamentos teóricos del psicodrama pueden ser complementados por textos de campos afines. La pretensión de delimitar claramente estos campos está destinada al fracaso, dado el incremento de actividades, colaboraciones y síntesis interdisciplinarias. El psicodrama evolucionó a partir de experimentos de teatro social y de improvisación, terapia grupal y microsociología aplicada (sociometría), aunque a mediados del siglo XX se identificó con el florecimiento de la psicoterapia. En una época en la que la terapia *per se* está sujeta a crecientes restricciones, los territorios iniciales, más allá del modelo médico, constituyen de nuevo importantes áreas para el cumplimiento de la visión sociátrica original: la transformación de la sociedad.

Referencias

Blatner, Adam, "Foreword", en Renée Emunah, *Acting for Real: Drama Therapy Process, Technique and Perfomance,* Brunner/Mazel, 1994.

—, "Drama in Education as Mental Hygiene: A Child Psychiatrist's Perpective", *Youth Theatre Journal,* núm. 9, 1995, pp. 90-96.

—, "Warm-ups: References", en *Acting-in,* 3a. ed., Springer, Nueva York, 1996.

— y Alle Blatner, *The Art of Play: Helping Adults Reclaim Imagination and Spontaneity,* Brunner/Mazel-Taylor and Francis, 1997.

Boal, Augusto, *Teatro del oprimido,* Nueva Imagen, México, 1985.

—, *The Rainbow of Desire: The Boal Method of Theatre and Therapy,* Routledge, Londres, 1995.

Casson, John, "The Healing Drama Colloquium", *Dramatherapy,* vol. 18, núm. 2, 1996, pp. 20-25.

Clifford, Sara y Anna Herrmann, *Making a Leap: Theatre of Empowerment–A Practical Handbook for Creative Drama Work with Young People,* Jessica Kingsley, Londres, 1999.

Cossa, Mario, Sally S. Fleischmann-Ember, Lauren Gover y Jennifer L. Hazelwood, *Acting out: The Workbook,* Accelerated Development/Taylor and Francis, Filadelfia, 1996.

Courtney, Richard, *Drama and Intelligence: A Cognitive Theory,* McGill-Queen's University Press, Montreal, 1990.

—, *Drama and Feeling: An Aesthetic Theory,* McGill-Queen's University Press, Montreal, 1995.

Corsini, Raymond J., *Role Playing in Psychotherapy,* Aldine, Chicago, 1967. (Nota del autor: este libro contiene una bibliografía anotada.)

Emunah, Renée, *Acting for Real: Drama Therapy Process, Technique and Performance,* Brunner/Mazel, 1994.

—, "Drama Therapy and Psychodrama: An Integrated Model", *International Journal of Action Methods,* vol. 50, núm. 3, 1997, pp. 108-134.

Etcheverry, R., M. Siporin y R. W. Toseland, "The Uses and Abuses of Role-playing", en P. H. Glasser y N. S. Mayadas (eds.), *Group Workers at Work: Theory and Practice in the '80s,* Rowman and Littlefield, Totowa, 1986, pp. 116-130.

Feldhendler, Daniel, "Augusto Boal y Jacob L. Moreno: Theatre and Therapy", en Mady Schutzman y Jan Cohen-Cruz (eds.), *Playing Boal: Theatre, Therapy, Activism,* Routledge, Londres, 1994.

Fine, Nic y Fiona Mabeth, *Playing with Fire: Training for the Creative use of Conflict,* Youth Work Press, Leicester, 1994.

Flowers, John V. y Curtis D. Booraem, "Simulation and Role Play Methods", en F. H. Kanfer y A. P. Goldstein, *Helping People Change: A Textbook of Methods,* 2a. ed., Pergamon, Elmsford, 1980.

Fox, Jonathan, "Defining Theater for the Nonscripted Domain", *The Arts in Psychotherapy,* núm. 19, 1992, pp. 201-207.

—, *Acts of Service: Spontaneity, Commitment, Tradition in the Nonscripted Theatre,* Tusitala, New Paltz, 1994.

—, "A Step in the Right Direction (A Response to Kedem-Tahar and Kellermann's Comparison of Psychodrama and Drama Therapy)", *The Arts in Psychotherapy,* vol. 23, núm. 3, 1996, pp. 197-198.

— y Heinrich Dauber, *Gathering Voices: Essays on Playback Theatre,* Tusitala, New Paltz, 1999.

Gersie, Alida, *Dramatic Approaches to Brief Therapy,* Jessica Kingsley, Bristol, 1995.

Heathcote, Dorothy y Gavin Bolton, *Drama for Learning: Dorothy Heathcote's Mantle of the Expert Approach to Education,* Heinemann, Portsmouth, 1995.

Jennings, S., *Introduction to Dramatherapy: Theatre and Healing –Ariadne's Ball of Thread,* Jessica Kingsley, Londres, 1998.

Johnson, David Read, "The Field of Drama Therapy", *Journal of Mental Imagery,* vol. 7, núm. 1, 1984, pp. 105-109.

Johnstone, Keith, *Impro: Improvisation and the Theatre,* Faber and Faber, Londres, 1979.

—, *Theatresports for Teachers: A Resource Tool for Teaching Improvisation and Theatresports,* Loose Moose Theatre Co., Calgary, 1994.

Kellermann, Peter F., "Sociodrama", *Group Analysis,* núm. 31, 1998, pp. 179-195.

Kipper, David A., "Psychodrama: Group Psychotherapy through Role Playing", *International Journal of Group Psychotherapy,* vol. 42, núm. 4, pp. 495-521.

Landy, Robert J., *Drama Therapy: Concepts, Theories, and Practices,* 2a. ed., Charles C. Thomas, Springfield, 1994.

—, "Drama therapy –The State of the Art", *The Arts in Psychotherapy,* vol. 24, núm. 1, 1997, pp. 5-15.

Langley, Dorothy, "The Relationship Between Dramatherapy and Psychodrama", *Dramatherapy,* núm. 17, 1995, pp. 1-2.

Martin-Smith, Alistair, "British Conceptions of Drama in Education –The Fifties to the Nineties", *National Association for Drama-in-Education (*NADIE*) Journal,* vol. 20, núm. 1, 1996, pp. 57-76.

McNiff, Shaun, "The Shaman Within", *The Arts in Psichotherapy,* vol. 15, núm. 4, 1988, pp. 285-291.

Mickey, Thomas J., *Sociodrama: An Interpretive Theory for the Practice of Improved Public Relations,* University Press of America, Lanham, 1995.

Miller, Donell, *Doers of the Word: How Stories come to Life through Bibliodrama,* ed. de autor, Redlands, 1998.

Minkin, Rosalie, comunicación personal sobre el sociodrama, 1999.

Moreno, Joseph, "The Music Therapist: Creative Arts Therapist and Contemporary Shaman", *The Arts in Psychotherapy,* vol. 15, núm. 4, 1988, pp. 271-280.

Nerin, W. F., *Family Reconstruction: Long Day's Journey into Light,* W. W. Norton, Nueva York, 1986.

Neville, Bernie, "The Search for Spontaneity", en *Educating Psyche: Emotion, Imagination, and the Unconscious in Learning,* CollinsDove, North Blackburn, Australia, 1989, cap. 7, pp. 193-227.

Pearson-Davis, Susan, "Drama in the Curriculum for Troubled Young People", *Journal of Group Psychotherapy, Psychodrama and Sociometry,* vol. 41, núm. 4, 1989, pp. 161-174.

Pitzele, P., *Our fathers' wells: A Personal Encounter with the Myths of Genesis,* Harper SanFrancisco, San Francisco, 1995.

—, *Scripture Windows: Toward a Practice of Bibliodrama,* Alef Design Group, Los Ángeles, 1998.

Shaftel, Frannie R. y George Shaftel, *Role Playing in the Curriculum,* 2a. ed., Prentice-Hall, Englewood Cliffs, 1982.

Salas, Jo, "Playback Theatre: Children Find their Stories", en B. James (ed.), *Handbook for Treatment of Attachment-trauma Problems in Children,* Lexington, Nueva York, 1994.

—, *Improvising Real Life: Personal Story in Playback Theatre,* 2a. ed., Tusitala, New Paltz, 1996.

Seabourne, Barbara, "Role Training", en *Practical Aspects of Psychodrama,* ed. de autor, St. Louis, 1985. (Nota del autor: este libro fue originalmente publicado en 1966. Vea la bibliografía general de este volumen.)

Snow, Stephen, "Fruit of the Same Tree: A Response to Kedem-Tahar and Kellermann's Comparison of Psychodrama and Drama Therapy", *The Arts in the Psychotherapy,* vol. 23, núm. 3, 1996, pp. 199-205.

Spolin, Viola, *Theater Games for Rehearsal: A Director's Handbook of Improvisation for the Teacher,* Northwestern University Press, Evanston, 1985 (reimpresión en edición popular, 1995).

Stein, Steven A., R. E. Ingersoll y Thomas W. Treadwell, "Sociodrama and Professional/Ethical Conflicts", *Journal of Group Psychotherapy, Psychodrama and Sociometry,* vol. 48, núm. 1, 1995, pp. 31-41.

Sternberg, Pat, *Theatre for Conflict Resolution: In the Classroom and Beyond,* Heinemann, Portsmouth, 1998.

— y Antonina García, *Sociodrama: Who's in your Shoes?,* Praeger, Westport, 1989.

Swink, David F., "Role-play your Way to Learning", *Training and Development,* vol. 47, núm. 5, 1993, pp. 91-97.

Torrance, E. Paul, "Sociodrama as a Creative Problem Solving Approach to Study the Future", *Journal of Creative Behavior,* núm. 9, 1975, pp. 182-195.

Warren, Bernie (ed.), *Creating a Theatre in your Classroom,* Captus Press, North York, Canadá, 1995.

Wiener, Daniel, *Rehearsals for Growth: Theater Improvisation for Psychotherapists,* Norton, Nueva York, 1994.

Wiener, Ron, *Creative Training: Sociodrama and Team-building,* Jessica Kingsley/Taylor and Francis, Londres y Filadelfia, 1997.

Winner, Lucy, "Adolescence and Activism: Theatre for Survival", en Jill Mac Dougall y P. Stanley Yoder (eds.), *Contaminating Theatre: Intersections of Theatre, Therapy, and Public Health,* Northwestern University Press, Evanston, 1998.

Wirth, Jeff, *Interactive Acting: Acting, Improvisation, and Interacting for Audience Participatory Theatre,* Fall Creek Press, Fall Creek, 1994.

Zeleny, Leslie D., "The Sociodrama as an Aid in Teaching International Relations and World History", *International Journal of Sociometry,* vol. 1,[1] 1956, pp. 29-33.

---

[1] National Association for Drama Therapy (NADT), National Office, 5055 Connecticut Ave. NW, # 280, Washington, D.C. 20015; correo electrónico: nadt@danielgrp.com teléfono: 202/966-7409 fax: 202/966-2283.

Principios sobre el uso de técnicas psicodramáticas

En su más amplia aplicación, el psicodrama persigue la liberación de la creatividad de los individuos, grupos y organizaciones (Ortman, 1966). Con ese fin es posible considerar casi cualquiera de sus métodos, siempre y cuando sean constructivos y preserven el bienestar del grupo o individuo. Los principios que presentaré en este capítulo orientarán al profesional en la selección de las técnicas adecuadas. Algunos de los temas esenciales en la base de las numerosas variantes son los siguientes (los cuales es posible combinar):

- Recurra a la acción dramática más que al relato (es decir, a la representación de una situación, no a hablar acerca de ella) (Z. Moreno, 1965).
- Promueva encuentros auténticos tanto como sea posible. El protagonista y los auxiliares deben hablar directamente entre sí, no dar explicaciones al director o a la audiencia.
- Aliente la espontaneidad y actividad de los auxiliares, con objeto de incitar mayor espontaneidad en el protagonista.
- Dé concreción a situaciones abstractas, ocupándose de escenas específicas.
- Estimule a los participantes a emitir formulaciones afirmativas acerca de deseos, temores e intenciones, en oraciones iniciadas con la palabra *yo*.
- Trate situaciones pasadas o futuras como si ocurrieran en el momento presente, aquí y ahora.
- Valore la posibilidad de nuevas decisiones, renegociaciones y experiencias en el presente.
- Mantenga la atención en la comunicación paraverbal y no verbal (por ejemplo, tono de voz, inflexión, intensidad, ritmo del discurso, posición, gestos, expresión).
- Haga ejercitar directamente a los participantes habilidades de empatía por medio de la inversión de roles.
- Trabaje en función del incremento de los niveles de apertura y honestidad personales, especialmente en lo referente a los sentimientos.

- Respete y lleve a la práctica las preferencias interpersonales (tele) al trabajar con la dinámica grupal.
- Evalúe metódicamente y ayude al grupo a darse retroalimentación sobre sus preferencias colectivas –esto es, sociometría– para afianzar la cohesión y la elaboración de conflictos.
- Cuando lo crea necesario, introduzca cierta dosis de diversión.
- Destine al protagonista a otros roles, mediante el espejo, la inversión de roles y la actuación como doble de sí mismo, para reducir la posibilidad de un involucramiento excesivo y estimular la sensación de existencia de posibilidades opcionales.
- Utilice símbolos y metáforas y déles concreción o voz, como si fuesen un espíritu con cualidades personales.
- Amplifique la acción mediante la inclusión en ella de otros principios y vehículos artísticos, como movimiento, escenografía, vestuario, poesía, pintura, música o sonido e iluminación.
- Exagere la conducta para explorar una mayor variedad de respuestas no sólo más expresivas, sino, en ocasiones, incluso de extremo retraimiento o apartamiento.
- Advierta y utilice la naturaleza y valor del proceso de caldeamiento como precondición de la conducta creativa.
- Aborde y favorezca los procesos de emotividad, entusiasmo y vitalidad.
- Utilice y cultive activamente la sublimación como canal para la energía creativa, ofreciendo de este modo opciones a dinámicas "neuróticas" y caracteriológicas.
- Emplee los factores terapéuticos de la terapia grupal.
- Integre el psicodrama con otros enfoques psicoterapéuticos, conductistas, fantasía dirigida, hipnosis, terapia gestáltica, análisis bioenergético y las demás terapias de artes creativas o recreativas (Corsini, 1967; Shapiro, 1978).

Categorías de técnicas

Las técnicas del psicodrama pueden ser clasificadas en cuatro categorías generales: básicas, de escenas diferentes, de resolución de conflictos y de caldeamiento. A continuación ofreceré algunos ejemplos de técnicas específicas.

Técnicas básicas para el facilitamiento de la mayoría de los procesos:

dramatización	doble	maximización
autodrama	soliloquio	concretación
redramatización (*replay*)	ego múltiple	inversión de roles
apartes	espejo	uso de auxiliares

Diferentes escenas utilizadas para caldeamiento y trabajo de acción:

escena de cuna	dramatización de sueños
tienda mágica	proyección futura
escena de muerte o dramatización de duelos	a espaldas

Técnicas de resolución de conflictos:

juego de roles (*role playing*)	espectrograma
irrupción	negociación estructurada
entrenamiento de roles	encuentro no verbal

Técnicas de caldeamiento:

silla vacía
secretos compartidos
sociometría en acción

Métodos generales de educación de la espontaneidad:

pintura, dibujo, *collage*	ejercicios teatrales	estimulación sensorial
fantasía dirigida	poesía	experiencias estructuradas
movimiento	danza	música, ritmos

Estas y otras técnicas, desarrolladas por Moreno y otros psicodramatistas en los últimos 50 años, pueden ser aplicadas no sólo en psicodramas clásicos, sino también, en versión modificada, en contextos menos formales. Es obvio que muchas de ellas requieren un grupo de apoyo, pero considere la posibilidad de modificar o adaptar estas ideas para trabajar con individuos o parejas. El principio esencial es utilizar el poder de la imaginación en forma dirigida.

Propósitos de las técnicas psicodramáticas

Las técnicas psicodramáticas pueden ser aplicadas de muy diversas maneras. Para aclarar las actitudes y sentimientos del protagonista, algunas de las más útiles son el doble, el yo múltiple, el doble múltiple, los apartes y el soliloquio. Para aclarar interacciones interpersonales, recurra a la redramatización (*replay*), la inversión de roles, el espejo y a espaldas.

Sucesos pasados pueden ser explorados como si ocurriesen en el presente, y los protagonistas pueden experimentar esos temas como cocreación de la escena que cumpliría sus deseos en forma ideal. Desde luego, esto les plantea el reto de manifestar explícitamente esos deseos, tras lo cual los reconocerán explícitamente como propios, proceso que suele ser decisivo para el progreso de la psicoterapia. Esta técnica tiene por nombre *consumación de actos*. Si el protagonista desea cambiar la representación, use la técnica de la redramatización (replay), ofre-

ciendo distintas opciones a una situación o escena. Hay ocasiones en las que es importante que los protagonistas realmente comprendan las probables motivaciones y actitudes de alguien en el pasado, situación en la que la técnica de la inversión de roles puede ser invaluable para elaborar esos complejos (Carlson-Sabelli y Sabelli, 1984).

Y ya que hablamos del reto de aclarar metas, este esencial componente del desarrollo personal es a menudo oscurecido por ambigüedades y una indefinición inconscientemente motivada. La simple comunicación verbal de problemas se ve atrapada con facilidad en esas formas de autoengaño. La técnica de proyección futura genera un ejemplo concreto, y los temas implicados pueden ser identificados y probados en relación con el realismo de sus valores. La tienda mágica es otra técnica que puede catalizar la consideración de metas y del precio que debe ser pagado para alcanzarlas.

La metáfora como valioso elemento de la terapia ha sido ampliamente reconocida en la hipnosis, la terapia familiar y otros métodos contemporáneos. Las técnicas psicodramáticas pueden ser utilizadas para ejercitar la capacidad del protagonista para trabajar con imágenes metafóricas. La concretización permite a los protagonistas experimentar de forma física lo que ha sido experimentado psicológicamente, en tanto que el empleo de los recursos de múltiples niveles del cuerpo puede servir de vehículo de la espontaneidad y del discernimiento (*insight*). La redramatización (replay) de fantasías, alucinaciones y sueños utiliza la categoría psicodramática de realidad suplementaria para sacar a relucir los sentimientos y actitudes no verbalizados que acompañan a las fantasías del protagonista.

Varias técnicas de caldeamiento son apropiadas para el desarrollo de la sensación de seguridad, alianza de trabajo y el creciente involucramiento con los temas por tratar (Blatner, 1996; Sachnoff, 1996). Por ejemplo, el uso de experiencias estructuradas tan simples como hacer que los miembros del grupo formen parejas para conocerse y presentarse después uno a otro ante el grupo genera cohesión grupal. En la terapia familiar el procedimiento equivalente podría ser que un miembro de la familia simplemente presente a los demás al terapeuta, sin comentarios de reclamo. Otras técnicas introductorias pueden ofrecer material en forma indirecta. Experiencias de terapia artística, un breve role playing sobre situaciones pertinentes (aunque sin carga emocional intensa), ejercicios teatrales, fantasía dirigida, ejercicios de estimulación sensorial y métodos para incitar la espontaneidad de los miembros del grupo pueden romper el hielo y conceder a los participantes una experiencia compartida que sirva después como tema de conversación. A mi juicio, las actividades estructuradas de caldeamiento pueden brindar material muy fructífero y dirigir rápidamente la atención a las preocupaciones de los miembros del grupo.

Yalom (1995, pp. 442-448) propugnó el uso moderado de experiencias estructuradas. Advirtió contra una excesiva dependencia de estos métodos, y coincido con él en que debe haber tiempo suficiente para la interacción y para

la discusión verbal, con objeto de favorecer un más completo proceso grupal. Por esta razón, cuestiono la idea de que el término *psicodrama* sea apropiado como nombre de un tipo de grupo; es preferible afirmar sencillamente que el procedimiento grupal ideal consiste en el empleo de una extensa variedad de métodos. Sin embargo, quizá Yalom haya subestimado las amplias posibilidades de aplicación de técnicas psicodramáticas como recursos para la dinámica grupal y el desarrollo personal o la terapia.

En la elaboración de diversos asuntos, varias técnicas pueden contribuir a precisar discriminaciones. Por ejemplo, mediante el uso de la técnica de la maximización es posible explorar una amplia gama de respuestas, desde la retraída hasta la desmesuradamente expresiva. Una parte de una escena puede ser intensificada mediante el hecho de que el protagonista y/o los yo auxiliares desempeñen sus roles en una forma absolutamente emocional, idealizada, cruda, ridícula, absurda o trágica. La selección de un estilo u otro está en función de la apertura y ampliación de la conciencia del protagonista respecto de la existencia de las más diversas opciones, por improcedentes que puedan parecer en un principio.

Todas estas técnicas son medios para la utilización de los recursos de la imaginación, la diversión y la creatividad de la mente humana. El asunto va más allá de la simple comprensión o insight; también es necesario cierto grado de actividad constructiva. La siguiente analogía permite comparar las perspectivas de Freud y Moreno: si Freud fue un explorador del nuevo territorio de la mente (en alguna ocasión se igualó incluso con Colón), Moreno sería el ingeniero que desarrolló tecnologías para construir caminos, cultivar la tierra, por ejemplo. Su reto fue utilizar los desaprovechados recursos de la mente y el sistema social. Estos métodos pueden ser aplicados en las regiones superficiales de la conciencia ordinaria –educación, recreación y trabajo comunitario–, pero también en dimensiones psicológicas más profundas: la psicoterapia dinámica. Considero que el psicodrama es un agente facilitador de otras terapias, a la manera de las herramientas eléctricas en la carpintería. El juicio del terapeuta sigue siendo el factor clave, pues la metodología no podrá ser eficaz en manos impreparadas.

Equilibrio entre palabra y acción

Algunos grupos se benefician de la preponderancia de los métodos de acción. Las personas poco elocuentes tienden a mostrar escasa tolerancia a la terapia grupal verbal habitual. Quienes poseen tendencias sociopáticas (como los delincuentes excarcelados) suelen adoptar en los intercambios verbales una actitud más defensiva que constructiva. Otros grupos, sin embargo, pueden realmente destinar tiempo a reflexionar y conversar sobre los asuntos que surjan. Es importante que los directores no se crean obligados a mantener la acción en todo momento en todos los grupos.

Las reflexiones del grupo pueden sacar a la superficie varias transferencias entre los miembros de éste e incluso con el líder. Shaffer (1995) y Garfield (1999) han hecho notar claramente que un enorme conjunto de dinámicas transferenciales pueden interferir en el curso de una sesión de un grupo psicodramático. Uno de los patrones más recientemente señalados es la dinámica llamada *identificación proyectiva*, la cual implica no sólo la tendencia de un individuo a proyectar ciertas actitudes en un rol, sino también la correspondiente tendencia de los demás a aceptar esa interacción. Estar al tanto de e incluso exagerar esas interacciones en escenas psicodramáticas vuelve más explícitos sus componentes fundamentales: mensajes no verbales, sutiles asociaciones, entre otros. El uso de la inversión de roles o de la técnica del espejo puede contribuir a un más eficaz tratamiento de esta dinámica.

Así pues, lo importante es permitir tiempo suficiente para procesar e incluso concentrarse en temas sobre los que es preciso conversar en el momento indicado. Las técnicas de acción psicodramática no deben ser sobrevaloradas y empleadas como si fueran la única modalidad posible.

Resumen

La variedad de las técnicas psicodramáticas podría ser infinita. Al leer sobre diversos métodos y ponerlos a prueba, siéntase en libertad de modificarlos: depurarlos, experimentar con ellos, crear nuevas técnicas. Dependiendo del contexto y la persona, adapte técnicas de los campos de la improvisación teatral (Spolin, 1963), drama creativo (McCaslin, 1984; Polsky, 1980), dramaterapia (Emunah, 1994), experiencias estructuradas en desarrollo de organizaciones o terapia (Morris y Cinnamon, 1974, 1975; Pfeiffer y Jones, 1969-1974, 1972-1975; Saretsky, 1977; Timmins, 1972), terapia de juego y las demás terapias de artes creativas (Costonis, 1978; Espenak, 1981). Muchas otras referencias aparecen en la tercera edición de mi libro *El psicodrama en la práctica* (Blatner, 1996, pp. 60-63). Integre estos enfoques con otros métodos de terapia y explore aplicaciones a una amplia variedad de grupos en los más diversos contextos. Cuando descubra o cree técnicas que considere útiles, escríbalas y délas a conocer a los demás en publicaciones especializadas. La ampliación de los recursos del terapeuta, facilitador de grupos o educador es una de las mejores maneras con los que podemos contribuir a encontrar métodos más eficaces para incrementar la armonía personal y social.

Referencias

Barbour, Alton, "The Psychodrama Director's Guide: Security in the Pocket", *Center for Experiential Healing Newsletter*, primavera de 1993.

Blatner, Adam, "References on Warming up", en *Acting-in: Practical Applications of Psychodramatic Methods,* Springer, Nueva York, 1996.

Carlson-Sabelli, Linnea y Hector C. Sabelli, "Reality, Perception, and the Role Reversal", *Journal of Group Psychotherapy, Psychodrama and Sociometry,* vol. 36, núm. 4, 1984, pp. 162-174.

Corsini, Raymond J., *Role Playing in Psychotherapy,* Aldine Press, Chicago, 1967.

Costonis, Maureen Needham (ed.), *Therapy in Motion,* University of Illinois Press, Urbana, 1978.

Emunah, Renée, *Acting for Real: Drama Therapy, Process, Technique, and Performance,* Brunner/Mazel-Taylor and Francis, Filadelfia, 1994.

Espenak, Liljan, *Dance Therapy: Theory and Applications,* Charles C. Thomas, Springfield, 1981.

Garfield, Sandra, "Transference in Psychoanalitic Psychodramatic Group Psychotherapy", texto inédito, 1999.

McCaslin, Nellie, *Creative Dramatics in the Classroom,* David McKay Co., Nueva York, 1984.

Moreno, Zerka T., "Psychodramatic Rules, Techniques, and Adjunctive Methods", *Group Psychotherapy,* núm. 18, 1965, pp. 73-86. (Nota del autor: este artículo fue posteriormente incluido en Moreno y Moreno, *Psychodrama,* vol. III, 1969, p. 233.)

Morris, Kenneth T. y Kenneth M. Cinnamon, *A Handbook of Verbal Group Exercises,* Charles C. Thomas, Springfield, 1974.

—, *A Handbook of Non-verbal Group Exercises,* Charles C. Thomas, Springfield, 1975.

Ortman, Harriet, "How Psychodrama Fosters Creativity", *Group Psychotherapy,* vol. 19, núms. 3-4, 1966, pp. 201-213.

Pfeiffer, J. W. y J. E. Jones, *A Handbook of Structured Experiences for Human Relations Training,* vols. 1-5 y guía de referencia, University Associates, La Joya, 1969-1974.

—, *Annual Handbooks for Group Facilitators,* University Associates, La Joya, 1972-1975.

Polsky, Milton, *Let's Improvise,* Prentice-Hall, Englewood Cliffs, 1980.

Sachnoff, Elanie A., *The Warm up Book,* ed. de autor, Evanston, 1996.

Saretsky, Ted, *Active Techniques in Group Psychotherapy,* Jason Aronson, Nueva York, 1977.

Shaffer, Amy, "When the Screen is not Blank: Transference to the Psychodrama Director in Theory and Clinical Practice", *Journal of Group Psychotherapy, Psychodrama and Sociometry,* vol. 48, núm. 1, 1995, pp. 9-20.

Shapiro, J. L., *Methods of Group Psychotherapy and Encounter: A Tradition of Innovation,* F. E. Peacock, Itasca, 1978.

Sherman, Robert y Norman Fredman, *Handbook of Structured Techniques in Marriage and Family Therapy,* Brunner/Mazel, Nueva York, 1986.

Spolin, Viola, *Improvisations for the Theater,* Northwestern University Press, Evanston, 1963.

Timmins, Lois, *Understanding Through Communication: Structured Experiments in Self-Exploration,* Charles C. Thomas, Springfield, 1972. (Nota del autor: este libro trata principalmente de técnicas verbales.)

Yalom, Irvin D., *The Theory and Practice of Group Psychotherapy,* 4a. ed., Basic Books/Harper Collins, Nueva York, 1995.

Compendio de términos y técnicas psicodramáticos

En 1970 compilé la primera lista extensa de las diversas técnicas del psicodrama, la cual revisé en cada una de las anteriores ediciones de *Fundamentos de psicodrama.* Nuevas técnicas, así como depuraciones y variantes de técnicas psicodramáticas ya existentes, son incesantemente creadas. He incluido aquí las más conocidas. (Si usted conoce alguna que aún no haya sido difundida públicamente, escríbala y divúlguela en una revista especializada, para que los demás podamos aprender de su creatividad.) Algunos de los términos o técnicas contenidos en este compendio fueron descritos en este libro y pueden ser localizados consultando el índice analítico.

A espaldas. Ubicación del protagonista en una esquina de la habitación de espaldas al grupo, para que éste hable de él como si estuviera ausente. Una variante implica la presentación por el protagonista de una escena o situación, tras lo cual el grupo hace comentarios sobre el tema, no sobre la persona. Una más consiste en instruir al grupo para que dé la espalda al protagonista, mientras que –sin emitir ninguna reacción, por más que el grupo se vea tentado a ello– el protagonista habla acerca de sus sentimientos hacia cada uno de los miembros (Corsini, 1953).

Aconsejar. El protagonista da un consejo a una persona importante para él (el padre o la madre ya fallecidos o un hijo que ha abandonado el hogar, por ejemplo) representada por un auxiliar o una *silla vacía* (vea); igualmente, puede darse un consejo (desde el presente a su joven *self*) o adoptar otro rol para hacerlo (desde el futuro a sí mismo en el presente).

Analista de la audiencia. Miembro del grupo que adopta el rol de atender la dinámica que ocurre en la audiencia (es decir, el resto del grupo) durante una dramatización. Su función es actuar como observador y comunicar sus sentimientos al grupo respecto de la reacción de la audiencia al psicodrama (Weiner y Sacks, 1969).

Apartes. En el curso de una interacción, comentarios dirigidos por el protagonista a la audiencia con la cabeza inclinada o una mano junto a la boca, para indicar que en la interacción la otra persona ordinariamente no conocería esas revelaciones. Así, ideas y sentimientos ocultos pueden ser expresados junto con ideas abiertamente manifestadas.

Asesoría. Función del director en el curso de una dramatización para sugerir al protagonista o los auxiliares variantes de aproximación, postura física, ritmo verbal o definición de roles. Un miembro del grupo puede adoptar este rol en relación con el protagonista. En el role playing, el actor principal es agente (o auxiliar) del grupo, y ejecuta la escena no como cree que debería hacerlo en lo personal, sino de acuerdo con las instrucciones del grupo; así, varias personas, por turnos, o todo el grupo pueden asesorar a los ejecutantes durante la representación.

Audiencia. Las personas presentes en un psicodrama que no ocupan el escenario. A veces, sin embargo, la audiencia interpreta un rol colectivo. (Vea *Coro*.) El tamaño del grupo depende del sitio. (Vea el capítulo 1.)

Audiencia sociométrica. Solicitud al grupo para que cada uno de sus miembros se identifique con un rol de una amplia esfera sociocultural que, aunque ajeno a la dramatización, ocupe un lugar en la situación. En el caso de una interacción entre un empleado y un supervisor, por ejemplo, los miembros de la audiencia podrían imaginar qué sentirían si fuesen el abogado de la compañía, el representante sindical, un compañero de trabajo, un cliente, etcétera. (Torrance, 1987.)

Autodrama. Como en el caso del *monodrama* (vea), ejecución por el protagonista tanto de su rol como de los roles auxiliares, aunque en este caso también dirige el proceso. Una variante permite la intervención de *auxiliares* (vea) como ayudantes.

Autopresentación. Presentación por el protagonista de su hogar, lugar de trabajo u otro sitio esencial para una descripción de la situación, junto con un breve retrato de todas las personas pertinentes de esa área de su átomo social. El protagonista muestra asimismo el comportamiento de esas personas y lo que dicen y no dicen, y mediante el empleo de diversas técnicas dramáticas básicas describe su mundo fenomenológico y psicodramático.

Auxiliar mudo. Como lo demuestra la pantomima, los gestos, y no el habla, son los auténticos indicadores de actividad. Así, en ocasiones el rol de auxiliar mudo es el apoyo ideal para el protagonista. Este rol puede ser asignado a un miembro del grupo deseoso de participar pero que no tiene nada que decir.

Axiodrama. Exploración de asuntos éticos, relaciones cósmicas o valores. El protagonista puede revisar sus relaciones con Dios, un tentador, Satanás, un espíri-

tu orientador, la muerte, el futuro (personificado) o la perfección. (Vea *Escena de juicio.*)

Balbuceo. Para facilitar la observación, tanto por uno mismo como por el grupo, de los elementos no verbales de una interacción interpersonal, las principales partes involucradas (o sólo el protagonista y el auxiliar) redramatizan una escena o prosiguen una dramatización usando sílabas sin sentido en lugar de palabras. Podrían usar sílabas complejas semejantes a palabras extranjeras o simplemente decir "bla bla bla", "yakkety yak yak" o "da da da da da". Lo importante es que preserven la expresión de emoción de la interacción, con las mismas expresiones faciales, entonaciones y gestos, pero libres de la distracción del contenido de las palabras.

Caldeamiento. Numerosas técnicas pueden ser útiles para desarrollar la cohesión grupal, dirigir la atención del grupo hacia su tarea o generar una atmósfera, orientación o tema especial. Mediante la aplicación de las técnicas descritas en este compendio, el director puede contribuir asimismo a que los individuos accedan a un área de exploración psicológica o emocional, ya sea propia o ajena (Weiner y Sacks, 1969; Blatner, 1996, pp. 62-63).

Cámara lenta. Indicación a los participantes para que ejecuten sus movimientos muy lentamente, como si se hallaran bajo el agua o en gelatina, con objeto de favorecer o atenuar la acción o de disponerla más adecuadamente para la experiencia, la observación o el desarrollo. A su vez, otros sucesos pueden ser representados en cámara rápida o versión editada.

Carta. El protagonista escribe una carta –que nunca enviará– a una persona significativa para él o lee una carta que efectivamente haya recibido de una persona importante para él. Esto es útil como caldeamiento, pues permite cierta distancia antes de pasar a un encuentro psicodramático real. Como cierre, esta técnica puede transmitir la sensación de resolución: puesto en el contexto de la carta, el protagonista escribe un consejo o reconocimiento a la otra persona, o lee la carta que habría deseado recibir (Sacks, 1974).

Cierre. Repaso de elementos luego de la acción y el *sharing* (vea). Es preciso que para ese momento los participantes ya hayan efectuado el *desrolamiento* (vea), estén convencidos de haber expresado claramente todo lo que tenían que decir y el protagonista sienta consumado el acto y disponga de adecuado apoyo complementario.

Comentario (*sharing*). La fase posterior a la dramatización. (Vea el capítulo 1.)

Comprensión del *self*. Dramatización por el protagonista de una visión general de su vida, incluidos elementos pasados y presentes, pero especialmente de una cadena de futuros sucesos posibles, deseables o probables. Equivale a la breve descripción de un escenario de posibilidades y restricciones.

Concretación. Una de las operaciones del psicodrama consiste en ayudar al protagonista a convertir sus formulaciones abstractas en algo concreto, pues la vaguedad es una de las vías más comunes contra el enfrentamiento directo de los problemas. El primer medio para conseguirlo es pedir que temas generales como "conflicto con la autoridad" sean transformados en una escena específica, una situación con el jefe, el padre o la madre, o un maestro del protagonista. Otro es convertir metáforas en realidades. Así, "quisiera quitármelos de la espalda" podría ser representado haciendo que un auxiliar se cuelgue ligeramente de la espalda del protagonista. La sensación de aislamiento puede ser intensificada mediante el hecho de que la audiencia se aleje a cierta distancia, apagando las luces o con la técnica de *irrupción* (vea).

Congelar. (Vea *Corte de la acción.*)

Consumación de actos. Confirmación de la validez de las experiencias emocionales y de la sensación de elección activa del protagonista mediante el hecho de permitirle experimentar psicodramáticamente el cumplimiento de un deseo, la positiva resolución de un sueño o conflicto o la creación de la exitosa culminación de un plan frustrado o inhibido. Por ejemplo, una escena traumática o turbadora de la infancia podría ser redramatizada con cambios en los elementos: un coterapeuta u otro miembro del grupo adoptaría el rol de padre, madre o maestro "perfecto". Esta técnica ofrece una vía más directa a lo que Franz Alexander llamó *experiencia emocional correctiva,* sin que el terapeuta participe directamente en la gratificación de las necesidades del paciente. (Vea el capítulo 10.)

Contacto. Muchas representaciones psicodramáticas implican un grado variable de contacto físico: la colocación de un brazo sobre un hombro, un apretón de manos, un empujón o tirón. Estos modos de comunicación no verbal sumamente incitadores pueden ser consciente y juiciosamente empleados, e incluso exagerados.

Control remoto. El director entrega al protagonista un aparato invisible (o real) de control remoto para oprimir botones y emitir órdenes como "silencio", "pausa", "regresar", "avance rápido" o "volumen", las cuales equivalen a las técnicas psicodramáticas (descritas en este compendio) de *balbuceo, corte de la acción, teatro espontáneo, proyección futura* y *maximización dramática* (vea) (Combs, 1993).

Coro. Repetición por la audiencia o un subgrupo de auxiliares, previamente instruido para ello, de ciertas frases, como equivalente psicológico moderno del antiguo coro griego. La repetición de reproches obsesivos, dudas u otras expresiones angustiantes puede profundizar la experiencia del protagonista. Es posible emitir expresiones de apoyo cuando el proceso se dirige a una sana integración.

Corte de la acción. Interrupción del proceso de una dramatización si los participantes se desvían excesivamente de su rol; se bloquean y son incapaces de con-

tinuar; cada vez que el episodio llega a una conclusión, o cada vez que el director percibe la oportunidad de conducir el pensamiento a un nivel superior de creatividad mediante el empleo de un episodio o técnica diferentes. (El nombre de esta técnica se deriva de la expresión común "¡Corte!" de los directores cinematográficos.) Una vez dada la nueva instrucción, la dramatización continúa. Una orden similar, "Congelar", indica la necesidad de un ajuste menor. Es de suponer que los ejecutantes conservarán su posición física y emocional para reanudar la dramatización (excepto por el ajuste menor) como si nada hubiera ocurrido. Esta técnica es adecuada cuando el director cree que el protagonista corre el riesgo de enojarse en exceso y perder el control o cuando una escena se vuelve confusa y embrollada. De ser así, cabe la posibilidad de aplicar brevemente la técnica del *espejo* (vea); es decir, el abandono por el protagonista de una interacción para "salir" y reflexionar sobre estrategias opcionales.

Danza y movimiento. El protagonista puede ser alentado a, o tener permitido, ejecutar en una escena movimientos no acompañados por palabras a fin de expresar más plenamente una emoción o a manera de caldeamiento para una escena. Por cierto, en las décadas de 1940 y 1950, Marian Chace realizó sus precursoras labores de terapia de danza en coordinación con el programa de psicodrama del St. Elizabeth's Hospital de Washington (Levy, 1995). (Vea *Música, canto y ritmos.*)

Desarrollo del *self*. Descripción por el grupo de las cualidades del protagonista frente a éste, cuya única función es escuchar. El director detiene el ejercicio una vez que el grupo ha concluido, tras lo cual indaga las sensaciones del protagonista y el grupo. Todas las personas interesadas en este ejercicio deben disponer de igual oportunidad de experimentarlo (Feinberg, 1959).

Desrolamiento. Al concluir una dramatización, protagonista y auxiliares deben participar en un acto explícito de desidentificación con el rol ejecutado, consistente en ponerse de pie y sacudirse, caminar o realizar otra actividad relativamente intensa, y quizá también decirse, por ejemplo: "no soy la madre de Juan, soy María". No obstante, en ocasiones algunas personas desean conservar ciertos aspectos de un rol. El proceso de tránsito del rol de la dramatización al rol en el grupo puede ser centro temporal de atención y exploración activa (Rabson, 1979, pp. 35-37).

Diálogo dirigido. Experimentación por los miembros del grupo de varias maneras de emitir frases específicas (Emunah, 1983). Tras formar parejas, a cada persona le son asignadas una o dos oraciones, que dirá repetidamente con variaciones de tono de voz, expresión o gestos. Los enunciados podrían ser "tengo que irme" y "me gustaría que te quedaras", "lo deseo" y "no puedes tenerlo" o "tengo algo que decirte" y "no quiero oírlo".

Director. El facilitador de una dramatización. (Vea el capítulo 1.)

Distancia simbólica. Dramatización por el protagonista de un rol un tanto o muy diferente del de su vida real, el cual lo conduce gradualmente a éste. Esta técnica, con el uso de personajes de ficción, es particularmente valiosa cuando se trabaja con niños. Por ejemplo, un niño y una niña en tratamiento, que no tenían relación entre sí, estaban ansiosos por las representaciones por venir. Dramatizaron una variante improvisada de Hansel y Gretel, el hermano y la hermana que enfrentan el mundo. A partir de ahí, fueron capaces de generar escenas de proyección futura más realistas (Parrish, 1953).

Doble. Acercamiento al protagonista de un yo auxiliar, ya sea un codirector o un miembro del grupo, cuyo rol es funcionar como soporte en la presentación de la actitud o sentimientos de aquél. Esto equivale a la "voz en *off*" de las películas. Para poder serlo, el doble debe establecer antes un lazo de empatía con el protagonista. Por lo general se coloca a un lado y en ángulo respecto de éste, para poder emitir sus comunicaciones no verbales y formar con él un "frente unido". Ésta es una de las técnicas básicas más importantes del psicodrama (Leveton, 1991; Lousada, 1998).

Doble múltiple. Asignación al protagonista de dos o más dobles para la expresión de diferentes partes del *self*. Estas partes pueden representar diversos aspectos, como el *self* futuro, presente y pasado; el *self* "bueno" y "malo"; el padre, adulto y niño ideados por Eric Berne, o el "perro de arriba" o sometedor y el "perro de abajo" o sometido, de Fritz Perls (Z. Moreno, 1959).

Doble voluntario. Los miembros de la audiencia pueden ser alentados a –o tener permitido– participar como dobles en una dramatización con cuyo protagonista crean haberse identificado tan profundamente como para facilitar el proceso creativo. El doble voluntario puede permanecer en la acción hasta ser retirado por el director, o desvanecerse tan pronto como haya hecho su contribución (Torrance, 1978; Sachnoff, 1991).

Dramatización de sueños (u "onirodrama"). Los sueños son representados como si ocurrieran en el momento presente. Los auxiliares interpretan a otras figuras, tanto animadas como inanimadas. Los sueños inconclusos pueden ser terminados para aclarar temores y elegir una resolución afirmativa positiva (Moreno, 1958). El psicodrama es un vehículo ideal para la prolongación de sueños y fantasías dirigidas, con objeto de favorecer la experiencia interior. James Hillman nos ha invitado a "soñar la continuación del sueño" (1979) y Moreno declaró: "enseño a volver a soñar" (Leutz, 1986).

Ego múltiple. Uso por el protagonista de sillas vacías o posiciones en el escenario para representar diferentes partes del *self*, como conciencia y tentación. Después, desempeñando los diversos roles así separados en el espacio escénico, con o sin la ayuda de auxiliares, el protagonista hace que las partes presenten sus

posiciones y se encuentren entre sí. Técnica de gran utilidad para la concretación de conflictos internos (Blatner, 1985b, pp. 29-42).

Encuentro no verbal. Dos personas que deben conocerse de una nueva manera o resolver un conflicto menor se colocan en extremos opuestos de la habitación. Tras despojarse de anteojos y zapatos, caminan la una hacia la otra. Al encontrarse, pueden interactuar como deseen, respondiendo espontáneamente en el momento, pero sin palabras ni violencia. Interrumpen cuando sienten que han terminado. Después, las dos partes y el grupo comentan sus percepciones y sentimientos (Schutz, 1971).

Entrenamiento de roles. (Vea el capítulo 20.)

Erupción (o "círculo de presión"). Si el protagonista experimenta una sensación de opresión, los miembros de un grupo de seis a ocho personas, tomadas de los brazos, lo rodean con intención de no dejarlo escapar, mientras él intenta salir por cualquier medio no violento. El protagonista puede describir sus presiones particulares tal como las experimenta en la vida o simplemente como una sensación general de opresión. Si a un individuo le resulta difícil este tipo de interacción con personas, es posible emplear sillas para simbolizar el círculo de presión (Weiner y Sacks, 1981).

Escena de cuna. Todos los miembros del grupo (no más de 12 personas) viven la experiencia de ser bebés dulcemente arrullados y mecidos para dormir después de una agradable comida. Se tienden en el piso, si está alfombrado, o sobre colchonetas en una posición cómoda, quizá cubiertos con cobijas. El director y uno o dos asistentes hacen entonces un recorrido para palmear suavemente a los "durmientes", a los que dicen hipnóticamente cosas como "mamá adora al bebé, cuida de él, es precioso..." Luego de 10 minutos, el grupo despierta gradualmente: "el bebé se despierta, se mueve, se estira..." Por último, los participantes proceden al *desrolamiento* (vea). En esta variante de la hipnosis, son aplicables reglas similares a ésta. Los comentarios deben ser claros, confortantes y lentos (Twitchell-Allen, 1969).

Escena de juicio. Representación de un conflicto por el protagonista como escena en un tribunal. Los roles de fiscal, acusado, juez, abogado defensor, jurado y otros pueden tener significación simbólica. El juicio podría ocurrir en el más allá, con la perspectiva de condenación o perdón. La escena puede implicar a otras personas o sólo a partes claramente identificadas de uno mismo (Sacks, 1967).

Escena de muerte o dramatización de duelo. El protagonista habla con una persona significativa para él (interpretada por un auxiliar) que está en agonía o ya ha muerto y se encuentra en un ataúd, o representa a la persona muerta mientras los miembros del grupo le hablan. Técnica muy intensa que comúnmente

requiere un alto grado de caldeamiento del protagonista (Siroka y Schloss, 1968).

Escenario. (Vea el capítulo 1.)

Escenas de despedida. Estas escenas son útiles para poner fin a asuntos inconclusos y forman parte importante del trabajo de duelo (Blatner, 1985a, pp. 61-72). (Vea también *Escena de muerte* o *dramatización de duelo.*)

Escultura. Tipo de sociograma de acción. (Vea el capítulo 19.)

Espectrograma. (Vea el capítulo 18.)

Espejo. El protagonista cede su sitio a un auxiliar para observar la redramatización (replay) por éste del rol que él mismo acaba de interpretar, como si se tratara de una reproducción en videocinta. Eficaz procedimiento de confrontación, el empleo de esta técnica debe ser moderado. El protagonista no debe ser objeto de caricaturización (Torrance, 1978).

Fantasía dirigida. El protagonista o grupo se relaja para escuchar una fantasía general, como un viaje marítimo o por el propio cuerpo o la exploración de un extraño y enorme edificio. Los temas generales fungen como marcos de referencia para la operación del subconsciente en la creación de imágenes específicas, las que a menudo poseen significación simbólica cuando más tarde los participantes reflexionan en ellas. Técnica útil para el caldeamiento o el cierre (Samuels y Samuels, 1975, pp. 181-207). Como lo señalé en el capítulo 13, las técnicas psicodramáticas pueden ser modificadas para ayudar al protagonista a interactuar más significativamente con imágenes.

Fotografía. Ejercicio de caldeamiento que consiste en que el director pida a los miembros del grupo recordar una fotografía de un momento importante de su vida. Esta técnica es un tipo de test proyectivo; un miembro del grupo podría representar su escena fotográfica en forma de *escultura* (vea) o sociograma de acción. Como en el caso de un sueño, a las personas o cosas participantes en la escena sería posible dotarlas de una voz imaginaria, lo que da lugar a la adicional exploración de algunos de los temas surgidos de la experiencia.

Hipnodrama. Representación de un psicodrama después de inducir un leve estado de trance en el protagonista, e incluso en el grupo. Esta técnica demanda del terapeuta un adecuado entrenamiento en hipnoterapia (Greenberg, 1977, pp. 231-303).

Idealizaciones. Representación por el protagonista del *self* ideal, rol desde el cual podría dialogar con otras partes de su identidad. La otra persona ideal –como padre, madre, hijo o pareja– puede ser creada mediante la *realidad suplementaria* (vea), usualmente para realizar una escena de *consumación de actos* (vea). Por ejemplo, un protagonista puede convertirse en su padre ideal o experimentar a

una madre o padre ideal para asignárselos. Una mecedora suele ser útil en estas escenas.

Identidad. El protagonista elige a dos auxiliares, uno de los cuales lo representará mientras que el otro representará su "identidad negativa" bajo la forma de una persona a la que desprecia, odia o que sencillamente le desagrada. (Otra opción es comparar el sentido presente que tiene de sí mismo con su *self* ideal.) Después el protagonista menciona diferencias o semejanzas esenciales entre ambas identidades; si menciona una diferencia, los dos auxiliares, colocados inicialmente espalda con espalda en el centro de la habitación, dan cada cual un paso al frente; si menciona una semejanza, retroceden un paso.

Una técnica similar permite aclarar y reducir fenómenos transferenciales. Si el protagonista trata a su esposa como si fuera su madre, al terapeuta como su ministro y a sí mismo como su padre, por ejemplo, los dos auxiliares –en representación de dos de aquellas figuras y separados esta vez en extremos de la habitación– darán un paso para acercarse por cada semejanza entre las figuras mencionadas por el protagonista, y un paso para alejarse por cada diferencia (Miller, 1972).

Iluminación. Luces de colores y atenuadores dan mayor eficacia a muchas dramatizaciones. Ciertas escenas adquieren mayor intensidad al ser dramatizadas bajo luz roja (infierno, enojo), luz ámbar (un suceso lánguido o desagradable), luz azul (introspección, cielo, ensueño, depresión), relativa oscuridad (vergüenza, intimidad, aislamiento), luz verde (envidia, decepción), etcétera. El protagonista debe solicitar el tipo de luz que desea. La hora del día y el recinto también influyen en la determinación de la iluminación. (Por beneficiosa que pueda ser, la utilería teatral no es indispensable en psicodrama, como tampoco un escenario formal. [Vea *Escenario.*]).

Impacto psicodramático. Sin ser advertido de ello, el protagonista es enfrentado de súbito a una situación de intensa carga emocional, para lo cual es indispensable que el grupo haya pasado previamente por una activa etapa de caldeamiento. Esta técnica –la cual requiere, desde luego, un alto nivel de habilidad y juicio, así como suficiente tiempo para elaborar y alcanzar la integración– resulta útil cuando es preciso que el protagonista enfrente una situación dolorosa, como un trauma de guerra, una demanda de divorcio, la noticia de una muerte o la reaparición de una experiencia psicótica (es decir, una alucinación o delirio). Dado que consiste en la redramatización (replay) de una escena traumática hasta hacerla perder su poder negativo, este procedimiento es un tipo de "terapia implosiva" y descondicionamiento. La escena real en la que una mujer deseó la muerte a su padre tras haberse molestado ásperamente con él, y que le atormentaba en lo profundo pues su padre efectivamente murió, fue redramatizada de forma repetida para permitir que aquélla la integrara a su vida (Z. Moreno, 1966).

In situ **(o "psicodrama no planeado").** Moreno postuló la aplicación del psicodrama en la situación misma en que surgen los problemas, ya sea en el hogar, el patio escolar, el trabajo o la calle. Tal aplicación es especialmente eficaz en campamentos, centros de tratamiento u hospitales psiquiátricos en los que sea empleado el método de comunidad terapéutica.

Intensificación. Los sentimientos pueden ser intensificados y explicitados con varias técnicas, como el eco o repetición del mensaje principal de una situación o de la expresión verbalizada de un sentimiento, la colocación del cuerpo del protagonista según la forma de su sentimiento o la localización de éste en el cuerpo (Goldman y Morrison, 1984). Yo intensifico en ocasiones un sociograma de acción haciendo que las personas que forman parte del átomo social del protagonista lo rodeen y converjan lentamente en él, mientras pronuncian el mensaje particular de éste. Si el propósito es que el protagonista concretice una sensación de opresión o tormento, los auxiliares podrán tirar de él, picotearlo o presionarlo repitiendo el mensaje en forma aún más insistente y con voz más alta, hasta que se sienta abrumado y experimente una catarsis emotiva que lo prepare para el trabajo adicional hacia la integración.

Inversión de roles (o "cambio de roles"). Intercambio de roles entre los principales participantes en una interacción, para trascender las habituales limitaciones del egocentrismo. Esta técnica es indicada cuando resulta conveniente que el protagonista empatice con el punto de vista de la otra persona, aunque también puede ser útil para la preparación de una escena y el caldeamiento de un auxiliar. Al invertir roles, el protagonista actúa a la manera de la otra persona participante en la escena, dando así señales no verbales al auxiliar para que la escena representada sea lo más fiel posible a la experiencia del protagonista (Carlson-Sabelli, 1989).

Irrupción (o "entrada al círculo"). Vigoroso (aunque no violento) intento del protagonista por introducirse en el círculo formado por seis a ocho miembros del grupo, fuertemente enlazados entre sí, para representar sus esfuerzos por combatir la sensación de aislamiento o por manifestar sus sentimientos internos (Weiner y Sacks, 1981).

Juego de roles o *role playing*. (Vea el capítulo 20.)

Máscaras. Las máscaras proporcionan aún mayor distancia de roles y agudizan la sensación de que es el rol y no la persona quien está activo en la situación; son, así, ideales para el sociodrama. En un nivel personal, Landy (1985) propuso que el protagonista se prepare confeccionando ritualmente cuatro máscaras de yeso recubiertas de gasa en su interior y basadas en la configuración de su rostro, y moldeándolas o decorándolas después para que representen al *self,* sus padres y un hermano o hermana y sirvan de vehículo para un encuentro de sociograma de acción modificado, en el que cada figura, interpretada por el protagonista,

será "entrevistada" e intervendrá más tarde en un encuentro dramatizado. El uso de máscaras es una síntesis de arte y psicodrama.

Maximización. Palabras emitidas en voz baja por el protagonista son repetidas en voz alta por un doble o el director; esto es útil en particular en grupos relativamente grandes (Ossorio y Fine, 1960). Otra versión consiste en alentar al protagonista a repetir con mayor intensidad lo que haya dicho en voz baja y/o a decir más acerca de una idea o sentimiento dados. A veces el *doble* (vea) colabora en este proceso.

Monodrama. Ejecución por el protagonista de todos los roles de la dramatización. Esta técnica tiene varias ventajas: acceso al punto de vista del protagonista, incorporación a la terapia individual por no ser precisa la participación de auxiliares y posibilidad de ampliar la perspectiva del protagonista a través de la inversión de roles. Su aplicación suele implicar el uso de varias sillas vacías, entre las que el protagonista se desplaza al adoptar un rol diferente. La mayor desventaja de esta técnica es la ausencia de la estimulación que puede provenir de la conducta del auxiliar. Fritz Perls basó en este método una técnica similar de la terapia gestáltica. (Vea también *Psicodrama à deux.*)

Mundo auxiliar. Estructuración del grupo, e incluso del ambiente, para recrear la experiencia fenomenológica del protagonista. Zerka Moreno refirió el caso de un paciente que, en su delirio, decía ser Jesucristo; varios auxiliares, interpretados por coterapeutas y empleados de la clínica, representaron los roles de discípulos y figuras similares. El protagonista llevó a cabo varios rituales hasta olvidar la necesidad de permanecer invariablemente en ese rol.

Música, canto y ritmos. Numerosas actividades y técnicas relacionadas con estas expresiones artísticas pueden ser usadas como caldeamiento o cierre. (Vea también *Danza y movimiento.*)

No violencia. Es precepto fundamental del psicodrama que los miembros del grupo no se causen ningún daño físico entre sí. En cuanto que modalidad de acción, el psicodrama puede implicar expresiones verbales y físicas de sentimientos o fantasías de violencia. Director y miembros del grupo deben asumir la responsabilidad de canalizar esos sentimientos hacia actividades que permitan expresarlos simbólicamente, como golpear (o golpear a los demás con) colchones, almohadas o cojines de hule espuma. Llegado el caso, el director pedirá a los participantes despojarse previamente de anteojos, zapatos y alhajas, para dar así seguridades a todos los participantes de que nadie resultará dañado. Con este mismo propósito han sido ideadas también otras técnicas, como la actuación en *cámara lenta* (vea) para mantener la intensidad del protagonista y proteger al mismo tiempo la integridad de las demás personas.

Nombramiento de roles. El solo hecho de asignar un nombre a un rol puede ser de gran utilidad. (Vea el capítulo 17.)

Pecera. El grupo se divide en dos subgrupos, uno de los cuales se sienta en círculo "dentro" de la "pecera" para realizar una tarea o conversación, mientras que el otro se sienta "fuera" y observa la dinámica. (Los subgrupos pueden intercambiar posiciones en una segunda parte del ejercicio.) Las personas de afuera también podrían actuar como dobles de las de adentro.

Persona auxiliar. Miembro del grupo que adopta un posible rol, entrando y saliendo del escenario. El director dice al protagonista: "He aquí una persona importante en su vida; podría ser de cualquier sexo y edad. Interactúe con ella como desee". Actividad de caldeamiento similar a la *silla vacía* (vea); sin embargo, la interacción con el auxiliar es directa y, por lo tanto, más dinámica. En una dramatización específica, por ejemplo, el protagonista vio en la persona auxiliar a un hermano suyo muerto en Vietnam, lo cual fue sucedido por un proceso psicodramático de trabajo de duelo (Branham, 1975).

Personificación. Cosas e incluso conceptos o cualidades abstractos pueden ser interpretados como roles, como si estuvieran vivos y tuviesen sentimientos e ideas. Así, el escritorio del protagonista podría explicar en qué medida o de qué manera se siente utilizado. Esta técnica es una aplicación de la idea "si las paredes hablaran…" El rol de un objeto como el sillón de la sala o mascota del protagonista transmite proyecciones de la mente de éste. También pueden ser imaginados intenciones y sentimientos de un dolor de cabeza, dolor de brazo o tumor, o de cualquier otra parte del cuerpo. Un rol especialmente interesante es el del "otro generalizado", esto es, lo que "ellos" piensan, todos aquellos que son imaginados como observadores de uno mismo.

Protagonista. (Vea el capítulo 1.)

Protagonistas múltiples. El psicodrama puede servir para catalizar encuentros más auténticos y generar una creativa resolución de problemas entre varias personas, como miembros de una familia o de un grupo reducido. En este sentido, Moreno hacía "terapia conjunta" (antecedente de la terapia familiar) en la década de 1930. Las habilidades de terapia familiar orientadas a sistemas activos están estrechamente relacionadas con las necesarias para la dirección de grupos de psicodrama. (Vea también *Psicodrama de familia, Sesión de doble protagonista.*)

Proyección futura. Creación de una escena específica ubicada en el futuro, la cual puede incluir subescenas relativas al resultado más deseable, el suceso más temido, una reacción exagerada o una expectativa realista o permitir únicamente la exploración de algunas dimensiones de una situación por venir. En el *entrenamiento de roles* (vea), esta técnica ofrece la oportunidad de ensayar y realizar una práctica de conducta (Yablonsky, 1954).

Psicodrama bipersonal (o monodrama). En la terapia bipersonal pueden ser utilizados métodos psicodramáticos, caso en que el terapeuta desempeña los roles

de director y doble y otros roles auxiliares. Algunos terapeutas gestálticos proceden justo de esta manera (Vander May, 1981; Casson, 1997).

Psicodrama alucinatorio. Representación por los pacientes de los fenómenos de sus alucinaciones o delirios, a la manera de la *dramatización de sueños* (vea). Las "voces" son personalizadas y elaboradas, y explorados resultados opcionales (Moreno, 1958). El uso de esta técnica precisa de buen juicio clínico.

Psicodrama ensayado. En poder de un tema creativo, ocasionalmente un protagonista podría interesarse en presentar una escena o serie de escenas basadas en o relacionadas con su vida. Así, podría adaptar una pieza literaria o un fragmento de una obra teatral, o escribir, dirigir, ensayar y actuar una pieza dramática propia (o escena, en caso de que sea muy breve), con la ayuda de facilitadores profesionales. Tales elementos podrían ser trabajados o explorados con métodos psicodramáticos. Aunque el mismo Moreno se permitió cierto grado de ensayos y actividades de planeación en la década de 1940, en el psicodrama impera la insistencia en la improvisación. No obstante, los terapeutas de drama recurren a veces al arte representativo personal como vehículo terapéutico, lo que indica la posibilidad de síntesis creativas entre estos métodos.

Psicodrama filmado. La experiencia psicodramática en videocinta supone participar en una dramatización, ver la cinta correspondiente y redramatizar las partes del psicodrama que deban ser trabajadas. (Moreno también recurrió a grabaciones y filmaciones para que los pacientes se escucharan o vieran, experiencia de utilidad como ejercicio de caldeamiento para exploraciones adicionales.) (Heilveil, 1983; Lee, 1981.)

Psicodrama no planeado. (Vea *In situ.*)

Psicodrama planeado. El psicodrama es susceptible de varios niveles de planeación: concertación de una sesión o programación a intervalos regulares, planeación de ciertos elementos de un psicodrama futuro –el terapeuta podría acordar con un paciente trabajar sobre un asunto particular en la siguiente sesión, con el consentimiento del grupo; si será abordado un trauma, deberá especificar las protecciones por brindar al paciente para evitar la repetición del trauma– y decisión entre paciente, terapeuta y director de detalles como la situación de la primera escena de la dramatización o la selección de auxiliares que inspiren confianza al paciente. Pese a la planeación de algunos elementos, resta aún mucho margen para el desarrollo espontáneo de la dramatización. En el caso de pacientes vulnerables, conviene planear también procedimientos posteriores a la dramatización, para garantizar que dispongan de asistentes capaces de tratar los sentimientos persistentes, las repercusiones de una experiencia intensa o catártica.

Psicodrama de familia. El terapeuta o director trabaja con los miembros de la familia inmediata o extensa usando la inversión de roles, proyección futura y cualesquiera otras técnicas psicodramáticas apropiadas. Los miembros de la

familia aprenden a servir como auxiliares. Este método implica enseñar a la familia las habilidades de inversión de roles como medio para generar un interés personal empático y tiene grandes beneficios para los participantes. Las técnicas psicodramáticas pueden ser magníficos instrumentos de diagnóstico, terapéuticos y pedagógicos, lo que incrementa significativamente la eficacia de la terapia familiar (Blatner, 1994; Remer, 1986; Williams, 1998). El psicodrama también es muy útil en la terapia de múltiples grupos familiares.

Realidad suplementaria. (Vea el capítulo 9.)

Realización simbólica. Dramatización de situaciones simbólicas. Por ejemplo, si el protagonista se siente abrumado por sus problemas, uno o dos auxiliares podrán colgarse ligeramente de su espalda. Si se siente aislado o atrapado, podrá llevar a cabo el ejercicio de *irrupción* (vea) o *erupción* (vea), con objeto de relacionarse con un grupo de auxiliares en un pequeño círculo.

Redramatización (replay). Cualquier escena puede ser redramatizada con alteraciones, para experimentar un alivio, un final feliz, una estrategia interpersonal más eficaz, una respuesta desensibilizada a una situación temible o un resultado similar. Las variantes pueden afectar el escenario, a los participantes y la conducta del protagonista o de otra persona. Sin embargo, es preferible aplicarlas una por una.

Representación de roles. El protagonista puede representar cualquier rol, inclusive el de un objeto inanimado. Así, un escritorio podría decir a su dueño que se siente descuidado, o un sillón referir a una pareja sus percepciones sobre su comportamiento de cortejo. De igual manera, mascotas, figuras de sueños, hijos que nunca fueron concebidos ni nacieron, jueces celestiales y otros roles pueden adquirir realidad psicológica en un psicodrama.

Role taking. Acto de encarnar un rol particular, por lo general ajeno a la vida ordinaria personal, con base en una definición estricta o amplia de su ejecución. Cuando una persona empeña un alto grado de espontaneidad, este proceso se convierte en *creatividad de roles* (término que en psicología social, sin embargo, entraña algo más que la inversión de roles).

Rol sustituto. Si el protagonista no está dispuesto a representarse a sí mismo, puede encarnar el rol de otra persona relacionada con su situación. Por ejemplo, una mujer de mediana edad, víctima de una profunda depresión, consintió en representar a su madre, quien había abierto una casa de huéspedes muchos años atrás. Se sintió tan a gusto en ese rol que parecía disfrutar de su estancia en el escenario. Durante la tercera sesión, la paciente se topó con el hecho de que uno de los inquilinos era promiscuo. Esta historia era también su propia historia. En su juventud, aún soltera, un embarazo no deseado había terminado en aborto. Habiendo llegado ya a la mediana edad, ese incidente le atormentaba, pues creía que, tarde o temprano, su esposo e hijos lo descubrirían y dejarían de amarla.

Cuando todo esto salió a la luz en el psicodrama, pudo darse cuenta, mediante la inversión de roles y la retroalimentación de la audiencia, de que en realidad estaba segura del amor de su familia (Parrish, 1953).

Secretos compartidos. Tras escribir un secreto en una papeleta, cada miembro del grupo –que no debe exceder de nueve personas– lo deposita en un recipiente, luego de lo cual extrae al azar una papeleta ajena. Después de leer el secreto, cada persona elabora sobre él por uno o dos minutos como si fuera suyo. Esta técnica es útil como caldeamiento, para fortalecer la cohesión grupal y como método para el desarrollo de empatía (Yalom, 1995, pp. 6-7, nota al calce).

Sentimientos móviles. Si el protagonista está bloqueado en sus emociones, el director podrá ayudarle a identificar la fuente de su tensión. Si ésta procede de una parte del cuerpo que no es posible poner en acción, el director sugerirá desplazar los correspondientes sentimientos a una más expresiva. Por ejemplo, la sensación de enojo en el estómago puede ser convertida en sensación de enojo en los puños, y la de lágrimas en el corazón en lágrimas en los ojos (Goldman y Morrison, 1984).

Sesión de doble protagonista. Una relación puede ser explorada con la participación de las dos personas involucradas: un matrimonio, paciente y enfermera, padre e hijo, etcétera. (Vea también *Protagonistas múltiples.*)

Silla alta. Colocación del protagonista o auxiliar en una plataforma, silla alta o balcón. De ser colocado así el protagonista, esto podrá infundirle valor para hacer aserciones de sí mismo de manera más confiada; en el caso de la elevación del auxiliar, el protagonista puede experimentar el hecho de dirigirse a una figura de autoridad.

Silla auxiliar. (Vea *Silla vacía.*)

Silla vacía (o "silla auxiliar"). Representación por una silla desocupada (no por un auxiliar) de la figura complementaria de la dramatización de un protagonista. Esto permite una expresión más espontánea de sentimientos agresivos o dulces, dependiendo de la composición del grupo o de la dificultad para el protagonista de trabajar con otra persona (Lippitt, 1958). Técnica invaluable en un contexto terapéutico bipersonal, ha sido incorporada como parte integral de la terapia gestáltica.

Silla vacía final. Durante la fase de *sharing* de un psicodrama, miembros de la audiencia pueden experimentar reacciones similares a las de los roles principales de la dramatización. Para completar su "catarsis de espectador", realizan entonces una minidramatización, para encontrarse con figuras del drama del protagonista original y/o figuras de su propia vida. La dramatización puede ser iracunda, triste o de reconciliación e incluir o no inversión de roles con la persona que "ocupa" la silla vacía (Speros, 1972).

Sociodrama. (Vea el capítulo 20.)

Sociometría. Método ideado por Moreno para evaluar ciertos aspectos de las relaciones interpersonales en un grupo. (Vea los capítulos 18 y 19.)

Sociometría en acción. (Vea el capítulo 19.)

Sociometría instantánea. Luego de algunas actividades de caldeamiento de acción general, los miembros de un grupo numeroso miran a su alrededor en busca de su "familia". La indicación previa es formar un grupo familiar. El resultado es fuente de conversación y dramatización.

Soliloquio. Manifestación a la audiencia por el protagonista de sentimientos e ideas que normalmente mantendría ocultos o suprimidos (el equivalente de la técnica cinematográfica de "voz en *off*"). El protagonista dramatiza una escena en la que –mientras realiza una acción solitaria como caminar por su casa, descansar después de un día agitado o preparase para un acontecimiento en el futuro próximo– da expresión verbal a la corriente interior de su conciencia. Esto podría implicar consejos o palabras de aliento a sí mismo, una reminiscencia, la revisión de un resentimiento o un reproche autocrítico. Entre las variantes están que el protagonista monologue con un doble mientras dan un paseo, hable con un auxiliar en el rol de mascota o convierta su diálogo interior en un encuentro con una silla vacía o con un auxiliar que represente a un *self* futuro más sabio (Z. Moreno, 1959).

Status nascendi. Término utilizado por Moreno en referencia al momento de una situación en la que los elementos dinámicos aún están fundidos unos con otros, están siendo tomadas las decisiones clave y ocurren los acontecimientos cruciales. El propósito es abordar esos acontecimientos clave, porque son las escenas con el mayor potencial de revisión creativa. Así, una instrucción útil en un psicodrama es "muéstrenos una ocasión en que las cosas hayan sido distintas", antes de sucedidos ciertos cambios o tomadas ciertas decisiones. En un psicodrama, la escena de referencia suele ser la tercera o cuarta de una serie.

Técnicas no verbales. Durante un psicodrama, danza, música, pantomima, tacto y otros medios de empleo de la dimensión de la comunicación no verbal son vehículos eficaces para eludir los patrones verbales habituales de defensa y retraimiento. (Vea también *Danza, Música, canto y ritmos* y *Tacto.*)

Teléfono. Este objeto puede inducir un alto grado de interacción, especialmente en adolescentes. Como está desconectado, es posible hacer o recibir todo tipo de llamadas sin repercusiones. La simple disposición de uno o dos teléfonos y la activación de una audiocinta oculta con la grabación del sonido de una campana pueden poner en marcha la acción (Emunah, 1985).

Tests situacionales. Invitación a los miembros del grupo, tras la dramatización de una situación, a mostrar cómo la enfrentarían. Otra opción consiste en que

una persona salga de la habitación mientras las demás montan una escena en la que, a su regreso, aquélla deberá adoptar el rol de protagonista.

Tienda mágica. Uno por uno, los miembros del grupo negocian con un "tendero" que puede concederles la realización de su mayor deseo. Para crear un ambiente más adecuado, conviene representar escenográficamente el misterioso lugar y hacer una demostración de los mágicos poderes del tendero. La audiencia puede juzgar el grado de justicia poética de las negociaciones o intercambios (Barbour, 1992; Blatner, 1996, pp. 48-49).

Títeres. Estos objetos son útiles como recursos en el caldeamiento del grupo. Un protagonista puede utilizarlos para presentar algunos elementos de una situación.

Utilería. Es recomendable, aunque no indispensable, disponer en las sesiones de psicodrama de utilería como sillas ligeras, una pequeña mesa, cuadernos, cobijas, almohadas, cojines de hule espuma, una mecedora, una cuerda (para representar "el lazo que nos ata" en una relación embrollada), una base sólida sobre la cual pararse, etcétera. Estos accesorios permiten mantener el estado de no violencia, favorecen la dramatización y facilitan el caldeamiento del protagonista. (Vea también *Teléfono, Títeres, Iluminación,* etcétera.)

Yo auxiliar (o yo auxiliares). Los ejecutantes de apoyo en una dramatización. (Vea el capítulo 1.)

Yo auxiliar reformado. Después de explorar la situación del protagonista y suscitar la catarsis asociada con el descubrimiento del dolor de una necesidad insatisfecha, a veces es útil ofrecer una experiencia emocional correctiva. Tras haber representado a un padre severo o deprimido, por ejemplo, el auxiliar recibe la indicación de redramatizar el rol en forma más amable, respetuosa, empática o sustentadora. Lograr que el protagonista identifique qué conductas podrían retribuir su necesidad insatisfecha contribuye a la experiencia general de insight (Sacks, 1970).

Referencias

Barbour, Alton, "Purpose and Strategy Behind the Magic Shop", *Journal of Group Psychotherapy, Psychodrama and Sociometry,* vol. 45, núm. 3, 1992, pp. 91-101.

Blatner, Adam, "The Principles of Grief Work", en *Creating Your Living,* ed. de autor, San Marcos, 1985a, pp. 61-72.

—, "Psychodramatic Approaches to Personal Growth", en *Creating Your Living,* ed. de autor, San Marcos, 1985b, pp. 29-42.

—, "Psychodramatic Methods in Family Therapy", en C. E. Schaefer y M. Watson (eds.), *Family Play Therapy,* Jason Aronson, Northvale, 1994.

—, *Acting-in: Practical Applications of Psychodramatic Methods,* Springer, Nueva York, 1996.

Branham, Eye Fechin, comunicación personal, 1975.

Carlson-Sabelli, Linnea, "Role-reversal: A Conceptual Analysis", *Journal of Group Psychotherapy, Psychodrama and Sociometry,* vol. 41, núm. 4, 1989, pp. 139-152.

Casson, John, "Psychodrama in individual psychotherapy", *The British Journal of Psychodrama and Sociodrama,* vol. 12, núm. 1-2, 1997, pp. 3-20.

Combs, Linda, "Psychodrama by remote control", *Journal of Group Psychotherapy, Psychodrama & Sociometry,* vol. 46, núm. 2, 1993. pp. 75-76.

Corsini, Raymond J., "The 'behind your back' technique in psychodrama", *Group Psychotherapy,* núm. 6, 1953, pp. 102-109.

Emunah, Renée, "Drama therapy with adult psychiatric patients", *The Arts in Psychotherapy,* núm. 10, 1983, pp. 77-84.

—, "Drama therapy and adolescent resistance", *The Arts in Psychotherapy,* núm. 12, 1985, pp. 71-79.

Enneis, James M., "Establishing a psychodrama program", *Group Psychotherapy*, vol. 5, núm. 2, 1952, pp. 111-119.

Feinberg, Henry, "The ego building technique", *Group Psychotherapy*, vol. 12, núm. 3-4, 1959, pp. 230-235.

Goldman, Elaine y Delcy Schram Morrison, *Psychodrama: Experience and process,* Eldemar, Phoenix, 1984.

Greenberg, Ira A. (ed.), *Group hypnotherapy and hypnodrama,* Nelson-Hall, Chicago, 1977.

Heilveil, Ira, *Video in mental health practice: An activities handbook,* Springer, Nueva York, 1983.

Hillman, James, *Dreams and the underworld,* Harper & Row, Nueva York, 1979.

Kipper, David, *Psychotherapy through clinical role playing,* Brunner/Mazel, Nueva York, 1986.

Landy, Robert. "The image of the mask: Implications for theatre and therapy", *Journal of Mental Imagery,* vol. 9, núm. 4, 1985, pp. 43-56.

Lee, Richard H., "Video as adjunct to psychodrama and role playing", en Jerry L. Fryrear y Bob Fleshman (eds.), *Videotherapy in mental health,* Charles C. Thomas, Springfield, 1981, pp. 121-145.

Leutz, Gretel, "The psychodramatic treatment of dreams", *Group Analysis,* núm. 19, 1986, pp. 139-146.

Leveton, Eva, "The use of doubling to counter resistance in family and individual treatment", *The Arts in Psychotherapy,* vol. 18, núm. 3, 1991, pp. 241-249.

Levy, Fran (ed.), *Dance and other expressive art therapies: When words are not enough,* Routledge, Nueva York, 1995.

Lippitt, Rosemary, "Auxiliary chair technique", *Group Psychotherapy,* vol. 11, núm. 1-2, 1958, pp. 8-23.

Lousada, Olivia, "The three-layered cake, butter with everything", en M. Karp, P. Holmes y K. Bradshaw-Tauvon (eds.), *Handbook of psychodrama,* Routledge, Londres, 1998, cap. 12.

Miller, Donnell, "Psychodramatic ways of coping with potentially dangerous situations in psychotic and non-psychotic populations", *Group Psychotherapy and Psychodrama,* vol. 25, núm. 1-2, 1972, pp. 57-68.

Moreno, J. L., "Rules and techniques of psychodrama", en Jules H. Masserman y J. L. Moreno (eds.), *Progress in psychotherapy*, vol. 3, Grune & Stratton, Nueva York, 1958, pp. 86-132.

Moreno, Zerka T., "A survey of psychodramatic techniques", *Group Psychotherapy,* núm. 12, 1959, pp. 5-14.

—, "Psychodramatic rules, techniques, and adjunctive methods", *Group Psychotherapy,* núm. 18, 1966, pp. 73-86.

Ossorio, Abel G. y Leon Fine, "Psychodrama as a catalyst for social change in a mental hospital", en J. Masserman y J. L. Moreno (eds.), *Progress in psychotherapy,* vol. 5, Grune & Stratton, Nueva York, 1960, pp. 121-131.

Parrish, Marguerite, "Psychodrama: Description of applications and review of techniques", *Group Psychotherapy,* vol. 6, núm. 1-2, 1953, pp. 74-77.

Rabson, June S., *Psychodrama: Theory and method,* University of Cape Town, Department of Sociology, Cape Town, 1979.

Remer, Rory, "Use of psychodramatic intervention with families: Change on multiple levels", *Journal of Group Psychotherapy, Psychodrama, & Sociometry,* vol. 39, núm. 1, 1986, pp. 13-30.

Sachnoff, Elaine Ades, "Why and when to use 'hit and run' doubling", *Journal of Group Psychotherapy, Psychodrama & Sociometry,* vol. 44, núm. 1, 1991, pp. 41-43.

Sacks, James M., "The judgment technique in psychodrama", *Group Psychotherapy,* vol. 18, núm. 1-2, 1967, pp. 69-72.

—, "The reformed auxiliary ego technique: A psychodramatic rekindling of hope", *Group Psychotherapy,* núm. 23, 1970, pp. 118-126.

—, "The letter", *Group Psychotherapy and Psychodrama,* vol. 27, núm. 3-4, 1974, pp. 184-190.

Samuels, Mike y Nancy Samuels, *Seeing with the mind's eye: The history, techniques and uses of visualization,* Random House/The Bookworks, Nueva York, 1975.

Schutz, Will, *Todos somos uno. La cultura de los encuentros,* Amorrortu, Buenos Aires, 1971.

Siroka, Robert y Gilbert A. Schloss, "The death scene in psychodrama", *Psychotherapy: Theory, Research, and Practice,* núm. 5, 1968, pp. 355-361.

Speros, Tom, "The final empty chair", *Group Psychotherapy,* vol. 25, núm. 1-2, 1972, pp. 32-33.

Torrance, E. Paul, "Sociodrama and the creative process", en Frederick Flach (ed.), *Creative psychiatry,* Geigy Series núm. 14, Geigy Pharmaceuticals, Ardsley, 1978.

— y Jeanne A. Wright, "Sociometric audience technique as a device for maximizing creativity in problem solving in large groups", *Creative Child & Adult Quarterly,* vol. 12, núm. 3, 1987, pp. 147-151.

Treadwell, Thomas, Steven Stein y V. K. Kumar, "A review of psychodramatic warm-up techniques for children, adolescents and adults", *Journal of the British Psychodrama Association,* vol. 3, núm. 1, 1988, pp. 5-18.

—, "A survey of psychodramatic action and closure techniques", *Journal of Group Psychotherapy, Psychodrama & Sociometry,* vol. 43, núm. 3, 1990, pp. 102-115.

Twitchell-Allen, Doris, "The crib scene: A psychodramatic exercise", *Psychotherapy: Theory, Research, and Practice,* núm. 6, 1969, pp. 206-208.

Vander May, James H., *Psychodrama à deux,* ed. de autor, Grand Rapids, 1981 (6207 Eastridge Dr, Hudsonville MI 49426).

Weiner, Hannah B. y James M. Sacks, "Warm-up and sum-up" *Group Psychotherapy,* vol. 22, núm. 1-2, 1969, pp. 85-102.

—, "Return from 'splendid isolation'", en Richard Courtney y Gertrud Schattner (eds.), *Drama in therapy,* vol. 2, Drama Book Specialists, Nueva York, 1981, pp. 129-156.
Williams, Antony, "Psychodrama and family therapy –What's in a name?", *International Journal of Action Methods,* vol. 50, núm. 4, 1998, pp. 139-165.
Yablonsky, Lewis, "The future-projection technique", *Group Psychotherapy,* vol. 7, núm. 3-4, 1954, pp. 303-305.
Yalom, Irvin, *Theory and practice of group psychotherapy,* 4a. ed., Basic Books, Nueva York, 1995.

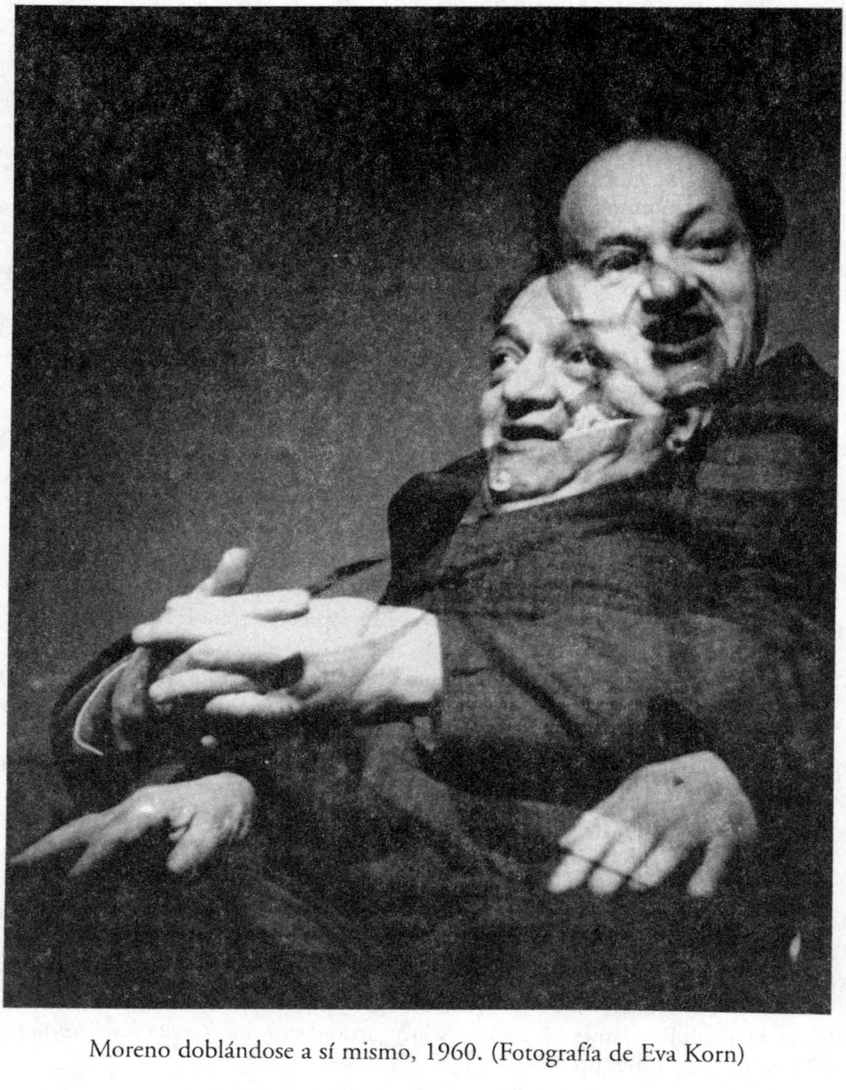

Moreno doblándose a sí mismo, 1960. (Fotografía de Eva Korn)

Bibliografía general

El propósito de esta sección es complementar las referencias incluidas en el texto. Las referencias de libros sobre temas específicos, como los de Fox acerca del teatro de Playback, aparecen al final del capítulo respectivo. En las últimas décadas ha surgido una extensa bibliografía especializada en psicodrama y temas afines. Tanto en mi libro *El psicodrama en la práctica* como en las anteriores ediciones de este volumen intenté ofrecer referencias debidamente puestas al día. Sin embargo, esa tarea implicó una labor de edición bibliográfica, para la eliminación de artículos anticuados y textos fuera de circulación. Los interesados pueden consultar el libro del doctor James Sacks (1995, 1999) citado en esta sección; a partir de información acumulada tanto por él mismo como por otros autores, Sacks publicó en 1995 la bibliografía sobre psicodrama más completa hasta la fecha (la cual actualizó en 1999). También incluí en este apartado varios libros sobre terapia de drama (o *dramaterapia*, según su denominación en Inglaterra), a causa de la semejanza de esa disciplina con el psicodrama –y pese a las menores diferencias entre ambas–, a fin de que los lectores puedan disponer de una más amplia apreciación de las numerosas dimensiones de la teoría fundamental que sirve de base al psicodrama.

Publicaciones periódicas estadounidenses

La mayoría de los artículos sobre psicodrama publicados hasta ahora en Estados Unidos han aparecido en las revistas que fundó J. L. Moreno, las cuales han cambiado de nombre varias veces.

Los primeros volúmenes de *Sociometry: A Journal of Interpersonal Relations* (vols. 1-18, 1937-1956) contienen los artículos en los que Moreno expuso sus ideas básicas, así como colaboraciones sobre actividades relacionadas con el psicodrama, terapias de artes expresivas, terapia familiar y otras áreas ajenas a la sociometría. Esta revista fue cedida a la American Sociological Association en

1956, fecha a partir de la cual se convirtió en publicación de ciencias sociales de índole más académica.

No obstante, Moreno siguió publicando textos sobre sociometría y otros temas, y editó además el *International Journal of Sociometry* (vols. 1-5, 1956-1968) y el *Handbook of International Sociometry* (vols. 6-8, 1971-1973).

Moreno fundó después otra importante revista, la que habría de convertirse en el principal vehículo profesional del psicodrama. Su primer nombre fue *Sociatry: A Journal of Group and Intergroup Therapy* (vols. 1-3, 1947-1950), el cual cambió posteriormente por los de *Group Psychotherapy* (vols. 4-22, 1951-1970) y *Group Psychotherapy and Psychodrama* (vols. 23-28, 1970-1975). Tras la muerte de Moreno, ocurrida en 1974, la revista fue encomendada a un consejo de expertos en psicodrama y rebautizada como *Group Psychotherapy, Psychodrama, and Sociometry* (vols. 29-33, 1976-1980), nombre que cambió en 1981 por el de *Journal of Group Psychotherapy, Psychodrama, and Sociometry* (vols. 34-49, 1981-1996), en ocasión del encargo de su producción a la Helen Dwight Reid Educational Foundation (HELDREF). En 1997, el consejo directivo optó finalmente por el título de *The International Journal of Action Methods: Psychodrama, Skill Training, and Role Playing* (IJAM, vol. 50 y siguientes, de 1997 a la fecha), para indicar el interés de la disciplina por contextos no estrictamente clínicos.

Si usted desea suscribirse a esta revista o publicar un artículo en ella, remítase a la siguiente dirección:

The International Journal of Action Methods: Psychodrama, Skill Training, and Role Playing
HELDREF Publications
1318 18th St, NW
Washington, DC 20006
EUA
o a la página web HYPERLINK
"http://www.heldref.org" www.asgpp.org
(Suscripción incluida siendo socio de ASGPP, 301 Harrison St, Suite 508, Princeton, NJ 08540.)

Bibliografía

(Los comentarios que aparecen entre paréntesis son observaciones del autor de este libro.)

Andersen-Warren, Madeline y Roger Grainer, *Practical Approaches to Dramatherapy*: The *Shield of Perseus*, Jessica Kingsley, Londres, 2000.

Badaines, Ari, "Psychodrama", en J. Rowan y W. Dryden (eds.), *Innovative Therapy in Britain*, Open University Press, 1988.

Bailey, Sally, *Wings to Fly: Bringing Theatre Arts to Students with Special Needs*, KS: Author, Manhattan, 1993, www.mindspring.com/sdbaileyrdt

Barragar-Dunne, Pamela, *The Narrative Therapist and the Arts: Expanding Possibilities Through Drama, Movement, Puppets, Masks and Drawings, Drama Therapy* Institute/Possibilities Press, Los Ángeles, 1992.

Bannister, Anne, *The Healing Drama: Psychodrama and Dramatherapy with Abused Children*, Free Association Books/New York University, Nueva York, 1997.

— y Annie Huntington, *Communicating with Children and Adolescents: Action for Change*, Jessica Kingsley, Londres, 2002.

Bentley, Eric, "Theatre and Therapy", en W. Anderson (ed.), *Therapy and the Arts*, Harper/Colophon, Nueva York, 1977, pp. 29-50.

Bilaniuk, Marie-Therese, *Bibliography of Psychodrama*, 1980-1990, ed. del autor, Toronto, 1990. (Vea también Sacks, Bilaniuk y Gendron, 1995, 1999.)

Bischof, Ledford, J., *Interpreting Personality Theories*, Harper and Row, Nueva York, 1964, pp. 355-420.

Blatner, Howard A. (ed.), *Practical Aspects of Psychodrama*, ed. de autor, Belmont, 1968. (Este libro está fuera de circulación; quizá sea posible encontrarlo en una biblioteca. Howard A. Blatner cambió su nombre en 1977 por el de Adam Blatner; sus libros firmados con el primer nombre aparecen aquí en orden cronológico, no alfabético.)

—, *Psychodrama, Role-playing and Action Methods: Theory and Practice*, ed. de autor, Thetford, Inglaterra, 1970. (Este libro, también actualmente fuera de circulación, es la versión corregida y aumentada del anterior.)

—, *Acting-in*, 1a. ed., Springer, Nueva York, 1973.

Blatner, Adam, *Creating your Living: Applications of Psychodramatic Methods in Everyday Life*, ed. de autor, San Marcos, 1985. (La versión corregida y aumentada de este libro, hoy fuera de circulación, se halla actualmente en preparación.)

—, *Acting-in*, 2a. ed., Springer, Nueva York, 1988.

—, "Psychodramatic Methods in Psychotherapy", *Psychiatric Times*, vol. 12, núm. 5, 1995, p. 20.

—, "Psychodrama", en R. J. Corsini y D. Wedding (eds.), *Current Psychotherapies*, 5a. ed., Peacock, Itasca, 1995, pp. 399-408. (Este artículo también apareció en la 4a. ed. del mismo libro, 1989.)

— *Acting-in: Practical Applications of Psychodramatic Methods*, 3a. ed., Springer, Nueva York, 1996. (Esta misma edición fue publicada en Londres por Free Association Books en 1997.)

—, "Psychodrama: The State of the Art", *The Arts in Psychotherapy*, vol. 24, núm. 1, 1997, pp. 23-30.

—, "On Psychodrama: An Interview of Adam Blatner", *Individual Psychology*, vol. 53, núm. 4, 1997, pp. 483-492.

—, "Psychodrama", en D. J. Wiener (ed.), *Beyond Talk Therapy*, American Psychological Association Press, Washington, 1999.

—, "Psychodrama" capítulo 5, pp. 535-545, en R. J. Corsini (ed.), *Handbook of Innovative Psychotherapies*, Wiley, Nueva York, 2001.

—, *Foundations of Psychodrama: History, Theory, and Practice*, 4a. ed., Springer, Nueva York, 2000.

—, "Psychodrama" en C. Schaefer (ed.), *Play Therapy for Adults*, Wiley, Nueva York, 2002.

— y Allee Blatner, *The Art of Play: Helping Adults Reclaiming Imagination and Spontaneity*, 2a. ed., Brunner/Routledge-Taylor and Francis, Nueva York, 1997

Boies, Karen G., "Role Playing as a Behavior Change Technique: Review of the Empirical Literature", en I. M. Marks *et al.* (eds.), *Psychotherapy and Behavior Change*, 1972, Aldine, Chicago, 1973, pp. 372-379.

Bouquet, Carlos M., "Theory of the Scene", en Malcom Pines y Lise Rafaelsen (eds.), *The Individual and the Group*, Plenum, Nueva York, 1982, pp. 179-186.

Brazier, David, *A Guide to Psychodrama*, Association for Humanistic Psychology in Britain, Londres, 1991.

Buchanan, Dale Richard, "Psychodrama", en T. B. Karasu (ed.), *The Psychiatric Therapies*, Parte 2: *The Psychosocial Therapies*, American Psychiatric Association, Washington, 1984.

— y Jane A. Taylor, "Jungian Typology of Professional Psychodramatists: Myers-Briggs Type Indicator Analysis of Certified Psychodramatists", *Psychological Reports*, núm. 58, 1986, pp. 391-400.

Clayton, G. Maxwell, *Directing Psychodrama: A Training Companion*, Psychodrama Institute, Wellington, Nueva Zelanda, 1991. (Éste y los siguientes opúsculos del mismo autor pueden ser solicitados al Psychodrama Institute, P. O. Box 5302, Lambton Quay, Wellington, Nueva Zelanda.)

—, *Enhancing Life and Relationships: A Role Training Manual*, Psychodrama Institute, PO Box 5302, Lambton Quay, Wellington, Nueva Zelanda, 1992.

—, *Living Pictures of the Self: Role Theory*, Psychodrama Institute, Wellington, Nueva Zelanda, 1993.

—, *Effective Group Leadership*, Psychodrama Institute, Wellington, Nueva Zelanda, 1994.

—, *Directing Psychodrama: A Training Companion*, Wellington, Nueva Zelanda, 1991.

Cohen, Roberta G. y Gladys B. Lipkin, "Psychodrama", en *Therapeutic Group Work for Health Professionals*, Springer, Nueva York, 1979, pp. 179-217.

Corey, Gerald, "Psychodrama", en *Theory and Practice of Group Counseling*, 5a. ed., Brooks/Cole, Pacific Grove, 2000, cap. 8, pp. 213-246. (Anteriores ediciones de este conocido libro de texto también contienen interesantes capítulos sobre psicodrama.)

Corsini, Raymond J., *Role Playing in Psychotherapy*, Aldine, Chicago, 1967. (Este libro contiene una bibliografía anotada.)

— y L. J. Putzey, "The Historic Background of Group Psychotherapy", *Group Psychotherapy*, núm. 9, 1956, pp. 177-249. (Este artículo contiene una bibliografía con 1 700 entradas, correspondientes al periodo 1906-1955.)

Cossa, Mario, S. S. Ember, L. Grover y J. L. Hazelwood, *Acting Out: The Workbook*, Accelerated Development/Taylor and Francis, Filadelfia, 1996.

Davies, Martin H., "Psychodrama Group Therapy", en Mark Aveline y Windy Dryden (eds.), *Group Therapy in Britain*, Open University Press; Milton Keynes, Inglaterra; 1988, pp. 88-114.

Dayton, Tian, *The Drama Within: Psychodrama and Experiential Therapy*, Health Communications Inc., Deerfield Beach, Florida, 1994.

—, *Drama Games: Techniques for Self-development*, Health Communications, Inc., Deerfield Beach, Florida, 1990.

Duggan, Mary y Roger Grainger, *Imagination, Identification, and Catharsis in Theatre and Therapy*, Jessica Kingsley, Londres, 1997.

Emunah, Renée, *Acting for Real: Drama Therapy Process and Technique*, Brunner/Mazel, Nueva York, 1994.

Farmer, Chris, *Psychodrama and Systemic Therapy*, Karnac Books, Londres, 1996.

Feasy, Don, *Good Practice in Psychodrama: An Analytic Perspective*, Whurr Publishers, Londres, 2001.

Fine, Leon J., "Psychodrama", en R. J. Corsini (ed.), *Current Psychotherapies*, 2a. ed., Peacock, Itasca, 1979, pp. 428-459.

Fleshman, Bob y Jerry Fryrear, *The Arts in Therapy*, Nelson Hall, Chicago, 1981.

Fox, Jonathan (ed.), *The Essential Moreno: Writings on Psychodrama, Group Method, and Spontaneity* de J. L. Moreno, Springer, Nueva York, 1987.

—, *Acts of Service: Spontaneity, Commitment, Tradition in the Nonscripted Theatre*, Tusitala Publishing, Nueva York, 1994.

Fuhlrodt, Robert L. (ed.), *Psychodrama: Its Application to* ACOA *and Substance Abuse Treatment*, NJ: Perrin and Treggett Books, Denville, 1990.

Gale, Derek, *What is Psychodrama? A Personnal and Practical Guide*, Gale Centre Publications; Loughton, Inglaterra; 1990.

Garcia, Antonina y Dale Richard Buchanan, "Psychodrama", cap. 9, en P. Lewis y D. R. Johnson (eds.), *Current Approaches in Drama Therapy*, Springfield, Illinois, 2000.

Gass, Michael, *Rebuilding Therapy: Overcoming the Past for a More Effective Future*, CT: Praeger, Westport, 1997.

Gendron, Jeanine, *Moreno: The Roots and the Branches, and Bibliography of Psychodrama*, 1972-1980, Beacon House, Beacon, 1980.

Gersie, Alida (ed.), *Dramatic Approaches to Brief Therapy*, Jessica Kingsley, Londres, 1995.

Gold, Muriel, *The Fictional Family in Drama*, Education, and Group Work, Charles C. Thomas, Springfield, 1991.

Goldman, Elaine Eller y Delcy Schram Morrison, *Psychodrama: Experience and Process*, Eldemar, Phoenix, 1984.

Goldman, Elaine Eller, Delcy S. Morrison y Mark S. Goldman, *Psychodrama: A Training Videotape*, Eldemar, Phoenix, 1987.

Grainger, Roger, *Drama and Healing: The Roots of Drama Therapy*, Jessica Kingsley, Londres, 1995.

Greenberg, Ira A., *Psychodrama and Audience Attitude Change*, Behavioral Studies Press, Beverly Hills, 1968.

— (ed.), *Psychodrama: Theory and Therapy*, Behavioral Publications, Nueva York, 1974.

— (ed.), *Group Hypnotherapy and Hypnodrama*, Nelson-Hall, Chicago, 1977, pp. 231-303.

—, "Psychodrama", en I. L. Kutash y A. Wolf (eds.), *Psychotherapist's Casebook*, Jossey-Bass, San Francisco, 1986, pp. 392-412.

Gregoric, Linda y M. Gregoric, "Sociodrama: Video in social action", en J. L. Fryrear y B. Fleshman (eds.), *Videotherapy in Mental Health*, Charles C. Thomas, Springfield, 1981, pp. 244-256.

Haas, Robert B., *Psychodrama and Sociodrama in American Education*, Beacon House, Beacon, 1949.

— y Jacob L. Moreno, "Psychodrama as a Projective Technique", en H. H. Anderson y G. L. Anderson (eds.), *An Introduction to Projective Techniques*, Prentice-Hall, Englewood Cliffs, 1961, pp. 662-675.

Hale, Ann E., *Conducting Clinical Sociometric Explorations: A Manual for Psychodramatists and Sociometrists*, ed. de autor, Roanoke, 1981, 1985.

Hare, A. Paul, Social Interaction as Drama, Sage, Beverly Hills, 1985.

—, "Bibliography of the Work of J. L. Moreno", *Journal of Group Psychotherapy, Psychodrama, and Sociometry*, vol. 39, núm. 3, 1986, pp. 95-128.

— y June Rabson Hare, J. L. Moreno (parte de la colección "Key Figures in Psychotherapy"), Sage, Londres, 1996.

Haskell, Martin R., *Socioanalysis: Self Direction Via Sociometry and Psychodrama*, Role Training Associates, Long Beach, 1975.

Haskell, Rochelle J., Carl E. Pearl y Martin R. Haskell, *A World in Microcosm: Psychodrama and Related Subjects*, Role Training Associates, Long Beach, 1986. (Este libro circuló anteriormente con el título *Sociometry Through Group Interaction Psychotherapy*.)

Hayden-Seman, Joyce, *Action Modality Couples Therapy: Using Psychodramatic Techniques in Helping Troubled Relationships*, Jason Aronson, Pensilvania, 1998.

Heilveil, Ira, *Video in Mental Health Practice*, Springer, Nueva York, 1983.

Hoey, Bernadette, *Who Calls the Tune? A Psychodramatic Approach to Child Therapy*, Routledge-Taylor and Francis, Filadelfia y Londres, 1997.

Hollander, Carl, *The Warm-up Box* (versión revisada y aumentada), caja con tarjetas de 3 X 5", Hollander Institute, HealthMark Clinic, 4700 E. Iliff Ave. Denver, Colorado, 80222, USA, 1998.

Holmes, Paul, *The Inner World Outside: Object Relations Theory and Psychodrama*, Routledge, Nueva York y Londres, 1992.

— y Marcia Karp (eds.), *Psychodrama: Inspiration and Technique*, Routledge, Londres, 1991.

—, Marcia Karp y Michael Watson (eds.), P*sychodrama Since Moreno: Innovations in Theory and Practice*, Routledge, Londres, 1994.

Hudgins, M. Katherine, *The Therapeutic Spiral Model: An Experiential Approach to Trauma*, Center for Experiential Learning Ltd., Charlottesville, 1996. (De esta autora también es posible consultar *Healing Sexual Trauma: An Experiential Practice Approach* y otros estudios monográficos publicados entre 1991 y 1995.)

—, "Experiential Psychodrama with Sexual Trauma", en L. S. Greenberg, J. C. Watson y G. Lietaer (eds.), *Handbook of Experiential Psychotherapy*, Guilford, Nueva York, 1998, pp. 328-348.

—, *Experiential Treatment of PTSD: The Therapeutic Sprial Model*, Springer, Nueva York, 2002.

— y Peter Felix Kellermann (eds.), *Psychodrama and Trauma*, Jessica Kingsley, Londres, en prensa.

Irwin, E. C. y E. Portner (eds.), *The Scope of Drama Therapy: Proceedings from the First Annual Drama Therapy Conference*, National Association for Drama Therapy, Nueva Haven, 1984.

Jacobs, A., "Psychodrama", en *Comprehensive Handbook of Psychotherapy*, Florence Kaslow (ed.), vol. 3, sección 5, Robert Massy y Sharon Massey (eds.), John Wiley & Sons, Nueva York, 2002.

Jennings, Sue, *Remedial Drama*, Pitman, Londres, 1973 (1a. ed. estadounidense, Theatre Arts Books, Nueva York, 1974; 2a. ed., corregida, 1982).

— (ed.), *Dramatherapy: Theory and Practice for Teachers and Clinicians*, Routledge, Londres; Brookline, Cambridge, 1987.

—, *Dramatherapy with Families, Groups and Individuals: Waiting in the Wings*, Jessica Kingsley, Londres, 1990.

— (ed.), *Dramatherapy: Theory and Practice 2*, Routledge, Londres, 1992.

—, *Introduction to Dramatherapy*, Jessica Kingsley, Londres, 1994.

— (ed.), *Dramatherapy with Children and Adolescents*, Routledge, Londres y Nueva York, 1995.

—, (ed.), *Dramatherapy: Theory and Practice 3*, Routledge, Londres y Nueva York, 1997.

—, *Introduction to Dramatherapy: Theatre and Healing* –Ariadne's Ball of Thread, Jessica Kingsley, Londres, 1998.

— y A. Minde, *Art Therapy and Dramatherapy: Masks of the Soul*, Jessica Kingsley, Londres, 1993.

—, A. Cattanach, S. Mitchell, B. Meldrum y A. Chesner, *Handbook of Dramatherapy*, Routledge, Londres, 1994.

Jones, Phil, *Drama as Therapy, Theatre as Living*, Routledge, Londres, 1996.

Karp, Marcia, Paul Holmes y Kate Bradshaw-Tauvon (eds.), *Handbook of Psychodrama*, Routledge, Londres, 1998.

Kellermann, Peter Felix, *Focus on Psychodrama: The Therapeutic Aspects of Psychodrama*, Jessica Kingsley, Londres, 1992.

—, y M. Katherine Hudgins (eds.), *Psychodrama with Trauma Survivors: Acting Out your Pain*, Jessica Kingsley, Londres, 2000.

Kipper, David A., *Psychotherapy Through Clinical Role Playing*, Brunner/Mazel, Nueva York, 1986.

—, "Clinical Role Playing: A Psychodramatic Psychotherapy", en J. K. Zeig y M. Munion (eds.), *Whats is Psychotherapy?*, Jossey-Bass, San Francisco, 1990, pp. 344-347.

—, "Psychodrama: Group Psychotherapy through Role Playing", *International Journal of Group Psychotherapy*, vol. 42, núm. 4, 1992, pp. 495-521.

Kumar, V. K. y T. W. Treadwell, *Practical Sociometry for Psychodramatists*, ed. de autor, West Chester, 1985.

Landy, Robert J., *Persona and Performance: The Meaning of Role in Drama, Therapy, and Everyday Life*, Guilford, Nueva York, 1993.

—, *Drama Therapy: Concepts and Practices*, 2a. ed., Charles C. Thomas, Springfield, 1994 (1a. ed., 1986).

—, *Essays in Drama Therapy: The Double Life*, Jessica Kingsley, Londres, 1996.

Langley, D., *Dramatherapy and Psychiatry*, Croom Helm, Londres, 1983.

Leach, James D., John Nolte y Kätlin Larimer, "Psychodrama and Trial Lawyering", *Trial: Winning Trial Techniques*, abril de 1999, pp. 40-48.

Lebovici, S., "A Combination of Psychodrama and Psychoanalysis", en S. de Schill (ed.), *The Challenge for Group Psychotherapy: Present and Future,* International Universities Press, Nueva York, 1974, pp. 286-315.

Lee, Richard H., "Video as Adjunct to Psychodrama and Role Playing", en J. L. Fryrear y B. Fleshman (eds.), *Videotherapy in Mental Health,* Charles C. Thomas, Springfield, Il., 1981.

Leveton, Eva, *A Clinician's Guide to Psychodrama,* 3a. ed., Springer, Nueva York, 2001.

Lewis, Penny y David Read Johnson (eds.), *Current Approaches in Drama Therapy,* Charles C. Thomas, Springfield, Il., 2000.

Link, A., *Mirrors from the Heart: Emotional Identity and Expression through Drama,* Elora, Ontario, 1992.

Marineau, Ren F., *Jacob Levi Moreno, 1889-1974,* Routledge, Londres, 1989.

Martin, R. B., "The Assessment of Involvement in Role Playing", *Journal of Clinical Psychology,* núm. 47, 1991, pp. 587-596.

McReynolds, P. y S. DeVoge, "Use of Improvisational Techniques in Assessment", en P. McReynolds (ed.), *Advances in Psychology: vol 4. Assessment,* Jossey-Bass, San Francisco, 1977.

Miller, Donell, *The 28 Plot System for Psychodrama,* ed. de autor, Redlands, 1996.

—, *Changing the Past,* ed. de autor, Redlands, 1997.

—, *The Presence in Psychodrama,* ed. de autor, Redlands, 1997.

—, *Collision course,* ed. de autor, Redlands, 1997 (Novela de misterio que sirve como introducción al psicodrama.)

— *Teens Connect with Psychodrama,* ed. de autor, Redlands, 1998.

—, *Celebrating Role Transition through Psychodrama,* 2a. ed., ed. de autor, Redlands, 1998.

—, *Doers of the Word: Introducing Bibliodrama,* ed. de autor, Redlands, 1998.

—, *Catharsis and Closure,* ed. de autor, Redlands, 1999.

(Estos y otros títulos, así como reimpresiones y ediciones originales de algunos de los libros de J. L. Moreno publicados por Beacon House, pueden ser solicitados a Beacon Remainders, 1610 Helena Lane, Redlands, California 92373, Estados Unidos de América; teléfono: [909] 798-2765.

He aquí otros títulos disponibles:

Generic Psychodramas for Students and Teachers, 112 pp.

Backfire, 194 pp. (novela de misterio con amplio contenido relativo al psicodrama.)

Miller, M. Michael, *Psychodrama: The Self on Stage, The New School of Psychotherapy,* Washington, 1971.

Mitchell, Stephen (ed.), *Dramatherapy: Clinical Studies,* Jessica Kingsley, Londres y Bristol, 1995.

Moreno, Jacob Levi. El iniciador del psicodrama fue un autor muy prolífico: publicó cientos de artículos y estudios monográficos sobre ese tema, sólo unos cuantos de los cuales mencionamos aquí. Hare (1986) contiene una lista completa de las obras de Moreno, autor asimismo de numerosos artículos sobre psicoterapia grupal, sociometría y cuestiones afines. Sus libros y artículos han sido traducidos a muchos idiomas. El lector advertirá que la mayoría de aquéllos fueron publicados por Beacon House, editorial propiedad de Moreno, así llamada por encontrarse en Beacon, Nueva York, lugar de residencia de éste en Estados Unidos y sede de su sanatorio. Hasta su muer-

te, Moreno supervisó asimismo la publicación de importantes revistas dedicadas al psicodrama, la sociometría y la psicoterapia de grupo. Aquí aparecen listados algunos de sus textos más notables y conocidos.

Moreno, J. L., *The Words of the Father*, 1921. (Este libro, aparecido en Viena en forma anónima, contiene inspiradores poemas y fragmentos expositivos de las ideas filosófico-teológicas de Moreno. Posteriormente ha aparecido asimismo con el título *The Psychodrama of God: A New Hypotesis of the Self.* Fue reimpreso por Beacon House en 1971. La ASGPP editó en 1963 un audiocasete con el contenido de este libro, grabado por el propio Moreno.)

—, *The Theater of the Spontaneity*, 1923. (Publicado originalmente en Potsdam con el título *Das Stegreiftheater* y traducido y publicado por Beacon House en 1947, 1973 y 1983.)

—, *Who Shall Survive? A New Approach to the Problem of Human Interrelations*, Nervous and Mental Disease Publishing, Washington, 1934. (La edición corregida y aumentada que Beacon House publicó en 1953 tenía un nuevo subtítulo: *Foundations of Sociometry, Group Psychotherapy, and Sociodrama*, 3ª. ed., ASGPP, 1993.

—, *Psychodrama*, vol. 1, Beacon House, Beacon, 1946.

— (ed.), *Group Psychotherapy: A Symposium*, Beacon House, Beacon, 1946.

— (ed.), *Sociometry: Experimental Method and the Science of Society*, Beacon House, Beacon, 1951. (Contiene artículos de Moreno y de muchos otros autores.)

—, *Sociometry and the Science of Man*, Beacon House, Beacon, 1956.

— (ed.), *Progress in Psychotherapy*, vols. 1-5, Grune and Stratton, Nueva York, 1956-1960. (Frieda Fromm-Reichmann colaboró en la coordinación del vol. 1, y Jules Masserman hizo lo propio en los vols. restantes; el nombre de ambos colaboradores apareció antes que el de Moreno en las respectivas ediciones. La serie contiene importantes artículos de Moreno y otros autores sobre psicodrama.)

—, *The Sociometry Reader*, The Free Press, Glencoe, 1960. (Coeditado con Hellen Hall Jennings y otros colaboradores.)

—, "Reflections on My Method of Group Psychotherapy and Psychodrama", CIBA Symposium, vol. 2, núm. 4, 1963, pp. 148-157. (Artículo reproducido en H. Greenwald [ed.], *Active Psychotherapy*, Jason Aronson, Nueva York, 1974, libro reimpreso a su vez en 1984.)

—, "Psychodrama", en H. I. Kaplan y B. J. Sadock (eds.), *Comprehensive Group Psychotherapy*, Williams and Wilkins, Baltimore, 1971, pp. 460-500.

—, "The Religion of God-Father", en P. E. Johnson (ed.), *Healer of the Mind: A Psychiastrist's Search for Faith*, Abingdon, Nashville, 1972.

—, The Essential Moreno, 1987. (Vea Fox, 1987.)

— y L. D. Zeleny, "The Role Theory and Sociodrama", en J. S. Roucek, *Contemporary Sociology, Philosophical Library*, Nueva York, 1958, pp. 642-654.

— y Z. T. Moreno, *Psychodrama*, vol. 2, Beacon House, Beacon, 1959.

—, A. Friedemann, R. Battegay y Z. Moreno (eds.), *International Handbook of Group Psychotherapy*, Philosophical Library, Nueva York, 1966.

— y David A. Kipper, "Group Psychodrama and Community-centered Counseling", en George M. Gazda (ed.), *Basic Approaches to Group Psychotherapy and Group Counseling*, 1a. ed., Charles C. Thomas, Springfield, Il.,1968.

— y Z. T. Moreno, *Psychodrama*, vol. 3, Beacon House, Beacon, 1969.

— y D. G. Elefthery, "An Introduction to Group Psychodrama", en George M. Gazda (ed.), *Basic Approaches to Group Psychotherapy and Group Counseling*, 2a. ed., Charles C. Thomas, Springfield, Il., 1975.

Moreno, Jonathan D. (ed.), "The Autobiography of J. L. Moreno, M. D.", *Journal of Group Psychotherapy, Psychodrama and Sociometry*; parte 1: vol. 42, núm. 1, 1989, pp. 3-52; parte 2: vol. 42, núm. 2, 1989, pp. 59-125. (Versión abreviada, a cargo del hijo de J. L. Moreno.)

Moreno, Joseph J., *Acting Your Inner Music: Music Therapy and Psychodrama*, MMB Music, St. Louis, 1999.

Moreno, Zerka T., "A Survey of Psychodramatic Techniques", *Group Psychotherapy*, núm. 12, 1959, pp. 5-14.

—, "Psychodramatic Rules, Techniques, and Adjunctive Methods", *Group Psychotherapy*, vol. 18, núms. 1-2, 1965, pp. 73-86.

— "Psychodrama", en H. Mullan y M. Rosenbaum (eds.), *Group Psychotherapy*, 2a. ed., Free Press, Nueva York, 1978, pp. 352-376.

— "Psychodrama", en H. I. Kaplan y B. J. Sadock (eds.), *Comprehensive Group Psychotherapy*, 2a. ed., Williams and Wilkins, Baltimore, 1983, pp. 158-166.

— "Psychodrama, Role Theory, and the Concept of the Social Atom", en J. Zeig (ed.), *The Evolution of Psychotherapy*, Brunner/Mazel, Nueva York, 1987, pp. 341-358. (Una versión abreviada de este artículo apareció después en *Journal of Group Psychotherapy, Psychodrama and Sociometry*, vol. 42, núm. 3, 1989.)

— "Psychodrama", en J. K. Zeig y M. Munion (eds.), *What is Psychotherapy?*, Jossey-Bass, San Francisco, 1990, pp. 341-343.

—, Leif-Dag Blomkvist y Thomas Ruetzel, *Psychodrama, Surplus Reality, and the Art of Healing*, Routledge, Londres y Nueva York, en prensa.

Moreno, Zerka T., Leif Dag Blomkvist y Thomas Rutzel, *Psychodrama, Surplus Reality, and the Art of Healing*, Brunner-Routledge, Nueva York, 2000.

Murray, Neville, "Psychodrama post Moreno", en A. Wolberg y M. Aronson (eds.), *Group Therapy, 1976: An Overview*, Stratton Intercontinental Medical Book Corp., Nueva York, 1976, pp. 16-20.

Naar, Ray, "Psychodrama in Short-term Psychotherapy", en R. A. Wells y V. J. Giannetti (eds.), *Handbook of the Brief Psychotherapies*, Plenum, Nueva York, 1990, pp. 583-600.

Olsson, Peter A., "Psychodrama and Literature in Evaluation and Treatment", en H. S. Moffic y G. L. Adams (eds.), *A Clinician's Manual on Mental Health Care: A Multidisciplinary Approach*, Addison-Wesley, Menlo Park, 1980, pp. 130-138.

— y Patricia A. Barth, "New Uses of Psychodrama", *Journal of Operational Psychiatry*, vol. 14, núm. 2, 1983, pp. 95-101.

Pearlman, William D., *Characters of the Sacred: The World of Archetypal Drama*, Duende Press, Placitas, 1995.

Pitzele, Peter, *Our Fathers' Wells: A Personal Encounter with the Myths of Genesis*, Harper, San Francisco, 1995.

—, *Scripture Windows: The Technique of Bibliodrama*, Alef Design Group, Los Ángeles, 1998.

Pearlman, William D., *Characters of the Sacred: The World of Archetypal Drama*, Duende Press, Placitas, Nuevo México, 1995.

Polansky, Norman A., "Ego Functions in Psychodrama", en *Integrated Ego Psychology*, Aldine, Nueva York, 1982, pp. 270-293.

Portner, Elaine (ed.), *Drama Therapy in Print: A Bibliography*, National Association for Drama Therapy, Nueva Haven, 1986.

Raimundo, Carlos, *Relationship Capital: True Success through Coaching and Managing Relationships in Business and Life*, Pearson Education, Australia, 2002.

Roine, Eva, *Psychodrama: Group Psychotherapy as Experimental Theatre*, Jessica Kingsley, Londres, 1997.

Sacks, James M., "The Psychodramatic Approach", en D. S. Milman y G. D. Goldman (eds.), *Group Process Today: Evaluation and Perspectives*, Charles C. Thomas, Springfield, 1974, pp. 137-145.

—, "Drama Therapy with the Acting-out Patient", en G. Schattner y R. Courtney (eds.), *Drama in Therapy. Vol. 2: Adults*, Drama Books Specialists, Nueva York, 1981, pp. 35-56.

—, "Psychodramatic Techniques in Work with Borderline Patients", en N. Slavinska-Holy (ed.), *Borderline and Narcissistic Patients in Therapy*, International Universities Press, Madison, 1988.

—, "Psychodrama", en I. L. Kutash y A. Wolf (eds.), *The Group Psychotherapist's Handbook: Contemporary Theory and Technique*, Columbia University Press, Nueva York, 1990, pp. 211-230.

—, "Psychodrama", en H. I. Kaplan y B. J. Sadock (eds.), *Comprehensive Group Psychotherapy*, 3a. ed., Williams and Wilkins, Baltimore, 1993, pp. 214-228.

—, Marie-Therese Bilaniuk y Jeanine M. Gendron, *Bibliography of Psychodrama: Inception to Date, 1995*. Más de 2 000 artículos; la obra consta de una bibliografía de más de 30 páginas. Disponible en internet: www.asgpp.org

Scategni, Wilma, *Psychodrama, Group Processes and Dreams: Archetypal Images of Individuation* (traducción del italiano), Taylor and Francis, Nueva York, 2002.

Schattner, Gertrud y Richard Courtney (eds.), *Drama in Therapy, vol. 1: Children; vol. 2: Adults*, Drama Book Specialists, Nueva York, 1981. (Excelente antología con numerosos artículos interesantes.)

Seabourne, Barbara, *Practical Aspects of Psychodrama*, ed. de autor, St Louis, 1985. (Este libro, escrito en la década de 1960, circuló restringidamente en esos años; su contenido fue incluido en Blatner en 1968 y 1970.)

Siroka, Robert W., Ellen Siroka y Gilbert Schloss (eds.), *Sensitivity Training and Group Encounter: An Introduction*, Grosset and Dunlap, Nueva York, 1971. (Incluye una sección sobre psicodrama.)

Starr, Adaline, *Rehearsal for Living: Psychodrama*, Nelson-Hall, Chicago, 1977.

Sternberg, Pat y Antonina García, *Sociodrama: Who's in Your Shoes?*, 2a. ed., Greenwood Publishers, Westport, 2000.

Stietzel, Lynn D. y Andrew R. Hughey, *Empowerment through Spontaneity: A Taste of Psychodrama*, Associates for Community Interaction, San José, 1994.

Tomasulo, Daniel J., *Action Methods in Group Psychotherapy: Practical Aspects*, Taylor and Francis/Accelerated Development, Filadelfia, 1988.

Torrance, E. Paul, Mary Murdock y David Fletcher, *Role Playing: Creative Problem Solving in Action*, Benedic Books; Clubview, Sudáfrica; 1995.

Treadwell, Thomas W. (ed.), *Confrontation and Training Via the Group Process –The Action Techniques*, Simon and Schuster, Nueva York, 1974.

Tselikas-Portman, Elektra (ed.), *Supervision and Dramatherapy*, Jessica Kingsley, Londres, 1999.

Verhofstadt-Deneve, Leni, *Theory and Practice of Action and Drama Techniques: Developmental Psychotherapy from an Existential-Dialectical Viewpoint*, Jessica Kingsley, Londres, 1999.

Warner, G. Douglas, *Psychodrama Training Tips*, 2 vols., ed. de autor, 1978-1986. (Libro actualmente fuera de circulación.)

Weiner, Hanna B., "Living Experiences with Death –A Journeyman's View through Psychodrama", *Omega*, vol. 6, núm. 3, 1975, pp. 251-274.

—, "Return from Splendid Isolation", en G. Schattner y R. Courtney (eds.), *Drama in Therapy*, Drama Book Specialists, Nueva York, 1981, pp. 129-156.

White, Elizabeth, *The Action Manual: Techniques to Enliven Group Process and Individual Counseling*, publicado por el autor, Toronto, 2001.

Wiener, Daniel J., *Rehearsals for Growth: Theater Improvisation for Psychotherapists*, W. W. Norton hb, Nueva York, 1994.

Wiener, Ron, *Creative Training: Sociodrama and Team Building*, Jessica Kingsley/Taylor and Francis, Londres, 1997.

Wilder, Rosilyn, *Come, Step into my Life: Life Drama with Youth and Elders*, New Plays Inc., Charlottesville, 1996.

Williams, Antony, *The Passionate Technique: Strategic Psychodrama with Individuals, Families, and Groups*, Routledge, Londres, 1989.

—, *Forbidden Agendas: Strategic Action in Groups*, Tavistock/Routledge, Londres, 1991.

—, *Visual and Active Supervision*, Norton, Nueva York, 1995.

Wilkins, Paul, *Psychodrama*, Sage, Londres, 1999.

Yablonsky, Lewis, "Psychodrama and Role Training", en L. N. Solomon y B. Berzon (eds.), *New Perspectives on Encounter Groups*, Jossey-Bass, San Francisco, 1972, pp. 255-265.

—, *Psychodrama*, Brunner/Mazel, Nueva York, 1992. Yardley-Matwiejczuk, Krysia, Role *Play: Theory and Practice, Sage*, Londres, 1997.

Bibliografía en otros idiomas

Ésta es sólo una bibliografía parcial; contiene libros de reciente publicación o amplia consulta. No incluye las traducciones de los libros de Moreno a otros idiomas; he partido del supuesto de que las obras de Moreno son de consulta básica para la comunidad internacional de psicodramatistas. Los libros de algunos de los autores mencionados en esta bibliografía general –como Holmes y Karp, Kellermann, Fox, Blatner, Leutz, Leveton, Kipper y Schützenberger– también han sido traducidos a otros idiomas.

Alemania (y Austria)

Aichinger, Alfons y Walter Holl, *Psychodrama: Gruppentherapie mit Kindern*, Gruenewald, Mainz, 1997.

Barz, Ellionora, *Selbstbegegnung in Spiel* (Einfurung in das Psychodrama), Zurich-Moscú, 1997.

Bosselmann, Rainer, Manfred Gellert y Eva Lüffe-Leonhardt (eds.), *Variationen des Psychodramas: Ein Praxisbuch –Nicht nur fuer Psychodramatiker*, Limmer, Meezen, 1993.

Brenner, Inge *et al.*, *Das pädagogische Rollenspiel in der betrieblichen Praxis*, Windmuehle, Hamburgo, 1996.

Buer, Ferdinand (ed.), *Morenos Therapeutische Philosophie: Die Grundideen von Psychodrama und Sozimetrie*, Leske and Budrich, Opladen, 1989. (Antología.)

Erlacher-Farkas, Barbara y Christian Jorda (eds.), *Monodrama: Heilende Begegnung vom Psychodrama zur Einzeltherapie*, Springer, Viena, 1996.

Leutz, Gretel A., *Psychodrama: Theorie und Praxis*, Springer-Verlag, Berlín, 1974, 1986.

—, *Das klassische Psychodrama nach J. L. Moreno*, Springer, Berlín, 1986.

— e Hilarion Petzold (eds.), *Zeitschrift für praktische Psychologie*, vol. 5, núm. 8, 1970. (Edición especial sobre psicodrama.)

— y K. Oberborbeck (eds.), *Psychodrama. Gruppenpsychotherapie und Gruppendynamik*, vol. 19, núms. 3-4, 1980.

Petzold, Hilarion, *Angewandtes Psychodrama in Therapie, Pädagogik und Theater*, Junfermann, Paderborn, 1978.

— (ed.), *Dramatische Therapie*, Hippokrates Verlag, Stuttgart, 1985.

— y U. Mathias, *Rollenentwicklung und Identität*, Junfermann, Paderborn, 1982.

Springer, Roland, *Grundlagen einer Psychodramapädagogik*, inScenario, Colonia, 1995.

Zeintlinger-Hochreiter, Karoline, *Kompendium der Psychodrama: Therapie Analyse, Präzisierung und Reformulierung der Aussagen zur psychodramatischen Therapie nach J. L. Moreno*, inScenario, Colonia, 1996.

Revista: *Psychodrama: Zeitschrift für Theorie und Praxis von Psychodrama, Soziometrie und Rollenspiel.* (Publicación semestral de unas 160 páginas; el costo de la suscripción anual es de aproximadamente 25 euros. Puede solicitarse –lo mismo que libros en alemán y otras lenguas europeas– a Ulf Klein, inScenario Verlag GmbH, Sandstrasse 41 [Rgb.], D-80335 Munich, Alemania.)

Brasil (portugués)

Aguiar, Moyses (ed.), "O psicodramaturgo J. L. Moreno (1889-1989)", Casa do Psicologo, *Revista Brasileira de Psicodrama*, 1989. (Edición conmemorativa del centenario del natalicio de Moreno.)

— *Teatro espontaneo e psicodrama*, Ágora, São Paulo, 1998.

Almeida, Wilson Castello de (ed.), *Grupos: A proposta do psicodrama*, Ágora, São Paulo, 1999.

Fonseca, Jose, *Psicodrama da loucura: Correlações entre Buber e Moreno*, 5a. ed., Ágora, São Paulo, 1999.

Goncalves, Camila Salles, Jose Roberto Wolff y Wilson Castello de Almeida, *Liçãos de psicodrama*, 4a. ed., Ágora, São Paulo, 1998.

Massaro, Geraldo, *Esboço para uma teoria da cena: Propostas de ação para diferentes dinamicas*, Ágora, São Paulo, 1996.

Monteiro, Regina F. (ed.), *Tecnicas fundamentais do psicodrama*, 2a. ed., Ágora, São Paulo, 1998.

Perazzo, Sergio, *Ainda e sempre psicodrama*, Ágora, São Paulo, 1994.
Rojas-Bermudez, J. G., *Introdução ao psicodrama*, Editora Mestre Jou, São Paulo, 1970.
Soeiro, Alfredo C., *Psicodrama e psicoterapia*, Editora Natura, São Paulo, 1995.
—, *Realidade emocional: Ajudando o homem a conquistar a realidade desejada*, SENAC, São Paulo, 1999.
Zuretti, Mónica y Carlos Mennegazzo, *Diccionario de psicodrama*, Ágora, São Paulo, 1995.

Corea

Hun Jin Choi, *Psychodrama in the Psychiatric Ward*, Korean Institute for Psychodrama, Taejon, 1998.
—, *Psychodrama*, Korean Institute for Psychodrama, Taejon, 1999.
Yoon Mi Choi, *Psychodrama*, Joong Ang Jeok Sung, Seúl, 1996.

Escandinavia

Berglind, Hans (ed.), *Skapande ögonblick: Psykodrama och sociodrama (Momentos creativos)*, Cura, Estocolmo, 1998.
Røine, Eva, Psykodrama: *Om å spille hovedrollen i sitt eget liv*, Atremis Forlag, Oslo, 1992. (Vea en la bibliografía general la referencia de la traducción al inglés de este libro, publicada en 1997.)

España (y América Latina)

Bello, María Carmen, *Introducción al psicodrama: guía para leer a Moreno*, Editorial Colibrí, México, 1999.
—, *Jugando en serio: el psicodrama en la enseñanza, el trabajo y la comunidad*, Editorial Pax-México, México, 2002.
Bustos, Dalmiro, *Psicoterapia psicodramática*, Paidós, Buenos Aires, 1974.
Espina Barrio, J. A., *Psicodrama: origen y desarrollo*, Amarú, Salamanca, 1995.
Garrido, Martín E., *Jacob Levi Moreno, psicólogo del encuentro*, Atenas, Madrid, 1978.
Herranz, Teodor, *Psicoterapia psicodramática individual*, Desclée de Brouwer, Bilbao, 1999.
—, *Manual de psicodrama: teoría, técnica y clínica*, Olalla, Madrid (en prensa).
López Barberá, Elisa y Pablo Población Knappe, *La escultura y otras técnicas psicodramáticas aplicadas en psicoterapia*, Paidós, Barcelona, 1997.
Menegazzo, C. M., *Magia, mito y psicodrama*, Paidós, Buenos Aires, 1981.
Pavlovsky, Eduardo *et al.*, *Psicodrama: cuándo y por qué dramatizar*, Fundamentos, Madrid, 1979.
Población Knappe, Pablo, *Teoría y práctica del juego en psicoterapia*, Fundamentos, Madrid, 1997.
Ramírez, J. A., *Psicodrama. Teoría y práctica*, Desclée de Brouwer, Bilbao, 1997.
Zuretti, Mónica, *El hombre y los grupos: sociopsicodrama*, Lumen, Buenos Aires, 1995.
Revista: *Psicodrama y psicoterapia grupal.* (Publicación de la Sociedad Argentina de Psicodrama [SAP].)

Finlandia

Lindqvist, Martti, *Unelma rohkeasta elämästä* (El sueño de una vida plena), Otava, Helsinki, 1992.

Nieminen, Seija y Marja Saarenheimo, *Morenolainen psykodraama, Psykologien kustannus Oy*, Helsinki, 1981.

Niemistö, Raimo, *Ryhmän luovuus ja kehitysehdot* (Creatividad del grupo y su desarrollo), Helsingin yliopiston Lahden tutkimus-ja koulutuskeskus, Lahti, 1988.

Vuorinen, Ilpo, *Tuhat tapaa opettaa* (Mil maneras de enseñar), Resurssi, Naantali, 1993.

Francia

Lemoine, G. y P. Lemoine, *Le psychodrame*, Laffont, París, 1972.

Schützenberger, Anne Ancelin, *Le jeu de role: Introduction au psychodrame*, 7a. ed., Éditions Sociales Françaises, París, 1997 (1a. ed., 1981).

—, *Aïe, mes aïeux! Liens transgenerationnels, secrets de famille, syndrome d'anniversaire, transmission des traumatismes et pratique du genosociogramme*, DDB, París, 1993 (ed. aumentada, 1998).

Hungría

Erdelyi, Ildiko, *A pszichodrama önismereti és terapias alkalmazasa*, Akademiai Kiado, Budapest, 1987.

Israel (hebreo)

Artzi, Einya, *Psichodrama: Ma? Da!* (Psicodrama: ¿qué es eso? ¡Ya debería saberlo!), Dvir Publ, Tel-Aviv, 1991.

Naharin, Eliav, *Bama bimkom sapa: Psichodrama* (Escenario en lugar de diván: Psicodrama), Cherikover Press, Tel-Aviv, 1985.

Italia

Boria, Giovanni, *Tele: Manuale di psicodramma classico*, Franco Angeli, Milán, 1983.

—, *Lo psicodramma classico*, Franco Angeli, Milán, 1997.

DeLeonardis, Paola, *Lo scarto del cavallo: Lo psicodramma come intervento sui piccoli gruppi*, Franco Angeli, Milán, 1994.

Revistas:

Psicodramma Classico, publicación trimestral de la Associazione Italiana di Psicodrammatisti Moreniani. (El primer número de esta revista apareció en marzo de 1999. Dirección: Via Cola Montano núm. 18, 20159 Milán, Italia.)

Il Sorriso del Camaleonte. *International Review of Jungian Psychodrama.* (Publicación dirigida por Wilma Scategni y Wanda Druetta. Dirección: Via B. Drovetti 14, 10138 Turín, Italia.)

Portugal

Amaral Dias, *Palcos do imaginário*, Psicologia Clínica, Coimbra, 1993.

Pio-Abreu, J. L., *O modelo do psicodrama moreniano*, Psiquiatria Clínica, Coimbra, 1992.

Vieira, Fernando, *(Des)dramatizar na doença mental: Psicodrama e psicopatologia*, Sílabo, Lisboa, 1999.

Revista: *Psicodrama: Revista da Sociedade Portuguesa de Psicodrama.* (Fundada en 1994, su director es António Roma Torres. Dirección: Rua dos Bragas, 54-1°Dt°, 4050 Porto, Portugal.)

Turquía

Altinay, Deniz, *Psikodrama: 300 isinma oyunu, temel teknikler, yardimci teknikler ve temel stratejiler* (Psicodrama: 300 ejercicios de calentamiento, técnicas básicas, técnicas complementarias y estrategias básicas), Sistem Yayincilik, Estambul, 1998.
—, *Psikodrama el kitabi* (Manual de psicodrama), Sistem Yayincilik, Estambul, 1999. (Contiene "Changing character of psychodrama" de David Kipper.)
Dökmen, Üstün, *Sosyometri ve psikodrama*, Sistem Yayincilik, Estambul, 1996.

Índice analítico

Esta obra se terminó de imprimir
en enero del 2005, en los Talleres de

IREMA, S.A. DE C.V.
Oculistas No. 43, Col. Sifón
09400. Iztapalapa, D.F.